les demoiselles de Beaumoreau

MARGUERITE GURGAND | ŒUVRES

NOUS N'IRONS PLUS AU BOIS
LES DEMOISELLES DE BEAUMOREAU | *J'ai Lu* 1282***

MARGUERITE GURGAND

les demoiselles de Beaumoreau

Éditions J'ai Lu

*Les matins sont partis vers les soirs révolus
Et les soirs partiront vers le soir éternel.*

                              Charles PÉGUY.

© Éditions Mazarine, 1981

PROLOGUE

Je n'ai connu d'elles que trois tombes pareilles, une grande maison déjà différente de celle où elles vécurent et une chape d'église en soie si lourde qu'elle faisait au prêtre comme un roide manteau de vierge espagnole.

Au cimetière, à droite de la croix hosannière, la ferveur populaire avait entouré de buis leurs trois pierres moussues, sans nom, sans date. *Pour la Toussaint, pour les Rameaux, quand on fleurit les tombes, les enfants que nous étions y déposaient rituellement une branchette bénie. Les vieilles femmes ne manquaient pas de venir se pencher sur ces mortes qu'elles n'avaient pourtant pas connues, elles faisaient un signe de croix et remuaient les lèvres pour une prière. Nous interrogions à voix basse : « Qui est-ce ? » et l'une ou l'autre de ces priantes en mante noire interrompait son chuchotement : « Des saintes, mes petites. »*

C'est seulement vers dix ans que j'appris qui étaient « les Demoiselles ». A la suite d'une bienheureuse rougeole, on m'avait envoyée chez ma marraine me refaire une santé. C'était une vieille *paysanne digne et fine, au cœur immense. Restée veuve très jeune, sans ressources après un mariage désastreux, elle avait refusé, ce qui eût pourtant paru convenable, de rester à la charge des siens. Elle avait monté peu à peu un magasin de village — on disait « la boutique ».*

Marraine y vendait de tout : épicerie, mercerie, tissus, chaussures, quincaillerie, vaisselle, bref, une « grande surface » sur trente-cinq mètres carrés. On montait trois marches de pierre, on poussait la porte dont la clochette tintait et, dans une bouffée d'odeurs mêlées — cire d'abeille, quatre-épices, bonbons anglais —, on entrait dans mon paradis.

Ce mois de février fut extrêmement rigoureux. Le nez écrasé contre les vitres de la porte pour en faire fondre le givre, je regardais la neige gelée, le chemin creusé de ravines, les plaques de glace que les femmes contournaient à tout petits pas pour venir à la boutique. Au seuil, elles toquaient leurs sabots ferrés contre les marches pour en détacher la semelle de neige.

Le soir, à la sortie de l'école, les drôles(1), *au contraire, arrivaient en longues glissades, riant et criant, les joues toutes rougies. C'était « l'heure des huiles », comme disait Marraine.*

— Bonjour la marchande, o me faudrait de l'heule !

C'était « l'heule à brûler », ou pétrole, ou « l'heule à manger », colza ou noix. Suivant que le garçon tendait un bidon poisseux et puant ou une bouteille grasse, Marraine remplissait le récipient sous le hangar ou à la réserve. Puis elle se lavait les mains et offrait au commissionnaire le bonbon acidulé rituel. Enfin elle tirait les volets.

---

(1) Drôle, drôlesse : garçon, fille, de la naissance au mariage.

Nous soupions : l'écuellée de soupe épaisse, l'œuf tout frais pondu, la tasse de lait bourru et la pomme ridée. La table était vite desservie. Marraine renouvelait les braises dans les carreaux des chauffe-pieds, ajoutait une bûche au feu; nous approchions nos chaises de la lampe Matador, un luxe; l'une prenait son tricot, l'autre son canevas. C'était le moment de mon plus grand bonheur.

La suite, nous la connaissions toutes les deux, mais il fallait encore attendre un peu, que la nuit s'apprivoise, que le temps comme un chat trouve sa place et ronronne. Cliquetis des aiguilles, craquement des bûches de châtaignier. Je n'y tenais plus. Je demandais :

— Tu racontes, dis, Marraine ?

Elle remontait sur son front les lunettes cerclées d'acier, piquait entre le velours noir de sa coiffe et les bandeaux de ses cheveux gris la cinquième broche de la chausse (1) en cours :

— Un conte ou une histoire ? demandait-elle.

A dix ans, je ne craignais plus l'Ogre ni Barbe-Bleue, et je connaissais par cœur les aventures de Jean-le-Sot. Marraine le savait bien, mais elle jouait avec mon impatience. Je suppliais :

— L'histoire des Demoiselles, tu veux bien ?

Il y a peu, j'ai entrepris de chercher trace de ces mêmes Demoiselles. Une façon peut-être pour la vieille femme que je suis maintenant de ressusciter les émerveillements de mes dix ans. Registres paroissiaux, actes de notaires, papiers communaux : j'eus beau fouiller, je ne retrouvai pas ce que me contait Marraine. Les noms et les dates que je pouvais déchiffrer ne menaient à rien ou bien contredisaient l'histoire. J'en ai eu les larmes aux yeux.

---

(1) Bas montant au-dessus du genou, contrairement à la chaussette.

Après tout, qu'avais-je à faire de ces grimoires qui figeaient pour toujours les gens et les vies ? A la vérité apparente des archives réglementaires, j'ai toujours préféré la vérité profonde de la légende. Marraine n'a pas trahi les Demoiselles, même si elle leur a prêté, ici ou là, de ses rêves et de ses peines. Pauvre Marraine, c'était sa façon, sans doute, de vivre un peu.

Maintenant que c'est à moi de raconter — sinon qui le ferait ? qui les connaît encore ? — je jure bien que les Demoiselles ont existé. Cela, les papiers au moins l'attestent. Pour le reste, on peut me croire : cela fait aujourd'hui cinquante ans et plus qu'elles vivent en moi, j'ai appris à les connaître. Et puis nous sommes du même village, et il est probable que nous dormirons dans le même cimetière, que nos poussières mêlées feront la même terre. Nous aurons alors, elles et moi, toute l'éternité pour établir la vérité de nos vies.

1

L'ARRIVÉE À BEAUMOREAU

C'était au début du siècle, l'autre je veux dire, quand l'Empereur faisait encore gloire de tout. Cette année-là, la maladie s'était mise dans le pays. A Tillou, comme dans tout le Bas-Poitou, la dysenterie sévissait à l'état endémique, et surtout à la fin des vendanges. Ce n'était grave que pour les mal-portants, les vieillards, les enfants chétifs, qui se vidaient et mouraient. On se soumettait à cette sélection naturelle avec le fatalisme des terriens habitués aux avanies de la nature et des saisons.

Cette année-là, donc, des hommes étaient rentrés d'Aunis gorgés de grosse nourriture et de vin nouveau, et les ménagères avaient ri de leurs ventres gonflés : une bonne courante, rien de tel pour laver les sangs et tenir les maris tranquilles au logis. Au régime de la sempiternelle soupe aux fèves et de la tranche de lard ranci sur le quignon de pain noir, le mal des bombances leur passerait vite! Chaque maison détenait, de toujours, sa recette astringente. On avait mis les feuilles de ronces, les baies d'églantier ou les écorces de hêtre à bouillir devant les braises, dans le petit pot de terre pansu réservé aux tisanes. Sans inquiétude.

Seulement cette fois, les plantes n'avaient pas agi. On était donc allé frapper à la porte du presbytère, les curés passant pour être un peu guérisseurs. Celui de Tillou avait fait partie du clergé constitutionnel et ses ouailles, pourtant en majorité « patriotes », avaient peine à croire qu'on pût servir à la fois Dieu et la République. C'était au demeurant un brave homme et s'il n'y avait pas bousculade à son confessionnal, on respectait ses cheveux blancs et on lui faisait facilement confiance pour les soins corporels. Il avait distribué en souriant, avec la bonne parole obligatoire, un élixir de sa façon et de minuscules sachets de poudre de rhubarbe, destinés à guérir le mal par le mal. Le flux de ventre ne s'en était pas tari; et même, s'y était ajoutée une fièvre bilieuse et catarrhale.

Les premiers à mourir avaient été deux jeunes vendangeurs. Ils avaient passé la maladie à toute leur maisonnée. Et ainsi de proche en proche. Les vieux et les enfants ne s'en remettaient pas, ils partaient très vite; les adultes agonisaient longtemps et ceux qui par miracle en réchappaient restaient prostrés et sans forces.

Le mal s'était installé, et l'angoisse. Mais qu'y faire ?

Quand l'aîné des Beaudouin, les aubergistes, se trouva pris, le père s'en alla chercher, vers Ruffec, un médicastre. Il fallait être riche. Dans les villes, alors, la médecine devenait sérieuse, mais les malades des campagnes restaient la proie des rebouteux, des diseurs de foire et colporteurs. On y trouvait peu de vrais médecins et les chemins, mal entretenus depuis la suppression des corvées, en rebutaient plus d'un. Celui qui arriva, imbu de suffisance, pérora longtemps devant le fils Beaudouin et finit par lui faire une saignée à la langue, comme on en pratiquait, disait-il, à Nantes. Le garçon mit trois jours à mourir, la langue énorme, toutes les glandes douloureuses et gonflées. Pour ne pas risquer d'infliger aux siens pareilles souffrances, personne ne parla plus de rappeler le charlatan.

Le curé et le charpentier, qui devaient bien approcher les cadavres, moururent à deux jours d'intervalle. Et depuis, les morts s'en allaient sans eau bénite et sans cercueil. On jetait seulement de la chaux dans les fosses avant de recouvrir les corps de terre, chrétiens et païens réconciliés dans la même sauvagerie.

Les femmes maintenant se barricadaient dans les maisons avec les leurs. L'angoisse tournait à la folie. Les cent mille loups de la Grande Peur étaient soudain sortis de la nuit des temps, ils encerclaient le village.

On était en novembre, et le ciel aux nuages bas dérivait lentement vers la ligne sombre des bois de châtaigniers. Les corneilles, s'abattant parfois toutes ensemble sur quelque charogne, piquaient de fleurs de deuil la plaine déserte.

Pour l'heure, il n'y avait d'humain dans le paysage que le maréchau, Lucas Morin. Il se tenait debout devant sa forge éteinte, attendant Dieu sait quoi. Il n'avait pas eu de bête à ferrer depuis des jours et il paraissait à présent bien possible qu'il n'y en aurait plus jamais.

Marie, sa maréchaude, s'était enfermée dans la chambre du haut avec ses deux fillettes. C'était miracle qu'elles n'aient pas encore toutes les trois péri étouffées dans les vapeurs de serpolet et d'eucalyptus dont Marie renouvelait la bouilliture à belles journées. Elle brûlait des cierges bénits à la dernière Chandeleur que c'était à se demander quelle offrande elle avait pu faire au curé pour en avoir autant, récitait sans désemparer orémus et patenôtres; à peine si elle acceptait encore d'aller à la citerne et au bûcher pour cuire une soupe fadasse. Les deux petites, ainsi confinées, restaient hébétées, le chapelet aux doigts. La maréchaude ne voulait pas de la mort chez elle.

Lucas, plutôt du genre sanguin et jovial, se sentait devenir enragé. « Vains dieux, avait-il dit soudain, tant qu'à passer, que ça soit au moins au grand air! » Il était descendu à la forge et avait poussé les deux battants du portail. Maintenant il restait là, sur le seuil, à ne savoir que faire. La soirante arrivait, mais il n'y avait pas de femmes à la fontaine, pas de bêtes à l'abreuvoir, pas de troupeaux ni d'attelages revenant de la journée. C'était bien cela le plus dépaysant, ce vide, ce linceul de silence posé sur le village. On n'entendait, à travers les murs des étables, que les plaintes graves des laitières gênées par leurs pis trop lourds, ou les bêlements des chèvres affamées.

Lucas Morin, malgré tout, évitait de respirer trop profond. Et s'il allait attraper le mal? Il faillit rentrer mais un bruit le retint, un couinement d'essieu qu'il reconnut aussitôt : la brouette de Julien. Lucas resta là où il était et vit bientôt arriver le petit homme maigre, encapuchonné de sombre, qui semblait attelé depuis toujours à son brancard. Julien était fossoyeur, célibataire et du même âge que le maréchau, un de ses compagnons habituels de chopine.

Dans la brouette, Lucas vit la pelle, la pioche et le sac de chaux :

— C'est pour qui? demanda-t-il.

Le fossoyeur s'arrêta, mais il savait qu'on le craignait et il attendit une invite plus précise pour poser la brouette. A peine s'il tourna la tête pour répondre :

— C'est pour la Louise du Bouchet et son homme... Paraîtrait qu'ils sont sur leur fin à l'heure qu'il est...

Lucas n'était pas un émotif. Pourtant, il sursauta :

— T'as pas peur, Julien, qu'à faire comme ça le trou d'avance, ça leur porte malheur ?

— Ça ne peut plus guère leur nuire, dit Julien.

Seulement alors, et parce qu'il avait une confidence à faire, il posa la brouette :

— Dans le temps, j'avais promis à Louise de lui fignoler sa dernière demeure... Qui sait si demain je serai encore là pour le faire ?

Au village, tout le monde savait que Julien avait naguère voué à Louise une passion sans espoir : elle avait du bien et de l'ambition, alors qu'il était pauvre et pas trop courageux. Mais, à sa façon, il était fidèle.

D'un revers de poignet, il essuya la goutte qui tremblotait au bout de son nez pointu.

— Misère, dit le forgeron, misère de misère...

Les deux hommes, dans un même besoin de réconfort, tournèrent leurs regards vers l'auberge. Mais les volets en restaient fermés.

C'est alors que d'un routin de traverse, face à la forge, déboucha une chèvre blanche, barbiche pointée, cornes dressées, remorquant au bout d'une longe tendue à craquer une vieille femme trébuchante, épuisée, qui trouvait pourtant encore le moyen de hucher :

— Tire donc pas de même, grande chin gâtée(1)... Y peux p'us te suivre... Y peux p'us... Y peux p'us... Catin, va !... Coureuse !...

(1) Chien enragé. Dans le patois poitevin, *y* s'emploie pour *je* ou *nous*; *o* pour *ceci, cela, il* (neutre); *do* pour *de, du, des*.

La chèvre bêlait sans discontinuer l'appel plaintif et trembloté des chèvres en mal d'amour. On voyait bien qu'elle obéirait de moins en moins à mesure qu'elle s'approcherait de son promis. On comprenait aussi que la vieille ne la lâcherait pas.

Pour la première fois depuis tant de jours, les hommes sentirent une grosse boule chaude leur remonter des entrailles : que c'était bon de rire ! Et quelle leçon leur donnait la bique ! Tant qu'il y a de la vie...

De sa poigne de marteleur de fer, Lucas crocha le licou de l'amoureuse :

— Hé, ma gaillarde ! Tu vas pas nous faire un malheur pour ton bouc, tout de même ! Plus on attend, plus c'est bon !

La vieille, une main crispée dans ses étoffes noires à l'endroit du cœur, s'essayait à retrouver son souffle :

— Chin gâtée, marmonnait-elle encore, chin gâtée...

Le maréchau s'adressa à elle :

— Et vous, la mère Mélanie, vous n'avez point peur de sortir ? Si tout le monde avait vot' courage, pour sûr qu'on ne serait point si malheureux qu'on est !

— Et de quoi donc que j'aurais peur, mes petits gars ? Je vais sur mes quatre-vingt-trois. Que voulez-vous qu'il m'arrive de pire que ce qui m'attend forcément ? Ah ! ma foi non, que j'ai pas peur ! De rin ! Peur de rin !...

Sa conviction était telle que les deux hommes s'en trouvèrent revigorés. Mais la vieille ne leur laissa guère le temps de se réjouir. Hochant la tête sous son foulard gris de veuve noué serré sous le menton, elle ajouta :

— Pour sûr qu'on ne sera pas foule à se compter quand la maladie finira !

A ce moment, ils entendirent un roulement de voiture au loin, le trot d'un équipage. La dernière fois, ç'avait été le médecin de Ruffec. Ils se regardèrent.

— Et qui c'est-il, dit la vieille, qui peut être assez fou pour redemander le fabricant de cadavres ?

Ils n'eurent pas longtemps à attendre. Déjà débouchait un équipage qui n'avait rien à voir avec le tilbury prétentieux du médecin charentais. C'était une berline de belle tenue, tirée par six chevaux superbes dont le maréchau apprécia l'allure. Julien rangea sa brouette. La vieille plissait les paupières pour tout voir. Son regard accrocha au passage la place du cocher, un géant.

Son émoi fut tel qu'elle lâcha la bique pour se cramponner des deux mains au bras de Lucas Morin. Les yeux exorbités dans son visage crayeux, elle ouvrit la bouche pour crier son effroi, mais elle badait en vain de ses gencives édentées. Pour une qui avait « peur de rin », elle venait de trouver son maître. Auprès d'elle, refaisant les gestes de l'enfance, Julien se signa plusieurs fois de suite et Lucas, qui ne croyait ni à Dieu ni à Diable, cracha dans la poussière.

Tous trois avaient vu la même chose : entre le chapeau du cocher et le col relevé de son carrick, un visage comme passé à la suie, avec des éclairs laiteux aux orbites et des dents éblouissantes... Un suppôt d'enfer... Et aussi, juché sur l'épaule du géant, un oiseau multicolore qui encourageait les chevaux d'une voix criarde : « Hue cocotte ! Hue ! Hue ! Hue cocotte ! »

A travers les vitres, ils avaient entrevu des visages blancs, et, sous un madras éclatant, une autre figure noire. Le phénomène restait sans explication. A moins que... La vieille retrouva sa voix :

— L' diab' J' l'ai vu! se mit-elle à hoqueter, j' l'ai vu... L'avait l'œil blanc et l' pied fourchu. Ô doux Jésus, pitié pour nous autres...

Lucas se décida brusquement. La Marie dirait ce qu'elle voudrait, on ne pouvait rester indéfiniment ainsi, les sangs caillés et la tête à l'envers :

— Venez, dit-il, faut nous faire un vin chaud. Faut nous remonter à c't' heure...

Il noua à la brouette la longe de la chèvre. On les retrouverait bien toutes les deux un jour, sinon dans ce monde, du moins dans l'autre.

Ils firent irruption dans la chambre du haut, où la maréchaude, à les voir ainsi tourneboulés, en oublia la maladie et ses bouillitures. Chez cette femme-là, la curiosité l'emportait toujours sur le reste :

— Qu'est-o qu'arrive? Qu'est-o qu'arrive?

Elle ne le sut qu'après qu'ils furent attablés devant chacun sa mogue de vin fumant. Lucas avait bien entendu dire qu'il existait des nègres, mais, entre savoir comme ça et voir de ses yeux... Et quand bien même, ça ne disait pas ce qu'un nègre venait faire dans ce village ravagé par l'épidémie... La seule explication, c'était encore celle de la vieille : Lucifer lui-même faisait la tournée et ramassait les maudits.

— Dis donc, Marie, demanda-t-elle à la maréchaude, qui c'est-il à ton avis qui peut avoir fait de si gros péchés?

Toutes deux, elles en avaient pour un moment à médire. Les hommes se taisaient. Ils trinquèrent et burent sans se regarder un vin chaud qui puait l'eucalyptus.

L'attelage traversa le village et s'arrêta devant « Beaumoreau », une longue demeure hostile derrière ses grands murs et son portail de bois.

Dans la voiture, trois têtes brunes se penchèrent à la fois pour étudier le plan que la plus âgée des passagères tenait déployé sur ses genoux. Aucun doute, les directives de tante Victoire étaient, pour une fois, précises, et Théodule, le cocher, avait trouvé sans hésitation.

L'une des voyageuses sauta vivement à terre et alla tourner la poignée du lourd vantail d'entrée, qui grinça mais s'ouvrit sans peine. Deux autres jeunes femmes entrèrent à leur tour dans la cour déserte et silencieuse, où les rejoignirent le cocher et une corpulente Noire, Fidéline, qui roulait des yeux terrorisés :

— Manzé, manzé(1), il faut 'etou'ner à Pa'is, il ne faut pas 'ester ici... C'est mauvais, pou' sû'...

Une toute jeune fille sortit alors de la ferme attenante, portant à bout de bras une pelle à feu pleine de braises rougeoyantes. Elle marqua un temps d'arrêt devant le couple sombre et l'oiseau étrange, mais elle avait été prévenue, et se retint de s'enfuir. Tout juste sa révérence paysanne en fut-elle un peu cassée :

— Demoiselles, dit-elle, je vous porte les clés. La mère regrette de ne pas venir elle-même, mais voilà deux jours qu'elle est prise par l'épidémie. On croyait que vous ne viendriez pas, mais si vous ne craignez pas le mal... La maison est prête.

Porte ouverte sur une vaste pièce glaciale qui sentait le moisi, l'adolescente prit le temps de glisser les braisettes sous les bûches dressées dans l'âtre, puis, à genoux, elle se mit à souffler, joues écarlates.

Son visage, criblé de taches de son, portait encore l'arrondi de l'enfance, ses boucles rousses s'échappaient en copeaux de cuivre du béguin de

---

(1) « Mademoiselle » dans le parler de Saint-Domingue.

mousseline. Gestes vifs, regards pleins de malice et de curiosité, elle paraissait extrêmement débrouillarde. Quand les flammes montèrent dans la cheminée, elle se donna permission, en se relevant et en secouant son cotillon, d'examiner les voyageuses.

Celle qui paraissait être l'aînée, et qui approchait son petit pied du feu, devait être Mademoiselle Amélie. Elle avait des mouvements lents, très doux, était distante, figée, et ses yeux immenses vous regardaient sans vous voir. Elle semblait porter toute la détresse du monde.

Celle qui s'affairait aux bagages, ouvrait les placards, s'occupait de tout, était sans doute Mademoiselle Marie-Aimée. Un peu moins grande, un peu moins brune, d'une beauté moins régulière que son aînée, mais tellement plus vivante, avec ses yeux mordorés, étincelants de mille petites lumières, et sa bouche charnue qui souriait si joliment.

Quant à Mademoiselle Phœbé, elle ressemblait trait pour trait à Amélie, et pourtant combien différente. Peut-être deviendrait-elle un jour elle aussi triste et distante, mais elle n'était encore que vivacité, sourires en fossettes, promesses de joie. Les épreuves des aînées ne l'avaient pas atteinte, ou bien quelque grâce l'avait miraculeusement préservée. « Phœbé, notre soleil », disaient ses sœurs. « Mon petit monde zoli », l'appelait Fidéline qui avait choisi l'exil avec elle plutôt que Saint-Domingue sans elle.

Phœbé s'approcha de la petite paysanne :
— Tu es Catherine, n'est-ce pas ?... Tante Victoire m'a parlé de toi, tu as seize ans comme moi. Nous sommes jumelles, veux-tu que nous soyons amies aussi ? Tu veux bien m'embrasser ?

Les petites échangèrent trois baisers claquants

et dans le grand salon froid passa comme un souffle chaud. Phœbé avait ainsi le don de transformer les cailloux en joyaux.

— Viens, dit-elle, montre-moi le château de la Belle au bois dormant.

Elles disparurent, et on entendit leurs pas dans un escalier. Théodule s'occupait des chevaux, Fidéline défaisait les bagages.

Amélie et Marie-Aimée se regardèrent, également sensibles au silence anormal du village, à leur solitude, au froid des murs humides. Ensemble, elles se tournèrent vers la fenêtre qui donnait sur le portail encore ouvert. Elles virent passer un petit homme encapuchonné qui poussait une brouette. Elles écoutèrent le grincement régulier jusqu'à ce qu'il disparaisse au loin.

2

LES FORGIER

Le soir venait déjà. Catherine sortit, rapporta des œufs, du lait et un fromage, puis souhaita le bonsoir aux demoiselles. Marie-Aimée prit sur la cheminée une longue allumette de papier roulotté, l'enflamma aux braises et l'approcha des chandelles de suif fichées dans les bougeoirs d'argent. Elles grésillèrent un instant, dégageant une fumée nauséabonde, puis les flammes blanchirent et des ombres se mirent à danser sur les murs chaulés. La vaste pièce en parut plus grande encore, plus sinistre.

Des trois sœurs, seule Phœbé soupa un peu puis

elle s'affaira avec Fidéline. Les aînées se contentèrent d'une infusion. Elles étaient assises devant l'âtre et restaient sans parler. Le silence et la nuit pesaient sur cette maison glacée. Marie-Aimée frissonna soudain :

— Je ne m'imaginais pas, dit-elle, que nous serions si... si seules...

— Oncle Amélien doit venir, répondit sa sœur.

— Ce n'est pas ce que je veux dire...

Dans la cuisine, Fidéline et Phœbé trouvaient le moyen de rire. On ne comprenait pas ce qu'elles se disaient, mais la voix grave de Théodule ponctuait leur bavardage de brefs bourdonnements. Marie-Aimée regardait fixement le feu.

— Pourquoi ? Pourquoi ? demanda-t-elle seulement.

Amélie se leva du tabouret où elle se tenait droite, et vint derrière sa sœur, attirant vers elle la tête brune, caressant doucement la chevelure sombre :

— Il faut bien, dit-elle, que quelqu'un paie un jour... Nous sommes revenues là d'où tout est parti, la boucle est nouée.

Antoine Forgier, l'ancêtre, était né dans cette maison avant de devenir marchand du port de La Rochelle. Sa famille était protestante et son enfance avait été imprégnée des récits de toutes les atrocités, de toutes les horreurs du siège de La Rochelle, où étaient morts quinze mille croyants. Son adolescence en avait exalté le souvenir : jamais il ne se convertirait, jamais il ne trahirait tous ces martyrs.

La révocation de l'édit de Nantes était une iniquité. Louis XIV, au nom « d'un seul Dieu et d'un seul Roy », violait les consciences et se montrait pire encore que Richelieu qui, du moins, ne voyait dans les huguenots que des ennemis politiques. Pour rester fidèles à leur foi, les persécutés savaient bien qu'il leur faudrait ou mourir ou partir.

Mais le beau courage s'usa au fil du temps. Beaucoup abjurèrent, et même des lecteurs de prêche. On ne tenait même plus les renégats à l'écart. Antoine Forgier finit par faire comme beaucoup d'autres. C'était en 1685, il allait avoir soixante ans, il était malade et en partie ruiné; sa femme ne se remettait pas de la perte de trois enfants en bas âge, et elle était prête à tout pour éviter que ses deux dernières filles ne connaissent à leur tour les vexations, les brimades et les tueries. Il abjura donc en son nom, au nom de sa femme et de ses deux filles. Ses fils, Jacques et Gabriel-Antoine, décideraient pour eux-mêmes. Ils allaient être des hommes, et d'un monde si différent du sien qu'ils ne parlaient plus le même langage.

Ni l'un ni l'autre n'abjurèrent : ils choisirent l'exil. L'aîné, réservé et sérieux, le fit par conviction profonde, et pour transmettre intacte à sa descendance la religion pour laquelle tant des siens avaient souffert. Après maintes démarches, il rejoignit la maison du comte Frédéric-Charles de La Rochefoucauld, émigré au Danemark dès 1662. Gabriel-Antoine, lui, ne s'encombrait guère de religion et n'avait que faire de ces nobles qui ne guerroyaient plus. Mais il ne supportait pas les ordres iniques et il avait toujours eu envie de partir.

Il était de taille moyenne, solide et ardent. Dans un visage ouvert et sous une tignasse rousse, il ouvrait sur la vie des yeux noirs intrépides. Se dégageaient de lui une telle vitalité, un tel appétit, que sa famille, sans s'expliquer pourquoi, en restait atterrée. Alors qu'il était tout bébé, sa nourrice, excédée d'une surveillance de chaque instant, l'avait déjà surnommé Sang-Bouillant.

Le garçon était fait pour l'Aventure. Chaque bateau qui rentrait au port le trouvait sur le quai. Il ne perdait rien des manœuvres d'amarrage, du débarquement des hommes et des marchandises, tournait en reniflant entre les ballots, laissant son imagination s'enflammer sur une odeur d'ailleurs ou quelque objet aux formes inconnues. Les Iles ! Il ne rêvait plus qu'aux Iles.

Ah ! non, on ne le tiendrait pas longtemps enfermé dans l'existence poussiéreuse et rigide des Forgier de La Rochelle. Son père lui proposa de s'enrôler chez un cousin capitaine qui faisait le transit avec le Canada, pays neuf, qui promettait de belles destinées et avait bonne réputation chez les Rochelais. Sang-Bouillant, dédaigneux, refusait : les Iles !

Il arriva bien sûr qu'un capitaine finit par remarquer l'assiduité et la ferveur de cet adolescent. C'était un vieux bourlingueur apaisé, qui lui fit les honneurs du trois-mâts qu'il commandait, l'*Etoile d'Or*. Ils prirent l'habitude de trinquer à chaque revoir. Le capitaine contait ses voyages, la vie antillaise, les jours de là-bas, les filles de feu et ces fleurs dont le parfum annonce la terre aux marins avant même qu'ils puissent la voir.

— Et les flibustiers ? demandait Gabriel-Antoine.

— Ah ! nos flibustiers sont splendides, garçon. Ils se battent si bien que les marins ne rêvent que de leur prêter la main. Leur courage nous éblouit, comme un soleil nous brûle, nous attire...

Le vieux servait à boire :

— Au début, les premiers chasseurs nichaient à l'île de la Tortue. Des gars honnêtes et des galériens, sans distinction, des Anglais, des Français, des Espagnols. Ils se massacraient au nom de leur patrie. Puis ceux de chez nous ont pris la Roche pour repaire. Il fallait du courage : on ne pouvait y arriver qu'avec des échelles et des cordes à nœuds... A présent, ils ont le Petit-Goave pour capitale et Bertrand d'Ogeron comme gouverneur. Chaque trou de la côte en abrite, Cul-de-Sac, Port-à-Piment, l'Ile-à-Vache. A chaque rocher ils accrochent une légende d'or et de sang...

» Tiens, sais-tu leur dernière ? Ils sont venus aux Saintes s'emparer d'un curé ! Un curaillon, garçon, rends-toi compte ! Ils l'ont ficelé et embarqué comme une jolie femme. Tout ça parce qu'ils ne veulent pas mourir comme des païens. En mer, le curé leur a dit la messe. A l'élévation, ils ont tiré une salve d'honneur en criant : « Pour Dieu et pour le Roy ! » Et puis ils ont obligé le curé à les absoudre. A leur façon, tu vois, ils ont de la religion...

» Après cela, ils sont allés aborder des Espagnols dix fois plus nombreux et les ont balayés. Ce sont des pirates, mais de sacrés gars. Ils ont nom Nan l'Olonnais, Monbars l'Exterminateur, Michel le Basque... Avec eux, je te le dis, l'Angleterre n'a qu'à bien se tenir, et la Hollande et l'Espagne avec !

Tournant entre ses doigts le gobelet d'alcool odorant, Gabriel-Antoine regardait la mer...

Il embarqua à vingt ans, négligeant le pécule que lui offrait son père :

— Gardez cela, père, vous en aurez besoin pour vos filles.

Et il riait, généreux sans mérite, sûr de lui, sûr de tout, pourvu qu'il ne se sente plus enchaîné aux grisailles rochelaises.

Il s'engagea. Les engagés, non seulement ne

payaient pas leur passage, mais étaient assurés d'un salaire le temps de leur engagement. Ils devaient signer un contrat, en général de trois ans — on les appelait « les trente-six mois » — qui les asservissait totalement. Ils n'avaient pas trop bonne réputation. On les disait recrutés « sous les halles », là où logeaient les vagabonds. On trouvait pourtant parmi eux d'honnêtes paysans, des artisans, des fils de famille courageux auxquels ne manquait que l'occasion de montrer leur valeur. On appréciait surtout les charpentiers, les tonneliers, les forgerons, les laboureurs, les chirurgiens — en réalité des barbiers.

C'est le capitaine de l'*Etoile d'Or* qui fit signer Gabriel-Antoine. Pour trois ans. Et comme boucanier, la chasse attirant bien plus le garçon, on s'en doute, que le labourage ou la menuiserie. Selon la coutume, il reçut une « arme au clair », comme on disait dans les Iles, six livres de poudre et de plomb et six aunes de toile pour son pavillon.

Trois ans... Le temps de mordre à l'Aventure et de faire fortune. Boucanier ? Flibustier ?

— Nous verrons bien là-bas, disait le capitaine. Vois-tu, l'important est de larguer les amarres. Après...

Une vraie complicité les liait, celui qui avait tout vu et celui qui voulait tout voir. Ils trinquèrent aux Iles.

La dernière vision de Gabriel-Antoine qu'eut sa famille éplorée fut celle, sur le pont de l'*Etoile d'Or*, d'un garçon de vingt ans irradiant la joie, l'espoir, la vie. C'était bien la première fois que les persécutions du Grand Roi engendraient un bonheur...

Les Iles, enfin, telles qu'il les avait rêvées. Il y fut d'abord boucanier en chemise flottante, bas de cuir, souliers en peau de porc, à l'affût des taureaux sauvages et des sangliers dont il vendait les cuirs verts et les viandes fumées. Puis il devint « frère de la côte », comme on nommait les flibustiers, jambes et pieds nus, caleçon goudronné, chemise d'azur ornée de rubans d'or. Elle était bien loin, La Rochelle la grise...

Mais il n'est de si beau soleil qui ne finisse par s'éteindre. Vint le temps où les boucaniers ne furent plus que des gens des bois, des « fenians » de triste réputation, des mauvais garçons en quête de beuveries. Les flibustiers confondaient de plus en plus souvent les pavillons du roi de France avec ceux de ses ennemis — du moment que la prise s'annonçait bonne. La gloire de ceux qui ne s'inclinaient que devant Dieu et leur roi sombrait dans la piraterie.

Le gouverneur Ogeron tenta avec doigté de transformer les meilleurs d'entre eux en leur accordant des terres et en leur faisant l'avance de quelques esclaves. La France, en effet, devenait exigeante, réclamait toujours davantage de canne à sucre, de tabac, de coton, d'indigo. Le commerce faisait maintenant rêver autant que la course.

Gabriel-Antoine, repu d'aventure, navré que les frères aient perdu l'honneur, tourna le dos à la flibuste. C'était bien dans sa nature. Il toucha quelques hectares du gouvernement, y ajouta ceux d'une veuve que la mort de son époux laissait bien embarrassée d'une mauvaise mais vaste plantation de pétun et d'un lot d'esclaves au bord de l'inanition. Avec cette façon qu'il avait de charger, il épousa la veuve, acheta des nègres jeunes et forts, entreprit la rénovation de son sol, construisit une rhumerie. Quand lui naquit un fils, Jacques-Antoine, il fut le plus heureux et le plus fier des hommes, acceptant même de le faire baptiser selon le rite catholique, comme le demandait la veuve. Il ne pouvait savoir que cent ans plus tard, le fils de ce fils mourrait dans l'incendie allumé par les descendants de ces mêmes esclaves, achetés avec l'argent de ses premières prises d'abordage.

Les destins prennent leur temps pour s'accomplir, et bien malin qui peut deviner de quels brins se tisse lentement l'histoire des hommes. Sans doute, on n'y peut guère, mais on ne peut s'empêcher, avec le recul, de tout défaire, maille à maille, comme si rien n'était acquis, comme si les morts n'étaient pas morts, comme si l'eau noire du passé ne s'était pas refermée. Et si Richelieu... Et si Gabriel-Antoine... Et si le capitaine de l'*Etoile d'Or*... Et si... Et si... En vérité, à ce jeu-là, il fallait même chercher plus loin.

Deux cents ans avant le cadet des Forgier, Christophe Colomb débarquant à San Salvador avait découvert des indigènes qui se teignaient au rocou — ils étaient « rouges comme des écrevisses », raconta-t-il... —, se montraient pacifiques et amicaux, méprisaient l'or au point de conduire les Espagnols à « la grande île au métal jaune », scellant ainsi leur propre malheur.

La « grande île », qui devait devenir Saint-Domingue, plut aux conquérants, qui s'y installèrent et l'annexèrent sous le nom d'Hispaniola. En manière de reconnaissance, les Indiens eurent droit au travail obligatoire dans les mines avec, pour seul salaire, l'accès à la civilisation chrétienne. On baptisait à tour de bras. Les Indiens mouraient d'épuisement ? Qu'auraient-ils pu souhaiter de mieux : ils allaient droit au paradis des hommes blancs. D'un million et demi, leur nombre tomba, en quinze ans, à soixante mille. Un dominicain, le père Las Cas, s'émut enfin d'une telle hécatombe, d'autant que la main-d'œuvre ne suffisait plus à la tâche. Ce fut au nom du bien-être des Indiens trop fragiles qu'il importa les premiers nègres. La chose n'était pas simple : l'Eglise excommuniait en effet les fournisseurs d'esclaves. Mais l'or de Saint-Domingue fit taire les sensibleries et Charles Quint autorisa l'achat de quinze mille esclaves pour travailler à Saint-Domingue.

Ah, l'or! En 1571, un fier arrêté du Parlement de Guyenne proclamait : « La France, terre de liberté, ne permet aucun esclave. » Cent ans plus tard, on découvrit que le bonheur des peuples est proportionnel à la prospérité des nations. Ce que le Conseil d'Etat traduisit ainsi : « Rien ne contribue davantage à l'augmentation d'une colonie et à la culture des terres que le laborieux travail des nègres. »

Pour apaiser les scrupules, Colbert établit le Code noir en 1685. Pour le bien de tous, l'esclavage était légalisé. L'esclave, âme abolie, devenait un « meuble ». Il pouvait être acheté, vendu, échangé selon le seul plaisir de son propriétaire. Il ne pouvait ni témoigner en justice, ni ester, ni posséder. Il devait rester dans l'ignorance la plus totale de façon à éviter tout désir de rébellion. Décrits dans un mémoire de l'époque comme « injustes, cruels, barbares, hypocrites, vaniteux, paresseux, sales et lâches », les nègres avaient permission de procréer à leur majorité : c'est qu'il fallait bien assurer la relève.

Les fameuses « pièces d'Inde », comme on désignait les Noirs jeunes et vigoureux, devinrent le signe extérieur de richesse des colons. Pour se les procurer, les négriers écumaient les côtes. Celles des îles, d'abord, le Cap-Vert, les Açores, Madère, puis toute la côte ouest de l'Afrique, et enfin la côte orientale. Les razzias ne suffisant plus, il fallut séduire ou soudoyer les roitelets locaux. L'empereur des Bissagos fit battre le « bombalon » pour rassembler ses sujets, que les capitaines puissent choisir... La France offrit au Dahomey un carrosse doré. Combien d'hommes pour un carrosse ?

Le long martyre commençait sur les plages où les esclaves étaient attachés deux à deux. Nul sentiment ne prévalait. Seul le hasard faisait parfois que l'enfant n'était pas séparé de la mère, la femme de l'époux, l'ami de l'ami — et ils sont rares, les hasards bienveillants.

Une fois la cargaison choisie, payée, au revoir et à la prochaine. L'équipage entravait les malheureux, la main droite liée à la jambe droite, la main gauche à la jambe gauche, et, ainsi accroupis, ils étaient rivés à des barres de fer scellées dans la cale des navires. On ne les détachait que le soir, et séparément, pour leur faire nettoyer leurs excréments. Ils n'avaient de nourriture que juste assez pour subsister. Beaucoup mouraient en mer, peut-être les plus chanceux. De dysenterie, de plaies infectées, de désespoir. Sans compter les suicides, les accidents, les épidémies, les naufrages.

Quand le bateau abordait, les acheteurs se pressaient dans une cohue de marché. On touchait les corps, on regardait les dents, la peau, les parties intimes. Des hommes s'émoustillaient à palper les seins durs, des femmes prudes s'obligeaient à vérifier la parfaite constitution de ce bétail humain : il en allait de l'avenir de la colonie. Les meilleurs s'arrachaient aux enchères. Pour les autres, un crachat marquait leur rejet.

Tous les colons n'étaient pas de méchants hommes, seulement il était passé dans les mœurs coloniales de se choisir un esclave comme un chiot au chenil, comme un bœuf au foirail. Cela dit, les maîtres avaient droit de vie et de mort. Pour les pervers, les avares, les alcooliques, les mauvais, tout était possible, des coups aux mutilations. Il y eut même une époque où l'on s'amusait beaucoup à transformer les malheureux en bombes explosives. Il s'agissait, disait-on en riant d'avance, de « brûler un peu de poudre dans le cul d'un nègre ».

Calvaires du Cap-Vert, Bambaras, Quiambas, Aradas, Conoqs, Mandingues, qu'importent la tribu, les cicatrices d'initiation, les tatouages différentiels, les idiomes, il faut seulement que les hommes soient forts et que les filles soient belles pour que le maître en tire son profit et son plaisir.

Et tous, ils marcheront, de l'aube à la nuit, sous le fouet du commandeur, cultiveront la canne, éjamberont l'indigo, récolteront le pétun, entretiendront le feu des guilderies, à peine vêtus, mal nourris, menés à coups de cravache et, pis que tout, à jamais sans espoir.

Et pourtant, chaque samedi, quand le soir des Iles sera douceur, quand le vent appellera dans les hauts bambous, ils tailleront des flûtes dans le bois poreux de l'arbre trompette, dans le fruit du mapou des violons qu'ils tendront de lianes si légères qu'un souffle les fera vibrer. Et alors ils danseront, danseront tant qu'ils en auront la force. Le temps d'une danse, chica tendre, casse-cœur voluptueuse, ils fermeront les yeux pour oublier leur malheur. Et longtemps après eux leurs chants berceront encore le monde de leurs hymnes d'amour et de désespérance.

Les trois générations de Forgier descendant du flibustier Gabriel-Antoine furent plutôt de bons maîtres. A la Forgerie, comme on avait pris l'habitude d'appeler la plantation, les esclaves ne furent jamais martyrisés pour le seul plaisir; si les contremaîtres usaient du fouet, c'était parce que cela faisait partie de la vie courante et que la moindre des choses était de maintenir le rythme du travail, punir les fraudeurs, stimuler les paresseux. De même, on avait compris que si les nègres étaient bien nourris, ils travaillaient mieux. Idéalement, l'esclave devait être ni trop maigre ni trop gras, avoir la peau luisante : un cheptel bien tenu fait honneur à son propriétaire.

Quand le dernier des Forgier de la Forgerie, Louis-Antoine, alla épouser en France Donatienne de Kernadec, une Bretonne pétrie de théories humanitaires, elle instaura à la plantation un bien-être inhabituel pour les Noirs, installant par exemple une infirmerie qui aurait pu être un modèle du genre, même en métropole.

Mais on était alors dans les années 1780, et les jeux étaient déjà faits. Tant de souffrances accumulées en deux siècles appelaient vengeance. Ici et là, déjà, il fallait mater les mutineries. La grande révolte, quand vint Toussaint Louverture, fut pour l'été 1791, de feu et de sang. La Forgerie fut épargnée. Louis-Antoine, en libérant ses esclaves, crut avoir sauvé ses biens et ses trois filles — sa femme Donatienne était morte en accouchant de la troisième.

Mais c'était montrer trop d'optimisme. Toussaint Louverture emmené en France et jeté en prison à Joux, un nouveau chef noir, Dessalines, se leva. Il attendit le départ des troupes de Leclerc et ordonna le massacre de tous les Français de l'île. L'heure de régler les comptes était venue, et il n'y avait plus à faire de discrimination entre le bon et le mauvais maître. Le Blanc était l'homme à abattre. Fidéline et Théodule avaient pu sauver les trois sœurs, mais Louis-Antoine brûla dans l'incendie de la rhumerie.

Amélie et Marie-Aimée, devant l'âtre, regardaient les dernières flammes jouer dans les tisons. La nuit était maintenant totale et pesait de tout son poids de silence et de peur sur la grande maison basse. Flammes. Jamais les sœurs n'oublieraient ces autres flammes, là-bas, géantes, rouges, noires, bleues, monstrueuse torchère nourrie de rhum, de sucre et de chair d'homme... Oublieraient-elles jamais ? Qui pourrait oublier ? Folie, tuerie... Il fallait bien que quelqu'un paie le prix du sang...

Il n'y avait plus de Forgier à La Rochelle et, à Paris, les trois sœurs n'avaient pas trouvé leur place. C'est alors qu'elles avaient eu l'idée de venir s'installer dans cette maison de Beaumoreau, dernier vestige de la fortune des Forgier, et de faire le bien.

Phœbé surgit dans le salon, portant sur son poing, comme un faucon de haut vol, le perroquet Coco :

— Bonnuit, cria l'oiseau, il faut do'mi' maintenant.

Le rire de Phœbé balayait toutes les désolations.

3

TILLOU EN POITOU

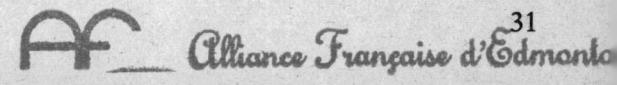

On ne se méfiera jamais assez de nos campagnes poitevines. Avec leurs chemins creux, leurs guérets roux, leurs oiseaux partout et leurs maisons tranquilles, elles calment le voyageur, l'apaisent comme un rassurement.

Seulement, les dieux et les fées de jadis les ont tellement hantées, tellement chéries qu'ils y ont laissé des charmes derrière eux. Toutes nos légendes le confirment. Et c'est bien vrai aussi que les fils exilés de nos plus ternes campagnes en gardent la nostalgie devant les plus beaux paysages du monde...

Sur Beaumoreau, peut-être était-il déjà passé des soldats d'Abdérame ? Quand Charles Martel les battit à Poitiers, ils s'égaillèrent dans les sentiers, comptant que les chemins du sud les ramèneraient chez eux. Nos filles d'alors portaient encore sur elles le reflet des blondeurs gauloises et franques. Les sombres guerriers y furent, dit-on, sensibles et, contre toute sagesse, s'attardèrent un peu.

Et puis, un beau matin, il y eut du givre. Un givre de printemps couvrant de menues stalactites les pommiers en fleurs, les pêchers et les nuageux pruniers d'amour. Au lever du soleil, les scintillements furent tels que les serviteurs d'Allah en restèrent éblouis. Ils crurent avoir découvert les trésors de Golconde et décidèrent de ne plus quitter ce pays merveilleux.

Mais il leur fallait se cacher. Ils se blottirent au creux des carrières, au fond des moindres combes. Ils y sont restés. Seulement, à vivre ainsi, courbés et privés de lumière, les fils du soleil et du vent y perdirent leur belle prestance. De guerriers sarrasins, ils devinrent farfadets.

Ils n'avaient pas pour autant perdu leur goût pour nos femmes et venaient souvent le soir les taquiner quand elles veillaient seules au logis. Ils emmêlaient la laine des quenouilles, tiraient les châtaignes des cendres, enlevaient les épingles des coiffes et jouaient dans les chevelures défaites.

Nos aïeules aimaient rire. Et qui donc trouverait à redire aux jeux d'un lutin, à part quelque vilain jaloux? Pourtant, afin d'assurer leur vertu, elles gardaient toujours sur les braises le « trois pieds » de fer forgé sur lequel elles cuisaient le souper, et quand le farfadet devenait trop entreprenant, hop, d'une chiquenaude, elles l'expédiaient s'asseoir sur le siège brûlant.

A force de se roussir ainsi le cul, on dit que les petits enamourés perdirent leur don d'immortalité; ou bien devinrent sages. A moins que les filles d'aujourd'hui, n'ayant plus la grâce de leurs aïeules, ne sachent plus les émouvoir. Quoi qu'il en soit, on n'en rencontre plus. N'empêche qu'il reste dans l'air des bribes de ces enchantements qui les envoûtèrent par un matin de givre.

Et ç'aurait été par ces mêmes charmes que les Demoiselles s'enchaînèrent chez nous.

L'aube du jour nouveau filtrait sous les volets mal clos. Du fond de son lit, Marie-Aimée, immobile, écoutait. Il y eut d'abord un petit cri, enroué comme un gémissement de girouette que tourmente le vent, et qui se mua vite en cocoricos éclatants. Puis les coups sourds des sabots de la vieille pécharde contre le bat-flanc de l'écurie contiguë à la maison. Les bisets bleus entrèrent dans le jeu, berçant la fuie(1) entière de leurs roucoulements.

Marie-Aimée repoussa le gros édredon rouge, écarta les rideaux de mousseline. Elle tira la porte qui donnait de plain-pied sur la hêtraie. L'étonnement la figea.

---

(1) Petit colombier.

Dans la nuit, le vent, tourné au nord, avait emporté les nuages. Le ciel était d'un bleu très pâle, comme tendu d'une gaze légère. La hêtraie et la prairie attenante s'étaient parées de leurs bijoux d'automne, et le soleil levant y allumait mille scintillements.

Marie-Aimée s'avança. Elle était pieds nus, en un contact intime avec le sol. Elle se pencha, et, du geste qu'elle aurait eu pour un oiseau blessé, recueillit dans ses doigts une motte de terre où la rosée avait tissé une résille arachnéenne. Elle l'émietta contre sa paume, en respira, les yeux fermés, l'odeur de feuilles et d'humus, puis la porta à ses lèvres comme en une communion païenne.

De quels souvenirs ancestraux renaissait brusquement chez la fille des Iles l'entente de sa race avec notre terre fauve ? Comme il se pratique, en certaines tribus, le serment du sang, un rite secret venait de s'accomplir pour lier à jamais l'une et l'autre et même au delà de la mort.

Enchaînées à Tillou, elles le furent certainement, les trois belles esclaves, mais Marie-Aimée seule, dans cette communion sauvage du premier matin, tissa les liens qui firent de nos prisonnières celles qu'on appela bientôt « les Demoiselles ».

La cuisine de Beaumoreau avait, en une nuit, renié des siècles d'honnêtes imprégnations poitevines : lait caillé, fricassées d'aulx, fauves relents du voisin toit aux chèvres. Dominaient à présent les odeurs subtiles d'épices, de café, d'un musc d'au delà les mers. Fidéline y était chez elle, agençant à son goût les placards et le dessus de cheminée.

Première journée, qui déciderait des autres. Théodule était aux chevaux, Amélie sortait des livres d'une caisse. Le perroquet Coco était maussade et muet, sans doute avait-il eu froid.

Marie-Aimée tira de l'amas de bagages une grande sacoche de cuir bourrée de médications. Fidéline, qui attisait le feu, se releva pour la lui prendre des mains. Des années durant, ce sac avait fait partie d'elle-même. Chaque matin, à cette même heure, elle le chargeait sur sa tête et s'engageait dans l'allée de frangipaniers menant à l'infirmerie, où elle soignait ses frères de race.

La Demoiselle sourit. Le recul de Catherine, hier au soir, ne lui avait pas échappé. La fièvre aidant, les malades risquaient à tout le moins une attaque à voir une créature noire surgir au pied de leur lit.

— Non, dit-elle, reste. Il faut les habituer. Quand ils nous connaîtront, nous irons ensemble.

Amélie s'inquiéta :

— Tu ne vas pas sortir seule, remarqua-t-elle d'un ton de léger reproche.

Une lueur amusée passa dans les yeux de sa cadette. Comme si l'heure était à la bienséance !

— Ne t'inquiète pas, répondit-elle. Je vais seulement chez Mathurine, j'espère qu'il n'est pas trop tard...

Dieu merci, la mère de Catherine était bien vivante.

L'ange de la mort qui avait frappé à la porte de la métairie avait emporté une grand-mère impotente et un juste-né de quelques semaines. Sans doute n'avait-il pas osé se colleter avec la maîtresse femme.

« Une sacrée fumelle », disait d'elle avec admiration la gent masculine du village, rendant ainsi à la fois hommage à l'opulence de ses formes et à son rendement au travail, qualités également appréciées dans nos campagnes. Le mari, Jean-à-la-Mathurine, qui n'en était que l'ombre falote, connaissait sa chance : « Un vrai choual à l'ouvrage, confiait-il volontiers, all'vous éreinterait dix bonshommes sans seulement s'en trouver tant soit peu ébaffée! » Moyennant quoi, se gardant bien de l'éreintement et de l'ébaffement, il lui laissait les tâches les plus pénibles.

En vérité, la géante qui écartait d'une bourrade les hommes maladroits quand il s'agissait de mater le taureau ou le mulet vicieux, s'était couchée de peur. Une peur folle, insurmontable, inavouable, la peur de l'au-delà.

Pour l'heure, calée entre ses couettes par deux énormes oreillers, la pseudo-mourante surveillait avec suspicion la « mise à prendre » de la traite du matin. Un grand homme maigre au nez triste versait au travers d'un linge blanc le contenu fumant d'un pordenier(1) dans des jattes de terre tandis que Catherine délayait de petits morceaux de la galette à présure au fond de chaque écuelle.

— Mets-en pas d' trop, suppliait sa mère. Juste ce qu'o faut...Si t'en mets pas assez, ta jhalounée prend mal et reste douce, si t'en mets d' trop, le feurmajhe sera fort.

C'est que le fromage, qui apportait les protéines nécessaires aux maigres rations alimentaires de l'époque, était chose sérieuse. Il y avait le « feurmajhe dur », ou asséché entre les feuilles de châtaignier, que l'on coupait parcimonieusement sur le pain noir à chaque repas. Et le « feurmajhe mou », juste égoutté, vital pour les enfants au sevrage et les vieillards édentés. Pour tous, avec l'ail vert croquant, l'échalote grise et même la sardine crue bien saignante, c'était aussi une gourmandise.

(1) Déformation de porte-dîner, seau à bec verseur qui sert aussi bien à la traite qu'à porter la soupe aux champs.

Sans compter que ce fromage blanc devenait gâteau pour les jours de fête, où, battu avec du sucre roux, des œufs et de la farine, on le cuisait, braises au-dessus, braises en dessous, dans le moule à tourtière en cuivre rouge. Quelques innovateurs commençaient à présent à y mêler, timidement encore, ce nouveau légume, écrasé en purée, que les gens du gouvernement cherchaient à introduire dans les campagnes : la pomme de terre. Ceux qui avaient osé goûter du tourteau-petatou n'en disaient pas de mal, au contraire. Mais on se méfiait encore, et on hésitait à gâter le fromage avec ce manger de sauvages.

La malade surveillait attentivement Catherine et ses laiteries. C'est que les nauséabondes galettes de présure vous classaient une maison et une ménagère aussi sûrement qu'un blason; elles devaient, en plus de leur qualité, durer jusqu'au printemps; elles nécessitaient en effet la caillette fraîche d'un estomac de chevreau. On la pétrissait avec de la fine fleur de farine, et c'est à l'odeur atroce qui s'en dégageait qu'on jugeait la pâte bonne à mettre sécher, pendue dans un courant d'air. Et il était admis qu'une femme qui ratait sa peursure(1) mènerait bien vite son ménage à la ruine.

Lourde et drue, chairs nacrées, épanouies dans l'échancrure de la chemise de toile, Mathurine semblait devoir déborder de son lit, un lit à la quenouille, son bien le plus cher, un luxe, une folie, à une époque où la plupart des paysans dormaient sur une paillasse de feuilles de maïs posée sur un châlit rudimentaire.

Ce meuble-là venait d'un grand-oncle curé chez

---

(1) Peursure ou prenure : présure.

qui Mathurine, toute fillette, avait été servante. Un oncle curé fait déjà honneur à une famille, mais quand il lègue en mourant, par acte notarié, un lit encapuchonné de droguet bleu, garni de deux couettes, d'une couverture de laine tissée maison, d'une courtepointe assortie aux rideaux et d'un édredon de duvet gonflé comme une montgolfière, c'est à peu près comme si le cher homme avait clamé du haut de la chaire : « En vérité, je vous le dis, Mathurine ma nièce est la plus méritante des filles et femmes d'alentour. »

Et, ma foi, c'est bien ainsi qu'elle l'avait compris. Quand on sut que le saint homme avait ajouté au legs une douzaine de draps neufs et un coffre de merisier pour mettre au pied du lit, le grand Jean qui tournait autour de la fille devint entreprenant. Qui saura jamais quelle part d'orgueil à l'idée de dormir et procréer dans un tel lit hâta ce mariage ?

Une voisine jalouse et bonne langue — l'espèce existe depuis toujours —, regardant un matin Mathurine tirer amoureusement les rideaux de droguet sur leurs tiges de fer, s'approcha, pleine de fiel :

— Et si le Bon Dieu te demandait de choisir entre ton homme et ton biâ lit ?

Mathurine passait pour n'être jamais prise de court. Elle n'hésita qu'à peine :

— Si t'étais bonne chrétienne, retourna-t-elle, tu saurais bin que c'est une question que le Bon Dieu ne peut point poser à une honnête femme !

Pourtant, le venin était resté dans la plaie, et, seule à seule avec sa conscience, il lui arrivait de reconsidérer la chose. Surtout quand le Jean avait des velléités d'émancipation. Elle devait bien convenir alors qu'un mari malléable comme le sien, sans être chose courante, pouvait encore se retrouver... Tandis qu'un lit pareil, ça non, une femme de sa condition n'en retrouverait pas un deux fois dans sa vie. Alors, sentant bien que de telles pensées lui venaient du Malin, Mathurine se signait et essayait de penser à autre chose.

Passé le premier émoi de voir la Demoiselle entrer ainsi chez elle et la trouver en négligé, on causa familièrement. Du long chemin depuis Paris, de l'installation à Beaumoreau, de l'épidémie et des misères du pauvre monde. Deux garçonnets avaient, d'un talon de sabot bien appuyé, tracé une marelle devant la cheminée sur le sol de terre battue. D'épuisantes quintes de toux les secouaient parfois. C'est pour eux que Marie-Aimée ouvrit sa sacoche. Elle leur prépara une tisane odorante avec des plantes inconnues et laissa sur le bas bout de la table, dans des éclaboussures de lait, un quart de pain de sucre roux.

Elle se renseigna sur les malades qu'elle pourrait soulager. Mathurine haussa les épaules :

— En sortant d'icite, à main gauche, vous avez les Nines. Pour sûr qu'elles ont dû passer, et dans la crasse encore... Après, la maison qui borde le chemin, c'était aux Blanchard. Lui, l'est déjà enterré. Elle, on ne sait point... Après, c'est Julien le fossoyeur, j'ai 'core entendu sa brouette hier au soir... Mais vous n'allez pas, demoiselle, risquer votre vie pour ce monde-là ! Vous irez attraper le mal et vous ne pourrez rien y faire. Il faut rentrer tout de suite.

La Demoiselle ferma la grosse sacoche en souriant, fit un adieu de la main et sortit. Jean-à-la-Mathurine, du seuil, la vit prendre le sentier qui montait chez les Nines. Il demeura perplexe : « Une si belle petite, queu malheur... »

Les Nines, patois de naines, ou les Bassaires, sans qu'on sache si le nom se rapportait à leur taille ou à leur misérable origine, étaient la lie du village. L'aînée, Jeanne, était vraiment naine, avec une grosse tête carrée; la seconde, Phrasie, de taille presque normale, était maigre, déjetée et boitait bas. La méchanceté leur ayant été dévolue au lieu de la beauté, il était difficile de dire laquelle se trouvait la mieux pourvue. Le père était mort aux galères, où l'avait conduit l'assassinat pour vol d'un bijoutier forain. La mère avait suivi un soir un vagabond qui disait vouloir rejoindre les chouans — un traître de l'un et l'autre bord évidemment; nul ne l'avait revue. Avec une telle ascendance, personne n'aurait recueilli les deux fillettes, même si elles avaient été moins vicieuses. Elles avaient survécu de rapines, de vols, de tromperies, et aussi des conseils et des herbes qu'elles vendaient dans l'ombre aux femmes en folie pour les débarrasser du fruit du péché.

Et pourtant, voilà cinq ans, Phrasie avait mis au monde un enfant mal venu, un pauvre innocent. Il avait donc fallu qu'un homme... Toutes les femmes du village s'étaient senties bafouées, surtout qu'au fur et à mesure que sa taille s'arrondissait, Phrasie devenait plus hardie et regardait chacune d'un air narquois en se tapotant le ventre. Les langues, qui avaient fort marché dans les débuts, se turent subitement quand Eugène Lebrun, beau coq de village au tableau de chasse assez garni pour n'avoir pas été soupçonné, déposa certain soir un lièvre sur le seuil des Nines. L'Eugène était fin saoul, c'est vrai, et le lièvre, qui ne portait pas trace de collet, pouvait bien avoir été ramassé crevé au coin d'un champ. N'empêche, c'était bien une offrande. Après ça, les hommes, pris d'émulation, et surtout ceux dont la femme était revêche, rivalisèrent d'idées pour laisser à leur tour des présents de leur façon, choux montés, haricots charançonnés, fruits avariés... La sagesse leur venant, les femmes s'étaient tues, crainte de découvrir sous leur propre toit des choses inavouables. Et le petit était né sans que Phrasie dise un nom.

Marie-Aimée, poussant la porte des Nines, vit jusqu'où pouvait atteindre la misère paysanne. Sur la jonchée de paille souillée, devant le foyer éteint, deux femmes épuisées et un enfant hideux agonisaient, autant peut-être d'inanition que de la maladie.

Elle ramena vers l'âtre les restes éparpillés d'un fagot de petit bois, tira un briquet de sa sacoche et lança la flamme, puisa l'eau au puits, récura le chaudron sale, lava les corps inertes et prépara des mixtures qu'elle introduisit patiemment entre les dents serrées des moribonds.

Elle revint l'après-midi, et encore le lendemain. C'est seulement cette fois-là que Phrasie reprit ses esprits, revigorée par un bouillon de poule comme elle n'en avait jamais goûté. Elle regarda la Demoiselle sans un mot, ni bonjour ni merci. Et quand Marie-Aimée fut sortie, elle cracha un jet glaireux vers la porte, sur cette grâce et cette bonté qui lui avaient été refusées, et qu'elle abominerait à jamais.

De maison en maison, la Demoiselle était auprès des malades, faisait bouillir l'eau, râpait le camphre dans l'alcool en potions amères, lavait les sanies sans dégoût apparent, assistait les mourants, veillait les morts en faisant la charpie.

Parfois, d'une gourde d'argent noircie et bosselée qui avait appartenu à l'aïeul boucanier, elle versait une larme d'un alcool ambré et odorant : « Buvez, disait-elle, cela chasse les miasmes. » Et dans les sombres pièces mal aérées entrait un peu du soleil des Antilles — on en connut même, déjà convalescents, qui feignaient des faiblesses pour retrouver au fond de leur corps le goût et la chaleur de cette étrange eau-de-vie.

Il fallut attendre la Noël pour savoir avec certitude que le mal était enrayé. Alors, malgré le froid, malgré les deuils, les humains émaciés s'abordèrent pour des retrouvailles de rires et de larmes. Quelque chose de nouveau et de fort unissait ceux du village, comme les survivants d'une bataille.

Les jours retrouvèrent peu à peu leur voix, leurs gestes, leurs habitudes tranquilles. Restait à savoir ce qui se passait vraiment à Beaumoreau.

4

LES KERNADEC

Victoire et Amélien, la tante et l'oncle des Demoiselles, arrivèrent au lendemain de l'Epiphanie. Pour visiter leurs « petites chanoinesses », comme disait Victoire, un peu railleuse, ils n'avaient pas hésité à braver les dangers du chemin.

Le temps était loin où les routes de France passaient pour les meilleures d'Europe. A la Révolution, on avait fait appel au volontariat pour remplacer les corvées, mais l'exaltation patriotique s'éteignit aux premières courbatures. Les grands mouvements ne durent guère et nous sommes un peuple inconstant. Le gros sable qu'à présent on se contentait d'épandre ne faisait qu'ajouter à la boue des fondrières.

Les chemins étaient pourtant fort fréquentés, et pas toujours par du beau monde. A part les transports publics, diligences et messageries, et les voyageurs honnêtes qui colportaient la mercerie et les almanachs, il fallait compter avec les soldats déserteurs, les conscrits insoumis, les chouans de la débâcle vendéenne, les voleurs de métier, les forains promenant en laisse quelque ours gigantesque, portant sur l'épaule un singe pelé ou une marmotte... Chaque coin de bois, chaque creux de vallon était peuplé d'ombres inquiétantes. Les toucheurs de bœufs, les conducteurs de troupeaux qui ralliaient les villes pour en assurer le ravitaillement se groupaient pour voyager et ne faisaient qu'ajouter à la confusion.

Mais Victoire et Amélien, autant par innocence que par intrépidité, étaient de ceux qui passent sans les voir au milieu des embûches. Ils avaient mené grand train : huit jours seulement pour venir de Paris par Orléans et Poitiers.

Ils arrivaient moulus, poussiéreux et souriants, dans une berline presque aussi vaste que celle qui avait amené les Demoiselles, chargée à craquer des malles et colifichets de la vieille dame. Elle était conduite par un petit homme sévère qui était à la fois cocher, valet de chambre et infirmier d'Amélien. Victoire amenait aussi sa camériste, Anna, femme sans âge dont la coiffe surmontait un visage poupin extraordinairement frais et des yeux noirs intelligents en perpétuel aguet. Entre autres qualités, la malheureuse était sourde et muette, ce qui permettait à Victoire de soliloquer sans risque de contradiction et de ne rien craindre des ragots d'office. Ceci dit, les deux femmes se comprenaient parfaitement par les mouvements de leurs doigts agiles. Il était d'ailleurs le plus souvent inutile d'en user, l'échange des regards suffisait.

L'équipage fut suivi à une journée par une charrette bâchée conduite par deux costauds recrutés à Paris. Amélien leur avait confié ses livres, ses caisses de médicaments, deux tonnelets de rhum, quelques sacs de café et des choses introuvables, sinon inconnues, au village.

Le chariot arrivant le soir, on le gara dans la cour pour la nuit. Le lendemain, dans le petit matin clair et sec, Beaumoreau engrangea ses richesses. Il ne se passa pas longtemps avant que le village défile à la queue leu leu devant le portail grand ouvert. Des vieilles, tirant leur bique par le licou, ralentissaient comme si l'herbe rase des talus d'en face était la gourmandise préférée de leurs bestiaux; des ménagères, négligeant le lavoir habituel, poussaient leur brouette de linge vers la rivière à demi gelée, faisant fi de leurs commodités journalières; des gamins arrêtaient leurs vaches pour arranger la paille de leurs sabots; et les hommes eux-mêmes, les mains enfouies dans les grosses mitaines de futaine réservées à l'élagage des palisses, avaient justement ce matin-là eu l'envie de fagoter dans les prés bas — fallait bien qu'ils passent devant le domaine... Y en eut-il, des regards en biais et par en dessous, des coups d'œil faussement innocents... Le soir, à la veillée, quand les faits du jour prennent leur dimension et pour ainsi dire leur vraie vie, on ne manquerait pas de revoir les deux fiers-à-bras soulevant les colis mystérieux : « Cré fi de garce, y en avait-il des choses dans thielle charrette! » Ce serait dit avec curiosité, mais sans jalousie, parce qu'à présent on savait bien que d'une manière ou d'une autre le village en profiterait.

En attendant, la mieux placée pour suivre le déballage était Mathurine, et elle n'en perdait rien.

Les maisons paysannes poitevines comprenaient en général une entrée, le « colidor », flanquée de deux pièces identiques, l'une étant la « maison », c'est-à-dire celle où l'on vivait, mangeait, dormait dans l'odeur épaisse et rassurante de mangeaille et de corps peu lavés. L'autre, la « belle chambre », ne servait guère qu'en des occasions exceptionnelles, faute de mobilier, mais le plus souvent, dans une demi-obscurité et une fraîcheur soigneusement entretenues, on y garait le garde-manger aux fromages et la nourriture en cours, à l'abri des mouches et des animaux domestiques.

Si la maison était le sanctuaire, le colidor en était la sacristie; là se concrétisaient les rapports avec l'extérieur et prenaient naissance les nouvelles.

Juste à côté de la porte d'entrée, se situait la pierre d'évier avec son simple trou d'écoulement qui se déversait dans la cour. Elle supportait les deux seaux de bois cerclés de cuivre et, sur l'un des seaux, appuyée d'un bord à l'autre, reposait la cussotte. C'était une petite casserole, dont le long manche creux laissait couler un filet d'eau : on y buvait à la régalade ou on s'y lavait les mains.

Au-dessus de la pierre d'évier se trouvait une petite ouverture généralement ovale, guère plus large et longue que la main, pratiquée dans le mur et obturée par un carreau fixe : l'œil-de-bac. Celui qui en eut l'idée aurait bien droit à la reconnaissance des femmes.

De là, en effet, une ménagère consciente de ses devoirs pouvait surveiller à la fois sa cour et sa volaille, les champs attenants et surtout les chemins passant devant la maison. De ce point stratégique, elle se sentait autant de responsabilité qu'une sentinelle devant sa meurtrière, le grand intérêt étant de tout voir sans être vue...

Mathurine, à son poste d'observation, était fascinée. Elle tenait le morceau de savon dont elle se frotterait vivement les mains si quelqu'un s'avisait de la surprendre en délit de curiosité. Elle avait pourtant de bonnes raisons de s'intéresser à ce qui se passait à Beaumoreau : les Demoiselles lui avaient demandé si elle voulait bien leur apprendre les habitudes de Tillou. Mais elle se contentait encore d'envoyer parfois Catherine pour donner la main aux plus gros travaux.

C'est que, décidément, elle ne pouvait se faire à l'idée d'avoir à toucher de ses mains des choses déjà touchées par les mains noires de Théodule et de Fidéline, de respirer le même air qu'eux. Rien que d'y penser la mettait dans tous ses états et elle cherchait machinalement, à travers son corsage, la brochette de médailles bénites accrochées à l'envers de sa chemise de toile, à même la peau. Il ne fallait rien moins que la meurtrissure de Notre-Dame de Celles, de saint Benoît l'exorciste et de saint Michel archange contre la chair sensible, entre les deux seins, pour que la grande femme se sente rassurée.

Par Catherine, elle savait que les arrivants étaient le frère et la sœur de la mère des Demoiselles, décédée aux Iles. Ils arrivaient de Paris mais étaient bretons — pas des gens comme ici, mais du monde respectable quand même. Quant aux serviteurs, le cocher de ces monsieur-mesdames paraissait convenable, et la gouvernante sourde et muette, elle aussi bretonne, était une chrétienne baptisée — on savait d'où ça venait, tout au moins.

Madame Victoire portait allégrement une cinquantaine bien verte. Petite, menue, toujours en mouvement, s'enthousiasmant pour tout, tranchant de tout, elle était si volubile qu'il arrivait souvent que ses idées ne suivent pas la course de ses mots. Elle se figeait alors brusquement, fixant son interlocuteur d'un œil vide et rond. Mais le silence ne durait guère. Elle passait une main fine sur un visage égaré, s'attardait sur le front : « Où en suis-je, Seigneur ?... Ah ! oui, je disais donc que... » Et, sans embarras aucun, elle enchaînait sur autre chose.

Elle avait épousé, au sortir de l'adolescence, un noble épicurien qui la fit baronne. Ce sexagénaire quinteux et ventripotent était à la recherche d'une Sulamite qui réchaufferait ses membres perclus. Ce fut le contraire qui se produisit et l'on put craindre qu'il eût éteint à jamais la vivacité de la fille en la faisant femme. Toute cette période-là de sa vie, dix-huit longs mois, Victoire se tut. Enfin le baron eut la bonne idée de mourir, lui laissant une fortune encore considérable et un hôtel à Paris.

Victoire y fit venir son frère et profita des agréments de la vie. Elle s'amouracha successivement de tous les hommes jeunes et beaux qui l'approchèrent. S'amouracha seulement. Dix-huit mois de devoir conjugal passif avaient, semblait-il, suffi pour vouer ce feu follet aux amours platoniques. Simplement, quand le prétendant, devenu entreprenant, se lassait de rester sur sa faim, Victoire en changeait et l'oubliait. De coups de tête en coups au cœur, sa vie passait.

La Révolution la trouva fervente partisane de l'Ancien Régime, au contraire de son frère Amélien qui avait trop pratiqué les philosophes pour ne pas croire de toute son âme à la Déclaration des droits de l'homme. Elle oscilla un moment de la Gironde à la Montagne, à la suite d'un beau tribun puis d'un fringant avocat, pour redevenir monarchiste grâce à un chouan au profil de médaille, de quinze ans son cadet. Quelques mois, elle se grisa de chevauchées et de courses tragiques, jusqu'au moment où une balle républicaine frappa le jeune chouan. Il mourut dans les bras de Victoire au creux d'un bosquet vendéen. Elle continua un temps ses cavalcades, mais le cœur n'y était plus. Elle se réfugia dans l'ombre de son frère.

Soit que nul ne l'ait prise au sérieux, soit que la réputation de sagesse d'Amélien l'ait préservée, elle ne fut pas inquiétée. Peut-être ne réalisa-t-elle jamais les dangers qu'elle avait traversés. Son goût de la gloriole, mêlé à une si profonde inconscience, aurait bien pu la mener souriante à l'échafaud, pourvu que le bourreau fût bel homme.

A présent, le cœur vide et les articulations douloureuses, elle ne se sentait plus ni royaliste ni révolutionnaire, et elle disait abominer le petit Corse tout en admettant qu'il avait de beaux yeux.

Devant les feux de bivouac, dans la froidure de l'hiver vendéen, Victoire avait pris goût au réconfort de l'alcool. Elle continuait d'en user. Plusieurs fois par jour, quand la vie soudain devenait terne, elle remontait ses amples jupes, fourrageait dans une poche de toile accrochée à sa taille, sous les volants festonnés, à la recherche d'un flacon qui voisinait avec deux ou trois pièces d'or, un chapelet d'ivoire et le portrait miniaturisé de feu son baron. Personne ne sut jamais, et elle moins que tout autre probablement, le pourquoi de cet hommage tardif au seul homme qu'elle n'eût jamais été tentée d'aimer.

Elle buvait une gorgée. Pas trop. Juste pour se sentir bien. Mais à force de gorgées, un réseau serré de fines veinules rougeâtres était maintenant posé comme un masque léger sur son fragile visage de blonde. Ses cheveux d'or ardent s'éteignaient et devenaient gris. « Voyez comme l'âge vous arrange ! » constatait-elle en étendant au hasard poudres et fards sur ses joues couperosées. Mais même ce souci-là restait fugitif chez la primesautière baronne.

Amélien, lui, portait un visage splendide au grand front rayonnant sur un corps difforme à peine plus développé que celui d'un garçonnet.

La paralysie infantile lui avait noué les membres vers l'âge de dix ans. Un praticien breton à la solide réputation de guérisseur s'était fait fort de « tirer le mal » et avait appliqué à l'enfant de terribles vésicatoires de cantharide. On ne sut jamais ce qu'aurait été le mal s'il n'avait été « tiré », mais les vésicatoires firent des plaies qui s'infectèrent et les abcès creusèrent jusqu'à l'os, occasionnant une ostéite puis une nécrose du tibia gauche. Amélien ne guérit qu'après des années de souffrances, définitivement infirme et sujet à des crises rhumatismales épuisantes.

D'une intelligence hors du commun, curieux de tout, l'adolescent avait trompé sa désespérance avec les livres. Médicaux d'abord, pour bien comprendre sa misère, et se jurant de soulager toute souffrance. Puis il avait découvert les Philosophes, un éblouissement. Il s'en était grisé et sa vie avait alors pris une autre dimension.

Il n'eut jamais le titre de médecin, quoique d'un savoir dépassant celui de beaucoup d'entre eux. Ce n'était plus tout à fait le temps des barbiers, mais peu s'en fallait. A cette époque, on devenait médecin soit en passant par la Faculté soit, plus généralement, en succédant à un père médecin qui transmettait à son fils sa charge et son expérience, tout comme une mère aurait fait sa fille héritière de ses recettes culinaires. Ou bien encore on soignait quelques années dans un hôpital ou aux armées. Il y eut des médecins dont les connaissances et le dévouement furent admirables, mais, pour l'un de ceux-là, combien de Diafoirus ?

Amélien avait fréquenté Georges Cabanis, lui-même plus philosophe que médecin, le précurseur de la révision de l'enseignement et de la réorganisation des hôpitaux, et Jean-Nicolas Corvisart, celui qui assura le premier qu'on devait pouvoir reconnaître les maladies de poitrine par la percussion — « Je ne crois pas en la médecine, avait dit Napoléon, mais je crois en Corvisart »...

Par eux, il s'était lié d'amitié avec Dominique-Jean Larrey, le grand chirurgien. Celui-ci, le voyant souffrir, avait un jour soupiré avec commisération devant les membres douloureux :

— Si seulement le destin avait voulu que je t'aie connu plus tôt !

A quoi Amélien, pour cacher sa détresse et une petite lueur malicieuse s'allumant dans son œil clair, avait rétorqué, faisant allusion au scalpel fulgurant de son ami :

— Eh, eh ! Je ne doute pas que tu m'eusses guéri... Les hommes-troncs n'ont plus mal aux jambes !

Plus qu'à tous ces grands noms, Amélien s'était attaché à un Poitevin-Vendéen, Jean-Gabriel Gallot, né à La Châtaigneraie, diplômé de la faculté de Montpellier et simple médecin à Saint-Maurice-le-Girard. Député du Poitou à l'Assemblée nationale, il avait passé sa vie au service des pauvres et des paysans, étudiant inlassablement l'organisation d'hospices ruraux, l'amélioration de l'agriculture, l'un des premiers à parler de malnutrition et d'absence d'hygiène.

Les deux hommes avaient attendu, confiants, l'avènement d'un monde meilleur par la Révolution. Moins heureux qu'Amélien, ou plus en vue de par ses interventions à la tribune, Gallot avait été mis en disgrâce et accusé de modérantisme. Il était mort à moins de cinquante ans d'une typhoïde contractée au chevet de ses malades. Du moins la guillotine lui fut-elle épargnée. Amélien avait éprouvé un véritable chagrin à la disparition de son ami; aussi, en souvenir de lui, essayait-il de continuer son œuvre en propageant ses idées.

Amélien, Victoire et Donatienne de Kernadec, orphelins très jeunes, avaient été élevés dans une de ces demeures mi-ferme mi-château qu'on trouve en Bretagne, par un tuteur honnête, mais fort désireux de se débarrasser au plus vite de ce fardeau familial. Il avait négocié le mariage de Victoire et, de là, par relations du baron, celui de Donatienne avec Louis-Antoine Forgier.

Depuis trois générations, en effet, les Forgier venaient par tradition prendre femme en métropole. On prétendait qu'ils se conformaient en cela au dernier souhait formulé par l'aïeul pour continuer sa race. Peut-être son mariage avec la veuve propriétaire de la plantation primitive n'avait-il pas été pour autant une réussite. Les créoles, à tort ou à raison, passaient pour légères, peu instruites, mal élevées et sans moralité.

Avec la petite Bretonne, ces défauts n'étaient pas à craindre. D'un naturel sérieux et paisible, fraîche, saine et simple, elle était attendrissante de bonne volonté. Malgré les livres d'Amélien, elle restait croyante et fidèle aux leçons du vieux recteur. Sa foi s'arrangeait parfaitement des théories humanitaires de son frère et ne faisait qu'ajouter une rigueur supplémentaire à son idée du devoir.

Peut-être Louis-Antoine ne méritait-il pas pareille offrande? C'était un gentil garçon, de belle prestance et de caractère enjoué, parfaitement égoïste et vain. Habitué depuis l'enfance à être servi par un essaim d'esclaves, il n'avait pas eu une éducation capable de modeler une forte personnalité. Des jeunes créoles, on dit que si l'un d'eux demande un œuf à son esclave : « Moin v'lé gnou zé! » et que celui-ci réponde : « Gnia point » (il n'y en a pas), l'enfant alors exige : « A coze de ça, moin v'lé dé! » (à cause de cela, moi, j'en veux deux). Louis-Antoine, prenant son plus beau sourire, aurait bien été capable d'en exiger trois.

Il fut un mari aussi charmant qu'inconstant, un père aimant, toujours prêt à gâter ses filles, un maître de maison affable et généreux. Il n'eut jamais la rude énergie de l'ancêtre boucanier, le seul trait du caractère entier de l'aïeul qu'il manifesta jamais fut son entêtement à ne pas quitter Saint-Domingue après la première révolte.

Pour le reste, il s'en remettait à son intendant pour ses cultures et ses esclaves, exigeant que les unes soient prospères, les autres suffisamment nourris et bien traités, que son banquier gère efficacement sa fortune; pour lui, il s'appliquait seulement à jouir au mieux des agréments de la vie.

Donatienne, quittant ses joncs et sa lande, avait été éblouie par la splendeur antillaise. Marchant parmi les parfums mêlés des orangers, citronniers et pistachiers, dans les éclairs zébrés des vols d'oiseaux multicolores, la petite Bretonne récitait en son cœur *Le Cantique des Cantiques*.

Ce qu'elle éprouva par la suite, nul ne le sut. Elle n'était pas femme à se plaindre. Il est certain qu'elle comprit très vite que son mari retournait à ses plaisirs passés; mais elle ne lui en fit jamais aucun reproche, s'occupant seulement d'ordonner sa vie comme elle avait rêvé de le faire.

Son premier travail avait été de rénover l'infirmerie de la plantation et de la transformer en petit hôpital de campagne. Au grand scandale des amis de Louis-Antoine, elle s'occupait elle-même des nègres et, si elle ne donnait pas les soins, du moins surveillait-elle le mulâtre qui s'intitulait pompeusement chirurgien et était responsable de la santé du personnel.

Quand le maître de la Forgerie avait voulu s'opposer à ces tâches jugées par lui dégradantes, Donatienne avait eu un sourire terriblement gentil :

— Je vous en prie, mon ami, nous avons chacun nos plaisirs.

Amélien et Victoire avaient fait leur premier voyage à Saint-Domingue peu après la naissance d'Amélie. La baronne, à l'émerveillement facile, allait de découverte en découverte. Mais Amélien avait tout de suite senti le désenchantement de leur cadette. Les fatigues de la maternité et du climat n'expliquaient ni sa tristesse ni cette application qu'elle mettait aux menues tâches dont en principe elle était déchargée.

En faisant visiter à son frère les cases des esclaves et leur quartier, enclos dans la plantation, elle posa sa main sur le bras d'Amélien :

— Tu vois, dit-elle, là finissent nos rêves humanitaires...

Ce n'était pas même une plainte, seulement la constatation navrée de leur impuissance à changer l'injustice en justice et la misère en liberté.

C'est à cette époque que Fidéline était entrée

dans leur vie, dans des circonstances dont personne n'avait à se vanter.

L'exploitation voisine, « les Manguiers », appartenait à un homme de réputation détestable. Sa mère, disait-on, avait été une sang-mêlé. A cause de cela, et bien plus qu'à cause de ses mœurs dépravées, on le méprisait. Mais parce qu'il était riche, savait recevoir et dispenser les plaisirs, on fréquentait malgré tout sa maison. On y buvait ferme, on y jouait gros jeu : hoca, lansquenet, biribi, trois-dés, tapetingue, pharaon; on ne s'encombrait de nulle morale et de jeunes beautés sombres étaient mises à la disposition des invités.

Cette goutte de sang noir qui coulait dans ses veines, le maître des Manguiers ne cessait de s'en venger sur ses esclaves, exerçant des répressions terribles pour les moindres peccadilles.

Le marronnage atteignait sur sa plantation des proportions encore jamais atteintes ailleurs. On appelait « grand marronnage » la fuite des esclaves au maquis. Parfois seuls, parfois par deux ou trois, ils essayaient de rejoindre des bandes cantonées dans des endroits réputés inaccessibles, où ils subsistaient misérablement de rapines.

Les Noirs se sauvaient, soit parce qu'ils avaient affaire à des maîtres inhumains, soit parce qu'ils étaient mal et peu nourris — tant qu'à être affamés, ils jugeaient sans doute préférable de l'être libres. Il y en avait aussi pour qui l'appel de la savane était un mal incurable. Ils l'avaient dans le sang. Ceux-là, une fois, deux fois, repartiraient encore, sachant bien ce qu'ils risquaient. Mais la mort pour eux n'était que l'évasion finale.

Aux Manguiers, les chiens étaient dressés à chasser le nègre fugitif, comme ailleurs la sauvagine. D'après l'article 38 du Code pénal noir, un esclave repris était condamné à avoir les oreilles coupées et à être marqué au fer rouge d'une fleur de lys sur l'épaule. A la récidive, on lui coupait le jarret et on portait le fer sur l'autre épaule. La troisième fois, c'était la peine capitale. En fait, la justice du roi avait rarement à intervenir, les colons préférant se débrouiller seuls pour rendre leur justice.

Ce soir-là, aux Manguiers, Louis-Antoine Forgier s'était laissé prendre au plaisir du jeu. Les verres ne restaient jamais vides et de jeunes esclaves présentaient des plateaux chargés de pommes-cannelles, ces sortes de sorbets crémeux aux noirs pépins, de litchis aux senteurs de musc, d'ananas juteux pour apaiser la fièvre allumée par l'alcool, les cartes et les négresses.

Dehors, c'était la brume transparente des nuits de Saint-Domingue, paix splendide à peine troublée par une plainte venant du quartier des esclaves : le maître avait prévenu ses invités qu'une Noire était au pilori. On l'avait reprise la veille en délit de marronnage après une courte et efficace chasse à courre.

La femme, enceinte et déjà mère d'une fillette, essayait semblait-il de rejoindre le père, passé au maquis depuis plus de trois mois et qu'on avait cherché en vain.

Elle avait voulu entraîner sa fille avec elle, mais par un hasard malheureux, l'intendant avait ce matin-là emmené les enfants à la plantation d'indigo. C'était un travail qui leur était réservé. Ils devaient déposer quatre ou cinq graines de l'herbe bleue dans les minuscules fosses qu'ouvraient devant eux les « esclaves fouilleurs » avec un râteau à trois dents. Derrière, au même rythme, les malades capables de se tenir debout et les vieillards rebouchaient les fosses à l'aide d'un minuscule balai touffu.

Prise dans la chaîne et surveillée sans arrêt, l'enfant Fidéline n'avait pas pu s'échapper pour rejoindre sa mère à la corne du champ où elles devaient se retrouver. Chaque instant qui passait augmentait les risques de reprise, et la femme ne voulait pas que son enfant naisse esclave. Elle ne raisonnait pas, elle savait seulement dans son instinct que, puisque le père n'avait pu être repris, le fils devait voir le jour dans la libre savane.

Mais quand enfin elle se résolut à laisser Fidéline derrière elle, quitte à venir la reprendre une nuit, il était déjà trop tard. Son absence avait été signalée. Lui parvinrent les claquements de fouets, les cris des hommes, les aboiements de la meute sur la piste chaude.

C'était une femme vigoureuse et résolue, elle se battit courageusement et ne se rendit que déchirée par les molosses. Le fait qu'elle ait mis au monde le soir un enfant mort permit de lui passer le carcan au cou sans déni de justice. C'était la torture réservée aux femmes suspectées d'avortement. Le collier de métal, très haut et très lourd, était rivé au cou de la condamnée, quatre pointes en sortaient qui l'empêchaient désormais de s'approcher d'autrui. Mais celle-ci, de toute apparence, n'aurait plus jamais d'aventure amoureuse. Pour lui faire dire l'endroit où son homme s'était réfugié, on « pimenta » les plaies sur ordre du maître, c'est-à-dire qu'on les saupoudra de piment pilé, puis on l'attacha à un pieu fiché en terre, on la cingla encore de quelques coups de « rigoise » et on l'abandonna aux bestioles du soir en lui promettant pour le lendemain, si elle ne parlait pas, le supplice de la bouillie — jus de canne bouillant qu'on déversait sur le supplicié. Mais sans doute les dieux eurent-ils pitié, il n'y eut pas de lendemain pour elle.

Le maître, furieux, avait alors ordonné qu'on lui amène Fidéline : la fillette paierait pour la mère. C'était sa voix qu'on entendait, sa plainte interminable — Dieu sait ce qu'on lui avait fait.

Le maître des Manguiers, ce soir-là, n'avait guère de chance et perdait hargneusement. Après chaque donne, il se levait, ouvrait le tiroir d'un secrétaire et jetait une poignée de louis sur le tapis de la table.

Vint le moment où il trouva le tiroir vide. Il en fut d'abord dépité, puis, la langue pâteuse, les yeux injectés de sang, il défia encore :

— Qui joue contre moi ?... Tiens, Forgier, je te joue Stella !

Stella était une alezane magnifique juste débarquée d'Europe. Avant le souper, quand on l'avait montrée aux invités, pas un d'entre eux qui n'eût été saisi d'envie.

Forgier gagna la jument.

Le dépit violaça le visage du perdant. Il regarda autour de lui d'un air égaré. Gênés, les partenaires se taisaient. On entendait papoter les femmes sur la véranda. Parmi les appels lointains des oiseaux de nuit montait encore parfois la plainte de la fillette attachée au pilori. Le maître des Manguiers fit signe à une servante et lui dit quelques mots à voix basse. Puis il se tourna vers Louis-Antoine :

— Je te joue une esclave... Voyons si tu auras autant de chance que pour la jument. Cela t'intéresse ?

— Tout dépend de l'esclave, répondit Forgier.

— Elle a douze ans, elle est saine, habile à tous travaux... Et elle a du caractère, je t'en réponds !

Il ne put s'empêcher, du doigt, de toucher une égratignure qu'il portait à la tempe. Les hommes se regardèrent.

Et Forgier gagna l'esclave. Alors seulement on vint jeter devant lui une négrite à demi nue, barbouillée de sang, pantelante, à peine consciente...

Il quitta les Manguiers au petit jour, passablement ivre, avec ses prises de guerre. Il montait Stella avec beaucoup de raideur, tirant d'un côté son propre cheval et de l'autre l'enfant noire qui trébuchait à chaque pas et tombait parfois dans la poussière du chemin.

Quand elle se fit trop lourde à traîner et qu'il comprit qu'elle n'irait pas plus loin, le cavalier s'assura que personne ne pouvait le voir, mit pied à terre et, avec une obstination maladroite d'ivrogne, réussit à jeter la petite en travers de sa monture.

A la Forgerie, Donatienne était déjà debout :

— Je m'inquiétais, dit-elle, il n'est rien arrivé ?

Louis-Antoine aurait sans doute préféré un éclat qui lui eût permis d'affirmer bien haut son droit à quelques distractions. Un peu penaud, il s'excusa et, pour se faire pardonner, désigna le tas de chiffons souillés au seuil de la véranda :

— Tenez, dit-il, je viens de gagner cette esclave, je vous l'offre comme fille de service...

Il parut seulement alors s'apercevoir de l'état dans lequel était la petite :

— Voyez si votre chirurgien peut la raccommoder !

Donatienne se pencha sur l'enfant prostrée, essaya de la relever :

— Aidez-moi, voulez-vous ! commanda-t-elle durement.

Jamais encore on ne lui avait connu ce ton. Louis-Antoine eut un geste pour appeler les servantes, mais préféra obtempérer. C'est lui qui porta Fidéline à l'infirmerie et la posa sur un lit bas. Et comme, dégoûté, il essuyait ses doigts à un mouchoir de soie, sa femme lui ordonna, de cette même voix inconnue :

— Appelez Amélien, s'il vous plaît, et allez dormir.

Fidéline portait sur tout le corps les zébrures du fouet, les marques des coups de pied et des coups de poing qu'elle avait reçus. Son corps maigre n'était que plaies et contusions. Une hémorragie avait souillé les cuisses sombres de sang coagulé. Doucement, lentement, Donatienne lavait, nettoyait, avec la pitié désespérée qui avait sans doute été celle des saintes femmes recueillant le Christ au pied de la croix. Amélien, de ses longs doigts agiles, palpait, pansait. Après beaucoup d'hésitation, et sous les yeux du « chirurgien » ébloui, il dut pratiquer sa première intervention chirurgicale.

Ce que furent ces soins, le frère et la sœur, unis dans une même détresse, ne devaient jamais l'oublier. Peut-être même Donatienne, atteinte dans son innocence et sa confiance au point le plus secret de son cœur, ne s'en guérit-elle jamais. Une fois, alors que le cœur de la fillette s'affolait, elle gémit, le visage inondé de larmes :

— Le prix du sang, Amélien... Si Dieu est juste, il faudra bien payer un jour...

Fidéline resta longtemps entre la vie et la mort, fiévreuse, en proie à des accès de délire, de subites terreurs. Puis elle sembla ressusciter et recouvra peu à peu l'envie de vivre.

Elle eut sa natte dans la chambre des deux petites, Amélie et Marie-Aimée. Chaque matin, sans que personne le lui ait commandé, elle accompagnait la maîtresse à l'infirmerie, portant sur sa tête la lourde sacoche de cuir. D'ailleurs, où ne l'aurait-elle pas accompagnée ? « Votre ombre, ma chère ! » raillait Louis-Antoine, un peu troublé quand même du sombre regard de ferveur dont l'esclave couvait Donatienne. Au fond, il n'était pas mauvais.

Du passé, Fidéline ne parlait jamais, on aurait pu croire que la fièvre avait effacé tous ses souvenirs. Pourtant, à certaines lunes, elle disparaissait dans la savane et rejoignait des disciples du vaudou. Elle en revenait excitée et secrète. Donatienne ne questionnait jamais : « Ma sauvageonne, doucement, doucement », disait-elle seulement en caressant la tête crépue. Et Fidéline embrassait violemment la main blanche.

A seize ans, elle épousa Théodule, gigantesque Noir né sur la plantation et qui n'avait jamais été traité autrement et plus mal que n'importe quel serviteur européen de l'époque. Ils furent nègres libres. Donatienne crut devoir les avertir que, selon toute probabilité, Fidéline ne pourrait jamais avoir d'enfant. Paradoxalement, les deux Noirs en parurent rassurés.

Quand Phœbé naquit, Donatienne avait déjà les poumons fragiles. Quelques mois plus tard, une mauvaise fièvre l'emporta. Peu de jours avant sa mort, elle mit le bébé dans les bras de Fidéline :

— C'est à toi que je la confie. Je te la donne, à toi seule... Fais-la tienne comme un enfant que tu aurais mis au monde, sorti de ton ventre, comprends-tu ?

Et jamais femme blanche ni femme noire n'eut plus grand amour pour l'enfant de son sang.

Fidéline et Théodule souhaitaient ardemment la victoire des Noirs, mais ils ne prirent part à aucune révolte. Phœbé était leur raison de vivre, leur amour total.

Mais cela, Mathurine, embusquée derrière son œil-de-bac, ne pouvait le deviner. Elle ne l'apprendrait que bien plus tard, quand, dans cette histoire où le bien et le mal ont parfois le même visage, chacun aurait fini par trouver sa place.

5

LES CAFÉS DE FIDÉLINE

Il ne faut jamais dire : « Fontaine, je ne boirai pas de ton eau. » Tout dépend de la soif. Et aussi de la vie, qui a une façon de vous entortiller jusqu'à vous rendre parjure sans l'avoir voulu. Ainsi, tenez, Mathurine.

Elle avait bien juré, au début, ne jamais fréquenter les nègres. Mais qui aurait pu prévoir qu'avec une femme sourde et muette, un petit homme sombre aussi chaleureux qu'un glaçon et un couple de Noirs (saints et saintes du paradis, protégez-nous!), la cuisine de Beaumoreau deviendrait un jour l'endroit au monde où elle avait le plus envie de se trouver?

Heureusement, à force de tripoter ses ferrailles bénites, de se tourner et de se retourner dans son lit, et de houspiller son pauvre homme, un matin, Mathurine fut saisie par une évidence : il était indéniable que les demoiselles Forgier étaient très comme il faut, monsieur Amélien la crème des savants, madame Victoire un tantinet fofolle, mais malgré tout baronne, monsieur Abel et madame Anna ce qui se fait de plus stylé en fait de serviteurs... Eh bien! tout ce beau monde acceptait de boire, de manger et de cohabiter avec

Théodule, Fidéline et l'oiseau parleur, sans appréhension apparente. Et s'ils étaient changés la nuit en lièvres ou en bêtes faramines, ça aurait bien fini par se savoir. On conçoit donc mal, partant de là, comment une brave catholique romaine, baptisée par un saint homme qui n'avait point dû ménager le sel pour une enfant de sa propre famille, risquerait d'attraper le mauvais sort.

Ah! et puis tant pis à la fin, qui ne risque rien n'a rien.

L'œil-de-bac, c'était bien joli, seulement il avait beau être bien placé au bon endroit, ça n'était jamais qu'une courte vue.

Il paraissait inconcevable que la métayère de Beaumoreau, pour ainsi dire la plus proche de ces monsieur-mesdames après les liens du sang, soit la seule à ne voir ni savoir ce qui se passait de l'autre côté de la muraille.

C'est que, depuis le déchargement du chariot, il en défilait du monde. Et pas toujours intéressant, allez! Jusqu'aux Nines qui venaient à présent, traînant leur innocent par la main, et qui repartaient, toutes glorieuses, avec des cadeaux dans la dorne relevée de leurs cotillons sales.

De toute évidence, ces Demoiselles auraient eu besoin d'une personne sérieuse pour les conseiller, faire le tri de leurs relations et surtout veiller à ce que les trésors des caisses n'aillent engraisser les galvaudeux.

Ce fut donc en quelque sorte par dévouement et souci de justice, bien plus que par curiosité — du moins s'en était-elle persuadée — que Mathurine vint s'asseoir au coin de l'âtre dans la cuisine de Beaumoreau. Bien sûr, il fallait abandonner les laiteries à Catherine et faire confiance à l'ange gardien de son homme pour veiller au grain; mais du moins paraît-elle au plus urgent. Elle se sentait aussi importante qu'au temps où elle régentait le ménage de l'oncle curé.

La grande femme se levait donc avant l'aurore et travaillait comme une forcenée; l'ouvrage lui fondait dans les doigts. Une fois le repas de midi expédié et le grand Jean parti à ses occupations, elle abandonnait à Catherine la table et les petits.

Elle époussetait son caraco, passait une lavette sur le cuir de ses sabots et mettait son devantiau côté dimanche. Le tablier des paysannes économes était en effet réversible : les tailleuses cousaient à points si serrés que l'envers valait l'endroit et on accolait les poches deux à deux, face à face; on le portait côté tous-les-jours pour la grosse ouvrage, et hop, on le déteurvirait côté dimanche, tout beau, tout propre, pour être pimpante. Toujours avenante, la ménagère.

Passant devant la porte, elle arrangeait sa coiffe en se mirant dans les carreaux, nouait de même un foulard immaculé par-dessus pour la protéger, s'emparait de sa quenouille ou de sa brocherie en cours pour ne point rester désœuvrée. Le Bon Dieu, dans son infinie bonté, avait bien prévu, en donnant au pauvre monde la vue, la parole et l'entendement, que tout ça pouvait fonctionner en même temps que les mains. Grâces lui soient rendues!

Et elle traversait la cour.

C'est Anna qui venait ouvrir, toujours heureuse apparemment de vous voir arriver. Elle hochait la tête en souriant, vous prenait la main et vous menait à la place d'honneur comme une reine. Monsieur Abel s'inclinait à la manière d'un Monsieur de. Mathurine, le cœur un peu pincé, comparait sa roide distinction aux façons bourrues de son Jean. Enfin, on ne peut pas tout avoir. Son homme était un paysan et le resterait. A tout le moins se jurait-elle d'apprendre le savoir-vivre aux deux drôles qui poussaient.

Fidéline rangeait sa vaisselle et versait dans de toutes petites tasses à bord doré un breuvage noir et amer qui paraissait fait pour enlever la fatigue. Mathurine y avait vite pris goût — ça vous réchauffait drôlement les intérieurs, tiens.
Puis Fidéline se mettait à la table et commençait à manipuler des cartes, tout comme un homme de chez nous. Seulement, elle jouait seule et calculait on ne savait quoi en tapotant le jeu étalé devant elle de son index sombre. Enfin, chacun sa manière et ses idées.
Le Théodule conversait avec son oiseau de couleur et lui apprenait des mots. Cette bête-là pouvait causer comme un chrétien, sauf que le peu qu'elle voulait bien dire n'était pas si honnête que ça.
Et alors le temps s'arrêtait. Doux Jésus qu'on était benaise !
Par les portes ouvertes sur l'entrée, on participait aussi à la vie du salon, où se tenaient les Demoiselles et leur famille. Amélie, on l'appelait Mademoiselle-la-grande, parce qu'elle était l'aînée et parce qu'en imposaient son détachement, sa dignité calme. Marie-Aimée, c'était la Demoiselle, celle qui soignait, que ne rebutait aucun soin éprouvant, et dont on ne sait quelle grâce faisait oublier dans les masures qu'elle était d'un autre monde. Phœbé, elle, était simplement dite Mademoiselle-petite. On la connaissait moins, sauf Catherine, avec qui elle passait beaucoup de son temps.
Le salon avait bien changé, lui aussi, avec le grand fauteuil et le bureau de Monsieur Amélien, le métier à tapisserie de Victoire et le berceau

pour les queunailles de passage, sans compter les grands tableaux d'abécédaires que Mademoiselle-la-grande avait accrochés aux murs.

Des femmes cognaient à l'huis, laissaient leurs sabots sur le seuil et entraient sur leurs chausses de laine. Elles quémandaient un conseil ou un médicament, et si la Demoiselle voulait bien passer voir sur place, elle serait la bienvenue. Ou bien, à Mademoiselle-la-grande, on amenait un nouveau-né roulé dans ses drapeaux, pour qu'elle le veille et que la mère puisse aller aider l'homme aux champs. Ou encore arrivait un enfant curieux qui, sous prétexte d'apprendre à lire — que le monde devenait donc glorieux! —, venait renifler l'air d'ici.

Des hommes entraient, tout empruntés :
— Faites excuse, vous tous, si vous plaît.

Ils déposaient une offrande, des fruits sauvages, noix, châtaignes, champignons; parfois un garenne aux poils ébouriffés dont la prunelle, encore figée d'étonnement, n'avait pas eu le temps de se ternir; parfois un jau(1) vivant, la crête batailleuse, les plumes bariolées de reflets mordorés, ou encore un brochet, gueule béante, ouïes palpitantes, englué dans les herbes longues arrachées à la berge; ou même une pannerée d'écrevisses grouillantes et bruissantes sur leur lit d'orties.

Une chance que Mathurine fût là pour montrer avec force gestes à la Noire et à la Parisienne comment chez nous on s'y prenait pour manier ces bestioles sans se faire pincer et leur retirer la tripe-de-l'amer :
— Vous la prenez comme ça, de vot' main gauche, en plein sur l'échine... De vot' main droite, vous pincez là, entre le pouce et l'index, la troi-

---

(1) Coq.

sième écaille de la queue, vous zou virez, vous zou tordez, et vous tirez. Le boyau doit sègre tout entier... Ça enlevé, tout le reste est bon. Ce qui peut pas se manger, o faut zou super (1)...

Et elle faisait de ses lèvres un formidable bruit de succion pour bien se faire comprendre.

On ne se disait guère de remerciements de part et d'autre. Donnant, donnant, c'est un plaisir partagé. Les gens du pays ne sont pas mielleux. Mais il arrivait de plus en plus souvent que l'un ou l'autre s'attarde devant la flambée et allonge ses pieds pour se réchauffer comme on ferait chez soi. Alors la métayère faisait office de maîtresse de maison. Les pauvres gens d'icite, dans leur exil, n'avaient guère de conversation, il fallait bien les relayer.

— Alors y a quoi de nouveau sur Petentin, ou Romanée, ou Champsec ou Beauchamp ?

— Et allez-vous planter de thio nouveau légume qu'ils disent qu'est notre avenir ?

— Vous avez-t-y entendu dire que la Génie Ballot fréquenterait ? Elle irait même bru, y paraît... Un fils unique, vous pensez !

— Et la Jeanne Mirot serait en espoir de famille, paraîtrait ?

Et patati, et patata. Le temps coulait vivement ! Fidéline repassait un filet d'eau bouillante sur le marc et offrait son breuvage noir ; elle s'excusait en zézayant que ce serait moins bon parce que du second « zus », mais c'était core bon tout de même. Ceux qui n'étaient pas habitués acceptaient par politesse, mais, marchez, la prochaine fois, ils ne la redouteraient guère, cette amertume sur la langue.

---

(1) Sucer.

Le vendredi, c'était le jour de Marie-do-serdines. Elle avertissait en soufflant dans une corne de vache pendue à son cou par un lien de métive. « Tû-tû-tû ! » Puis elle appelait, selon la saison, à la moule, à la sardine, à la morue :

> *Qui vô do moules, do jholies moules ?*
> *A la Madeleine, la moule est pienne !*

Ou :

Holà, bonnes gens, v'oeillez mes serdines
Mes serdines fraîches comme la rosée
  [d' printemps
Mes serdines qui saignont core, lou sang pas caillé.

Ou encore :

Qui vaut ma molue, ma molue salée,
ma molue séchée, ma main de molue bin pesée ?

Les femmes sortaient sur le chemin, un récipient et leur monnaie à la main. Mais, par respect pour les hôtes de Beaumoreau, Marie-do-serdines entrait jusque dans la cour, poussant devant elle une brouette garnie de branches de fougères et enguirlandée d'essaims de mouches.

Que la morue soit bien pesée, d'accord, encore que le peson rouillé qui traînait sur le poisson soit de pure forme, la Marie ne sachant point lire et ayant à son dire le poids juste dans l'œil.

Par contre, que les sardines et les moules soient fraîches comme la rosée de printemps pouvait se discuter. Elles arrivaient de la mer par relais de charrettes à bardous. La Marie, chaque vendredi matin, changeait la litière de fougères de sa brouette et faisait ses deux lieues dans les sentiers embourbés pour aller au ravitaillement sur la route de Niort, puis revenait avec son chargement et entreprenait la tournée à chaud, sur sa lancée. C'était une courageuse. La halte de Beaumoreau et la tasse d'amertume noire étaient les bienvenues.

Mathurine faisait profiter les exilés de son expérience locale. Elle prenait une poignée de moules, les soupesait, les reniflait :

— Voui, elles sont bin luisantes et guère ouvertes, tes moules, Marie. Y crè point qu'elles z'ayont le chancre... Vous pouvez n'acheter, Fidéline.

Ou bien, soulevant l'ouïe des petites sablaises argentées, elle s'émerveillait :

— Olé pourtant vrai qu'elles saignont core, les mâtines ! Hum, ça serait-y bon à manger cru, bien graissé, su' nout' pain, avec une goulée de feurmajhe mou et d'ail, pour la collation !

Parce qu'il fallait de l'ail. Beaucoup d'ail. Cru pour mélanger à la vinaigrette des moules ou frotter le pain sur lequel on couperait la sardine; en fricassée avec la morue sautée à la poêle. L'ail était peut-être l'antidote du poisson avancé. Ou bien l'organisme s'en sentait-il le besoin comme les chats mangent de l'herbe verte et dure. En tout cas, chez nous, on en avalait beaucoup. Les aulx et les oignons étaient le régal des paysans; ils les dévoraient à pleines poêlées, à pleines dents et, hélas ! à pleine haleine.

Le vendredi, point de fileries, de brocheries, de couseries, foin des ouvrages de dames; Mathurine œuvrait pour les ventres et les palais. D'une gueurnotte de paille tressée au chaud de sa dorne, elle puisait et épluchait les gousses nacrées pour les deux maisons. Elle avait aussi imposé la potée de haricots à glouglouter ce jour-là devant le feu:

— Chez nous, au soir de la mort du Seigneur, o

s'est toujours fait d'manger do mojhettes piates au souper !

Si bien qu'une fois par semaine, Beaumoreau s'imprégnait à nouveau de senteurs poitevines. La grande femme reniflait à la ronde et exultait, comme un conscrit qui viendrait de planter le drapeau national sur un territoire jadis arraché à ses aïeux.

Il ne se passait guère de jours sans qu'à la soirante arrivent des miséreux.

Il y avait les vrais mendiants, ceux qui se regroupaient dans le creux des carrières, les bois de Sompt, les grottes de Loubiâ, à l'entrée de Melle. Ceux-là étaient trop enfoncés dans leur misère pour s'en sortir jamais. Ils traînaient leur crasse et leur déchéance sans autre espoir que de trouver à se garnir le ventre ou profiter d'une litière chaude.

Mais il y avait souvent des pauvres pas-de-chance, sur qui le malheur avait fondu sans crier gare, un homme dont la femme était tuberculeuse, trois enfants orphelins, une ou deux veuves sans ressources, ou de pauvres bordiers auxquels les propriétaires rapaces ne laissaient aucune chance et qui, de dettes en dettes, s'enfonçaient jusqu'à ne plus avoir de pain à manger. Ceux-là étaient honteux; ils tenaient seulement leur pochon de toile de chanvre en baissant les yeux.

Pour eux, Mademoiselle-la-grande se levait, et elle, qui parlait si peu, leur faisait la conversation comme avec quelqu'un de sa famille qui se serait dérangé pour venir la saluer. Elle ne parlait pas de leurs maux, ne questionnait jamais sur la façon dont les choses étaient arrivées. Non, elle les accueillait, toute sereine et naturelle:

— Il a fait beau aujourd'hui. Avez-vous vu comme le ciel était clair ?

Ou bien :

— Avez-vous appris des nouvelles en route ? On dit que sur Brioux, il y a eu incendie...

Aux petits, elle parlait de Saint-Domingue :

— Vous savez, dans mon pays, il y a des fleurs qui mangent les mouches... Et aussi des oiseaux de toutes les couleurs... Voulez-vous voir un perroquet ?

La première fois, Mathurine avait quitté sa place pour trancher le pain aux miséreux. A la métairie, elle faisait la fournée pour les deux maisons et se sentait donc un peu concernée. Elle avait coupé dans le pain des chiens, le pain de baillarge, comme on lui avait appris, de toujours, à le faire pour les errants. Eh bien, Amélie, qui ne posait autour d'elle que des yeux absents et ne paraissait rien voir, s'était levée du coin du salon où elle endormait le petit pisseux à la Madeleine Merle — qu'elle en profitait pour courir le guilledou, si ça se trouve, celle-là — et s'était approchée comme en pensant à autre chose. Elle avait doucement pris le couteau des mains de Mathurine, ouvert la huche et coupé dans le pain des maîtres une tranche large, large, sur laquelle elle avait mis un gros morceau de lard.

Mathurine n'avait pas caché sa réprobation. Du bon pain et du bon lard, si on se mettait à le donner comme ça à n'importe quel gueux-passe-ton-chemin, qu'est-ce qui resterait pour nourrir les honnêtes gens jusqu'à la prochaine récolte ? Peut-être bien que dans son pays, Mademoiselle-la-grande n'avait jamais entendu parler de la famine, mais là, en Poitou, à Tillou, à Beaumoreau de Tillou précisément, on savait ce que c'était. Et pas beau, je vous promets !

Amélie souriait gentiment, toujours lointaine. Entendait-elle seulement ? Enfin, elle posait sa main toute tiède, toute douce sur les doigts gercés de la métayère, ses yeux noirs devenaient soudain attentifs, pleins de points d'or et de sourires comme ceux de la petite Phœbé :

— Ce que tu feras au plus petit des miens, récitait-elle, te sera rendu au centuple...

Tout de même, l'oncle curé, qui était un saint homme, n'en avait jamais tant fait... Et puis, rendre au centuple ? Ça, c'était façon de parler, on demandait à voir... Les mots de catéchisme ne disent pas bien la même chose que nos mots à nous autres, nos mots de tous les jours. Enfin, si c'était comme ça !

Et depuis, Mathurine laissait Anna se dépatouiller entre l'Evangile et les miséreux. Une sourde-muette, des fois, c'est plus heureux que les autres, au moins ça n'entend pas des choses à vous révolter le bon sens.

Passaient aussi au gré des jours et des saisons les rémouleurs, les rétameurs, les colporteurs, les contrebandiers. Tout un peuple de gagne-petit, de coureurs de route qui avaient su, Dieu sait comment, que la maison était bonne, qu'ils y auraient la soupe chaude et un abri pour la nuit. Ça se répand vite, ces nouvelles-là.

De la cuisine, on voyait dans le salon l'oncle éventrer ses caisses et en tirer des paquets comme autant de petits trésors qu'il tendait à la Demoiselle. Elle les rangeait dans la grande armoire de merisier après les avoir annotés. La voix claire énumérait au fur et à mesure :

— Deux livres de baies de genièvre, une pinte d'aporéine fébrifuge, une once de gomme en poudre, une potion huileuse alun, colophane et agaric, deux onces de cérat...

La voix grave de l'oncle expliquait comment

employer les médicaments et interrogeait :
— De quoi se plaint-on actuellement ?

Marie-Aimée haussait les épaules, descendait les marches de l'escabeau et secouait la tête avec découragement :
— De la misère, oncle, de tout. Je n'imaginais pas la détresse des campagnes... A la Forgerie, tous mangeaient à leur faim...

— Voilà bien, ma petite enfant, où réside le mal. Qu'il y ait une mauvaise année et les voilà tous sous-alimentés et mal nourris. Tout autant que de médecins compétents, nous manquons de conseillers en agriculture; il faut rééduquer le laboureur; nous essayons, nous essayons, les nouveaux maîtres font ce qu'ils peuvent pour instruire le peuple, les préfets ont reçu des ordres pour diffuser les nouvelles méthodes, mais les paysans sont tellement méfiants et nous sommes si peu nombreux à vouloir leur bien...

» Il est cependant de plus en plus rare de voir à présent ces fièvres malignes et putrides que nous avons eues cette année et qui laissent les malades réchappés comme hébétés après l'attaque. Je suis persuadé que cela tient à l'alimentation. On récolte le blé en trop petite quantité, on y mêle de la baillarge, du seigle, du méteil; on y ajoute des châtaignes, des courges, des fèves, des vesces, des navets, tous mets grossiers et indigestes, relâchants, portés aux fermentations.

» J'ai enquêté sur le seigle. En année pluvieuse, il attrape l'ergot; à force de venter le grain, on le rend moins nocif, mais les accidents sont encore bien graves; et l'ivraie, sais-tu que l'ivraie en certaine quantité déclenche une fièvre qui ressemble à l'ivresse et, à répétition, cause de sérieux accidents ?

» J'ai fait mettre en farine du blé de Turquie et

aussi de cet amydon papattier tiré de la pomme de terre, j'en ai pris bonne provision pour tes nourrissons et leurs premières bouillies. Tes drôles ne craindront ni l'échauffement ni le relâchement.

Il allait et venait, prenait un bocal, le reposait :
— Pour les adultes, tu as là du nitre, du quinquina, de l'alcali volatil, de l'ipéca, de la symaroule, de la coralline de Corse... Je vais t'indiquer tout cela. Ajoute les herbes, les tisanes, puise largement dans la nature.

» C'est à toi, ma chère enfant, d'essayer d'éduquer tant soit peu ton monde. Surtout, désinfecte, désinfecte tout. Tu as du chlore, du camphre et du vinaigre, emploie beaucoup de vinaigre.

Et, souriant, le professeur ajoutait :
» Si ça ne suffit pas à amadouer les hommes, use du rhum pour les récalcitrants. Il est rare qu'ils y résistent...

» Comme maladies, il y aura, par temps humide avec les infiltrations d'eau dans les puits, quelques épidémies, fièvres muqueuses surtout. C'est grave, souvent mortel. L'essentiel sera de ne donner aux rescapés pendant quarante jours que des nourritures liquides, car leurs intestins se desquament et deviennent d'une fragilité de papier de soie.

» Il y aura de mauvaises grippes, il faudra faire suer les malades... Donne-leur des tisanes de bourrache et de coquelicot... Des angines... Méfie-toi des « jhotereaux », c'est un gonflement des joues et des glandes du cou; enveloppe les parties atteintes de laine en suint. Il faut beaucoup de chaleur; cela rendrait, dit-on, le plus souvent, les sujets atteints stériles, mais rien n'est confirmé. Pour les bilieuses catarrhales, ne jamais faire de saignée...

— Et la variole, oncle ?
— La variole ?... Elle arrive par épidémies et la

mort fait son choix, c'est tout. J'ai vu à Paris pratiquer un nouveau traitement, la vaccine. On se sert des croûtes séchées d'un varioleux, on les introduit dans les narines d'un bien portant, il attrape une variole légère dont il ne risque pas de mourir et qui l'immunise pour le reste de ses jours. Seulement, ce n'est pas au point, et depuis que j'ai vu une fillette au nez rongé complètement défigurée, je n'ose plus préconiser le remède.

» Ah! et encore le croup. C'est courant, en automne et au printemps. Presque toujours mortel, et nous ne savons même pas ce qui a pu favoriser les rares rescapés. Sais-tu que les Egyptiens pratiquaient une ouverture dans le larynx pour faire respirer l'enfant; Brassalova, médecin de Charles Quint, l'aurait pratiquée aussi. Mais c'est une opération de désespoir qui semble elle-même inguérissable après... On essaie quelquefois de brûler les membranes qui obstruent la gorge au moyen de chlorate de potasse, et des religieuses du couvent de Saint-Génard préconisaient l'eau de Courcelle... Je crois en avoir retrouvé la formule, tu en as là, mais, bien sûr, je n'ai pas su y mettre leurs patenôtres et, de ce fait, ne peux t'en garantir l'efficacité. Tu vois, le mécréant que je suis collabore avec les couvents...

» Le choléra?... Boire, boire, boire, et attendre que le destin décide. Ou Dieu, puisque tu dis croire en Dieu. Prie donc, ma petite enfant, et demande-lui de ne jamais te laisser démunie devant une souffrance à soulager. C'est la sensation d'impuissance et d'échec qui me paraît la chose la plus inacceptable.

Mathurine prêtait l'oreille, saisissait une phrase par-ci par-là, et s'émerveillait de tant de savoir. Puis elle se levait, enfouissait les travaux en cours dans son tablier et prenait congé :

— Bon, c'est pas l' tout de ça, mais, avour(1), me faut aller soigner les bestiaux, traire les vaches et les chèvres et tremper la soupe aux chrétiens. Portez-vous bien, vous tous, et à demain, si Dieu zou veut.

Dehors, le vent la piquait au visage, faisait virevolter les cornes du foulard. La grande femme se hâtait à traverser la cour. C'était bien joli, mais l'ouvrage ne se ferait point tout seul.

Pendant qu'à la cuisine de Beaumoreau Mathurine jouait à la maîtresse des réceptions, Mademoiselle-petite, la taille ceinte d'un torchon rapiécé, récurait les écuelles sales dans celle de la métairie.

Un peu inquiète malgré tout, Catherine surveillait la porte : « Doux Jésus, si la mère te voyait ! »

Parce qu'en plus — liberté, égalité, fraternité mises à la mode —, elle tutoyait Phœbé à présent. Tout en continuant d'ailleurs à lui donner du « mademoiselle ». Jamais Catherine n'aurait pu imaginer que lui arriverait une amitié aussi merveilleuse.

Il y avait, dans le charme de Phœbé, quelque chose d'inexprimable qui n'était peut-être après tout qu'une innocence totale, un perpétuel état de grâce. Elle pouvait rester indéfiniment à écouter le vent courir dans les herbes, à regarder un insecte escalader une brindille, ou bien à se balancer, comme une envoûtée, au son des mélopées sans mots que fredonnait parfois Théodule. Rien d'autre alors ne paraissait exister.

Victoire, qui ne s'embarrassait guère de psychologie, s'en inquiétait pourtant. Elle s'arrêtait brus-

---

(1) Maintenant.

quement au milieu d'un papotage échevelé et interrogeait anxieusement Amélie :

— Je me demande si Petite est intellectuellement aussi développée que vous l'étiez à son âge... Peut-être n'aurions-nous pas dû l'abandonner si complètement à cette Noire ? Fidéline est dévouée, mais elle est malgré tout une femme de couleur.

— Ne vous inquiétez donc pas, ma tante, Phœbé est seulement préservée de nos péchés les plus communs, rétorquait paisiblement Amélie, à peine moqueuse.

Et c'était pourtant vrai qu'il suffisait à Phœbé de relever ses paupières frangées de cils immenses et de fixer ses interlocuteurs pour les désarmer, enfant lumineuse, capable de tenir les fauves à distance comme les saintes de jadis dans les arènes romaines.

Catherine avait en horreur les eaux grasses de la chaudière culottée de suie posée sur le trépied, elle détestait laver les écuelles sales et le matériel de laiterie. Pour Phœbé, par contre, ces choses-là étaient sans importance, et il lui arrivait souvent de prendre des mains de son amie le bouchon d'éthieule, un chiffon attaché à un petit bâtonnet comme un balai minuscule; elle se penchait sur les eaux irisées de graisse, les joues chauffées au rouge ardent par les flammes... Catherine laissait faire, essuyait mollement la vaisselle et posait des questions.

— As-tu un bon ami qui t'attend ? lui demanda-t-elle un jour.

Phœbé écarquilla les yeux et laissa retomber l'assiette dans l'eau sale pour prendre le temps de bien considérer la question :

— Oh ! non... Comment veux-tu ? C'est tante Victoire qui y pourvoira. Je l'ai entendue dire à Amélien qu'elle ne repartirait pour Paris que

lorsqu'elle nous aurait établies toutes les trois.
 Catherine en resta coite. Quant à elle, il lui paraissait beaucoup plus agréable de choisir seule son futur « établissement ». Mais elle avait besoin de se confier :
— Moi, j'en ai un. Il s'appelle Nicolas Giroux. Il est bien plus vieux que moi, c'est le plus beau garçon d'alentour... Il est tisserand. Il ne convient pas à la mère à cause de ses anciens et de ses idées, mais, à moi, il me plaît bien. Et je sais que je lui plais de même...
— Il te l'a dit ?
— Non, mais je vois bien comme il me regarde !
— Tu vas l'épouser ?
— Pas tout de suite, bien sûr... On va essayer de se fréquenter ; c'est bien agréable aussi, tu sais, on se retrouve aux champs, aux bals, aux veillées. De toute façon, va falloir que j'amène la mère à la raison, et ça va guère être facile ! Mais, dis-moi, les Demoiselles, elles prennent de l'âge, pourquoi elles ne se sont pas mariées ? Elles fréquentent ?

Phœbé hésita. Même à sa meilleure amie, il lui paraissait peu honnête de raconter la vie des autres. Pourtant, elle finit par confier :

— Amélie était fiancée. Seulement, il y a eu un accident pendant les révoltes. Je ne sais pas exactement, Fidéline m'avait emmenée dans la forêt... Père a été tué et aussi un enfant mulâtre que nous aimions beaucoup, mon compagnon de jeux. Amélie a cru son fiancé responsable. Il est parti. Nous sommes venues à Paris ; Victoire voulait nous distraire, nous faire oublier, mais les aînées refusaient toujours. Elles voulaient se retirer dans un couvent d'ici, Puy-Berland, où autrefois deux grand-tantes de La Rochelle étaient mortes... Un jour, Victoire s'est mise en colère, elle leur a dit qu'il n'y avait plus de chanoinesses et que, de Puy-

Berland, la Révolution n'avait pas laissé pierre sur pierre... Alors, nous avons décidé de venir à Beaumoreau. Dis, nous allons sortir les chèvres maintenant ? Les petits vont se réveiller de leur sieste, je vais les habiller, tu veux ? Aux champs, je t'apprendrai à faire de la dentelle avec une navette, et toi, tu me prêteras ta quenouille, je voudrais tant savoir filer aussi fin que ta mère... Tu viens ?

6

LES GIROUX

Eh bien non, Mathurine n'était pas prête à donner son consentement au mariage de sa fille. Il semblait même probable que ça ne serait pas pour tout de suite, et en tout cas pas de gaieté de cœur.

Il y avait maintenant près de six mois que deux commères bien intentionnées l'avaient avertie : « Il y aurait quelque chose dans l'air entre ta Catherine et le tisserand que ça nous étonnerait pas... »

C'était pour la foire de septembre, juste avant le début de l'épidémie. Mathurine en était alors aux derniers jours d'une grossesse particulièrement pénible, et avait dû renoncer à se traîner au foirail. Mais toute la jeunesse devait s'y retrouver, et elle n'avait pas eu le courage d'en priver sa fille : elle l'avait confiée à ses meilleures amies, Madeleine et Léonie.

Madeleine-Beurdasse était la femme du meunier. Une beurdasse est celle qui parle à tort et à travers, volubile à l'excès mais sans méchanceté, pour le simple besoin d'user de la salive — ce qui était exactement le cas de la meunière. Léonie-Mille-Goules, elle, était lingère; elle parlait moins, mais pas un mot sans fiel ni venin. A elles deux, elles faisaient et défaisaient les réputations. On disait à leur sujet que la sage-femme qui se devait de vérifier à la naissance si les langues des nouveau-nés se mouvaient parfaitement dans la bouche, et au besoin couper le filet pour les bien délier, avait fait du beau travail; on chantait même :

Thié qui lou z'avont coupé le lignou
L'avont bé gagné lou deux sous...

Le bal avait lieu sous les halles, débarrassées au soir de la pacotille du marché, des camelots et des paysans. Les duègnes s'asseyaient sur les bancs rudimentaires où elles avaient pris place le matin pour offrir leurs produits: paniers d'œufs, de fromages, de volatiles. Les mains croisées sur le ventre, elles attendaient le spectacle qu'allaient offrir les danseurs, tout en ouvrant l'œil pour couper court aux débauches possibles de leur progéniture. Les jeunes n'avaient pas besoin de s'asseoir. Il y avait une bonne semaine que les jambes et les pieds les démangeaient. Le violoneux et le vielleux, montés sur leurs tonneaux en estrade, n'auraient pas à chômer.

Conscientes des responsabilités dont Mathurine les avait investies, Beurdasse et Mille-Goules virent tout de suite de quel regard aguichant la Catherine enveloppait le tisserand. Elles se poussèrent du coude et la lingère glissa à mi-voix :

— L'aura du plaisir, la Mathurine, pour tenir la drôlesse !

En attendant, elles furent déçues. Le garçon rieur paraissait accepter l'hommage comme un qui n'a jamais connu de rebelles, mais sans encourager vraiment. Il ne fit danser la petite que deux fois, s'arrangeant tout de même pour que ce soit aux danses où les garçons faisaient tourbillonner les filles à la manière de toupies, bien serrées dans leurs bras, et où, aux dernières mesures, les musiciens criaient :

— Et avoure, les drôles, bijhez vos cavalières !

Ils s'embrassèrent honnêtement sur les joues. Trois fois, à la poitevine. Mais Catherine en rayonnait, pire que si Dieu le Fils était descendu lui-même de Son paradis pour lui donner l'accolade.

Bientôt après, le tisserand quitta le bal, malgré les filles qui l'appelaient :

— Colas, fais-moi danser... Colas, t'avais promis...

Rien ne le retint. La grand-mère se faisait vieille, pas question de la laisser plus longtemps seule... Bon petit faïl, attentionné, avec ça, le mâtin...

Peut-être n'y avait-il rien à dire, mais les commères flairèrent la piste :

— On mettrait notre main à couper qu'entre eux y a une entente...

Mathurine en eut un premier mouvement de vanité maternelle comblée. Ces deux-là, pour sûr, étaient jalouses. L'une, avec un pauvre dadais de fils qu'elle essayait depuis l'enfance de pousser dans les bras de Catherine, et l'autre, avec sa grande haridelle de fille sèche et jaune et qui reniflait du 1er janvier à la Saint-Sylvestre...

Hé, hé, quelle mère, dites-moi, ne tirerait orgueil de voir une gamine de seize ans lever, rien qu'en le regardant, le plus beau garçon du bal ? Un garçon déjà en âge d'épouser, avec en plus une maison convenable, quinze boisselées de terre et un bon métier...

A Mathurine, heureusement, le Seigneur avait fait les épaules solides, puisque c'était uniquement sur elle que reposait la respectabilité de la famille. Son Jean, chacun savait bien, n'était que la cinquième roue du carrosse. Décider, elle en avait l'habitude. Mais là, fallait bien réfléchir, voir tous les arguments, les peser un à un et tous ensemble. Les mariages, une fois faits, c'est pour toujours. Et sur les Giroux, il y avait à dire.

Elle se leva lourdement, chercha dans la maie la galette des fêtes et, casant son ventre entre la table et le banc, fit asseoir ses amies en face d'elle.

— Servez-vous, les femmes. J'avais mis la fouace de côté...

Elles le firent sans se presser, en personnes qui connaissent les bonnes manières. Regardèrent la pâte bien levée et dorée avant de la porter à leur bouche, puis hochèrent une tête approbative. Alors seulement, Mathurine entama le sérieux :

— Voui, vous dites que c'est un beau drôle, d'accord, mais ça sert à quoi la beauté ? Rien qu'à vous ravager le cœur... Ça ne se mange point en salade. Sans compter qu'une fois la chandelle éteinte, un homme est un homme, tout pareil à un autre, et rien de plus. J'en sais quelque chose, allez... Regardez mon Jean, qu'on croirait si peu éveillé... Et me voilà en attente pour la sixième fois, si on compte les petits bienheureux que le Ciel m'a repris. Et à nos âges encore...

Il y avait aussi, plus sérieux, les terres et la maison, qu'une mère ne pouvait pas négliger. Comme le métier. On disait beaucoup de choses sur les Giroux et leurs idées, mais c'étaient de vrais ouvriers. Tous les trousseaux qu'ils avaient tissés depuis des générations, que ce soit de lin, de chanvre ou d'orties, étaient du même grain serré, fin et régulier, et faisaient honneur autant aux armoires des riches qu'aux vieux coffres des plus pauvres. Cela plaidait en leur faveur, mais la métayère se demandait si cela suffisait à justifier l'entrée d'un Giroux dans la famille.

— T'as raison, Mathurine, retournaient les commères, ton pauvre oncle curé s'en revirerait dans sa tombe. Faut convenir que ces Giroux, c'est rouge, rouge, rouge...

Les trois femmes mâchèrent silencieusement une bouchée de fouace, les yeux perdus dans des songes.

C'est que Nicolas n'était rien moins que le petit-fils de Giroux-Patriote, dit le Carmagnole. Le seul que l'on ait connu — chez nous du moins — capable de dépenser son bel argent sonnant, durement gagné, pour se faire tailler à Niort un costume étrange, avec une veste courte, en beau drap bleu, un grand collet, deux rangées de boutons luisants, et ouverte sur un gilet tricolore. Des gars du Piémont auraient mis ça à la mode à Marseille, et les révolutionnaires s'en étaient fait à Paris un signe de ralliement. On appelait ça une carmagnole. Ah! il ne l'avait pas portée longtemps, sa veste piémontaise, le grand-père. Le Roi du Ciel ne lui avait pas permis de l'user. Mais, du moins, voulut-il l'emmener dans sa tombe, ce mécréant. Pour qu'en ouvrant sa porte, disait-il, saint Pierre sache tout de suite de quoi il retournait. Et c'était bien vrai aussi que le vieux n'était pas homme à renier ses idées ni à parlementer pour se chercher des excuses, même pour une place au paradis.

Quand la nouvelle de la mort de notre bon roi Louis XVI (Dieu ait son âme, pauvre martyr!) parvint au village, Giroux-Carmagnole offrit le verre à tous ceux qui voulaient trinquer avec lui à l'auberge. Beaudouin était bien gêné, seulement quand on est dans le commerce, il faut savoir oublier ses sentiments; il avait donc servi à boire... Mais qui dira si ce n'est pas pour ça que son aîné était parti dès le début de l'épidémie?... Et l'épidémie elle-même, pourquoi était-elle tombée justement sur le village? Qui dira?

Bien sûr, il n'y avait eu que du monde guère intéressant pour trinquer, des soiffards, des excités, des sans-feu-ni-lieu qui attendaient le grand partage pour être riches. Les femmes s'étaient massées entre l'église et l'auberge, sur la placette, dans l'attente d'un cataclysme comme Jéhovah en envoyait dans la Bible pour bien moins que ça, pluie de soufre ou de sauterelles, anges exterminateurs, méchants changés en statues de sel... Le vieux l'avait entonnée, sa fameuse chanson :

Dansons la Carmagnole, vive le son, vive le son!
Dansons la Carmagnole, vive le son du canon!

C'est alors qu'on avait vu de quoi étaient capables les femmes de chez nous, race de vaillantes, sœurs de Judith, de Jeanne d'Arc, de Jeanne Hachette. Il y avait là Marie-Maréchaude, Mathurine, Mille-Goules, Beurdasse, Marie-do-serdines, toutes celles du village et celles d'alentour. Et quand la vieille Mélanie avait amorcé le *Pater,* elles avaient enchaîné d'une seule voix, oubliant les délations probables, les prisons, la guillotine : « Que votre nom soit sanctifié, que votre volonté soit faite... »

Ah, ç'avait été beau! Même si, la raison leur venant, les femmes avaient fini la prière un peu vite, expédiant carrément le « délivrez-nous du mal » de la fin. Puis elles s'étaient éclipsées. De toute façon, Louis XVI n'avait plus besoin de prières. L'était sûrement au paradis, à présent, et ç'aurait plutôt été à lui d'intercéder pour les vivants. Fallait bien essayer de garder des mères à nos enfants.

Mille-Goules leva son verre de piquette dans la clarté du jour, le mira et savoura une gorgée :

— A l'est vraiment bonne, ta boisson, Mathurine ! Tu y as au moins mis du sucre ? Voure en as-tu trouvé en suffisance ?

L'hôtesse sursauta de réprobation. De quoi se mêlait cette Léonie ? Elle fit comme si elle n'avait pas entendu et demanda :

— Ça date de quand leurs idées, aux Giroux ? D'aussi loin que je me souvienne, on les a connus enragés de politique...

La réponse vint de Mille-Goules, qui voulait se faire pardonner. Depuis quarante-cinq ans, elle avait suffisamment reniflé les secrets des autres pour être la mieux renseignée.

— Ils ont toujours été de même, dit-elle. Mon grand-père tenait du sien que, dans les temps passés, ils avaient eu maille à partir avec un châtelain d'alentour et tout le mal était venu de là.

C'était du temps de Louis le Treizième. Le seigneur avait fait saisir un jeune garçon Giroux pour un délit de chasse. Délit de chasse ? C'est vite dit. Il s'était murmuré beaucoup de choses le soir de bouche à oreille quand les portes étaient closes et les volets tirés. Délit de chasse ? Personne n'y croyait. Avec ces Giroux qui, tous autant qu'il y en a eu, étaient fringants, cocoricotants et prêts à foutre le feu à tous les cotillons du Poitou ! Faut bien dire que si ceux des châteaux avaient trop souvent du goût pour les villageoises, ils n'aimaient pas que leurs belles dames convoitent un drôle bien bâti aperçu aux labours. Une fille mise à mal n'avait, si elle était un tant soit peu futée, qu'à rajuster ses cottes, se taire et tout oublier; en parler déclenchait toujours du malheur pour tous; mais si un de nos hommes se faisait prendre, c'était une autre sérénade et les pies ne chantaient plus comme les merles.

On disait que ce châtelain-là était un gringalet pétri de méchanceté, sombre et jaloux, et sa femme, une belle bougresse fort émoustillée.

Le fils Giroux serait parti aux champs un matin, sa houe sur l'épaule et la chanson aux lèvres; on assure qu'il se serait arrêté à la première palisse pour cueillir une branche de chèvrefeuille en fleurs et l'accrocher à son chapeau. Et oncques nul ne le revit.

Le maître le fit saisir sur sa terre et jeter au cachot. On n'était plus au Moyen Age où le seigneur avait droit de haute et basse justice. On ne crochait plus un manant aux potences pour un collet posé. Si on s'étripait encore, c'était au nom des religions et pour raison d'Etat. La famille fut émue, mais pas atterrée. Ça allait coûter chaud, mais elle était aisée et payerait ce qu'il fallait. Il y eut même des rires : « Sacré Giroux, va, tu chasses la levrâche! »

Seulement, voilà, le lendemain au matin, les gardiens trouvèrent soi-disant le garçon mort dans son cachot. Suicidé, dirent-ils... Vous en avez déjà vu beaucoup, vous, d'hommes capables de s'étrangler avec leurs seuls dix doigts?... Un malheureux dont le corps ne fut même pas rendu aux parents qui auraient pu y voir les traces des tortures endurées!

Les Giroux crièrent, se démenèrent en vain pour ameuter les gens. Plus sage qu'eux, le village entier se taisait. La peur revenait comme aux temps anciens; personne n'entendit. Et le chapelain, vendu aux châteaux, refusa l'absoute et interdit l'ensevelissement en terre bénite, à cause du suicide. Ce fut peut-être cela le plus dur... Un grand gars plein de vie qui, un matin, part à l'ouvrage comme on va aux amours, chantant de plaisir et la fleur au chapeau, et qui, le lendemain, est jeté dans un creux de carrière où l'on enroche les bêtes mortes de maladie avec de la chaux vive en guise de prières, et les valets du château à danser sur son tertre jusqu'à en effacer la trace !

Tous les Giroux demandèrent vengeance. Ils payèrent des gens instruits qui devaient les mener au sénéchal du Poitou, à la chancellerie de France, au roi lui-même. Ils étaient forts de leur bon droit. Ils s'arrêtèrent quand ils n'eurent plus d'argent, comprenant trop tard que la voix des petits ne couvrira jamais celle des grands, et que la justice ne marche que dans un sens.

Alors, ils se turent. Ils se firent parpaillots, moins pour la religion que pour passer de l'autre côté de la barricade. A partir de ce moment-là, dès qu'il était question d'une révolte, d'une jacquerie, d'un combat contre l'ordre établi et les gens de la loi, où que ce soit au royaume de France, les Giroux y déléguaient l'un des leurs, qui partait au matin, le bâton à la main, le baluchon sur l'épaule. Parfois, il revenait; les soldats du roi menaient alors une enquête et apprenaient seulement que le garçon était allé livrer une commande de toile et s'était attardé chez des clients. Il y avait toujours de très honnêtes gens, ayant pignon sur rue, pour en témoigner.

Le plus souvent d'ailleurs, les grands gars hardis ne revenaient pas. Les femmes qui entraient dans cette famille savaient à quoi elles devaient s'attendre. Aussi, quand le malheur arrivait, restaient-elles stoïques. Petites ombres au désespoir silencieux, elles mettaient leurs coiffes de deuil et leurs mantes noires, et, mères ou épouses, elles devenaient alors comme des mortes parmi les vivants. Sans même la consolation d'un coin de cimetière où s'agenouiller et prier.

A verser ainsi le sang de ses enfants sur toutes les terres de France où les opprimés avaient besoin d'eux, au nom d'une vengeance et pour perpétuer un souvenir, la famille qui, au début, était si prolifique, allait s'amenuisant. Il ne restait plus que Colas pour continuer la race...

Enfin, le vieux Carmagnole l'avait eue tout de même sa révolution; il l'avait vue et était mort content. Jusqu'à son dernier souffle, il disait que le monde allait changer. Il ne sentait plus la souffrance...

— Remarquez, conclut Mille-Goules, ça n'a point retardé la mort... Il n'a pas pu finir sa dernière commande, la chaîne de chanvre est restée sur le métier à attendre sa trame, et quant à savoir si le monde est changé, on ne s'en aperçoit guère. C'est seulement sûr qu'il n'est pas meilleur qu'avant...

Les dernières miettes de fouace précieusement amassées devant elles sur le bois de la table et recueillies au creux de leurs mains, les trois femmes tombèrent en accord : les Giroux anciens avaient droit à des excuses, si toutefois la malchance en était une. Ce n'était pourtant pas une raison suffisante pour accueillir l'un des leurs à bras ouverts dans une famille honorable, surtout pour y épouser la petite-nièce de feu un curé.

Il fallait bien s'en référer aux morts, puisque les vivants se désintéressaient de plus en plus de leur salut et qu'un peu partout les troupeaux restaient sans berger. Les prêtres n'étaient plus assez nombreux, les meilleurs avaient payé de leur vie leur attachement à la foi. Beaucoup avaient émigré et il y avait encore une haine sourde entre les Constitutionnels et les Réfractaires. On reprochait aux premiers d'être des renégats, aux autres d'être restés au service des nobles et d'être trop intransigeants sur la morale.

Quand Napoléon avait signé un concordat avec le pape, on avait pu croire que l'Etat et la Religion allaient se réconcilier; en fait, la crise avait été trop grave, le malaise demeurait. Même dans nos campagnes de l'Ouest, la religion s'en allait à vau-l'eau. La Bretagne et la Vendée restaient en partie fidèles, mais le Poitou du Sud, avec son esprit frondeur, n'avait pas attendu la Révolution pour commencer à tourner le dos à l'Eglise.

Depuis l'épidémie, les trois femmes n'avaient pas reparlé du tisserand. Leurs souvenirs, à présent, se partageaient entre avant le mal et depuis. Mathurine avait perdu son nouveau-né, et la peur de mourir l'avait plus préoccupée que les amours de Catherine.

Mais maintenant que le printemps arrivait, comme pour dire que la vie reprenait son cours, il allait bien falloir s'occuper de ça aussi, et ouvrir l'œil.

Le bruit se répandit un jour qu'un nouveau curé serait installé pour les Rameaux — pour l'Hosanne, comme on disait alors — qui tombaient cette année-là le troisième dimanche de mars. On disait que c'était un saint homme, un ancien moine arraché à son monastère par la dispersion des communautés. On pouvait prévoir que ses paroissiens n'en feraient qu'une bouchée, mais en attendant croyants et incroyants se promettaient d'aller voir à quoi ressemble un saint homme. D'autant qu'on n'avait pas eu de Noël, pas de Chandeleur, et que l'Hosanne serait la première fête depuis longtemps.

Le soleil était de la partie, un soleil tout neuf, tout chaud, à peine doré, pétillant de malice dont les rayons jouaient dans les fossés remplis par les récentes pluies. Des talus d'herbe grasse montait la douceur sucrée des violettes, leur bleu d'améthyste dominé çà et là par la tête ronde des coucous-à-tisane qui semblaient mener leur troupe de pauvrettes à l'assaut des premiers beaux jours.

Dès potron-minet, les bailles réservées aux ablutions familiales des grands jours avaient été traînées dans les cours près des margelles des puits. A pleins seaux d'eau froide, les hommes s'étaient étrillés et bouchonnés au torchon de chanvre jusqu'à en avoir la couenne rouge et luisante.

La veille au soir, déjà bien excitées, les femmes avaient tiré des coffres les toilettes d'apparat pliées entre des couches d'herbes fortes séchées, menthe, marjolaine, lavandin, destinées à les préserver des mites. Elles avaient secoué les tissus à l'air pour en effacer les faux plis avant de les étaler précautionneusement sur des dossiers de chaises. Amples cotillons sombres, chemises immaculées de toile fine, craquantes d'empois en leurs plis de lessive, qu'on serrerait à l'incroyable dans les corselettes noires. Caracos surchargés de velours, mouchoirs de cou et tabliers de soie, livrées multicolores destinées aux corsages. On ne sortirait les coiffes qu'en toute dernière heure pour ne pas risquer d'en ternir la blancheur. Les sabots avaient été passés à la suie et astiqués à belles giclées de salive.

Pour aller à l'église, on mettrait les mantes, ces vastes pèlerines de drap fin alourdies de gros plis qui s'échappaient d'un empiècement rond emboîtant les épaules et attachées au col par des agrafes d'argent d'autant plus grosses qu'on était aisé. Cet unique point d'attache permettait aux capes de s'ouvrir à chaque pas, juste ce qu'il fallait pour faire entrevoir, à la cadence de la marche, la splendeur des toilettes.

Les femmes pauvres, elles, portaient des mantes de serge grossière qu'elles s'arrangeaient pour retenir de leurs mains à la taille, de façon au contraire à cacher leurs cotillons rapiécés, et leurs boucles d'attache au col étaient de simple passementerie.

La cloche, par pur hasard, n'avait pas été réquisitionnée. Il en avait été question, et puis les récupérateurs avaient été trop occupés à démanteler les richesses du couvent de Puy-Berland et l'avaient oubliée. Une chance pour un jour pareil; aujourd'hui, tous étaient bien contents de l'entendre éparpiller son carillon sur la campagne. Aux premiers tintements, les chemins s'étaient animés comme ils ne l'avaient été depuis longtemps. On venait par groupes, par familles, on s'interpellait, les sabots claquaient. Chacun portait son bouquet de buis et personne n'avait lésiné sur la quantité. Quand il serait béni, on en accrocherait dans les étables, on en porterait sur les tombes, on en planterait à l'entrée des champs pour les rendre fertiles. Même les rouges qui disaient aux femmes :

— Portes-en donc une branchette, va... On n' sait jamais, des fois que ça ferait effet... Et si o ne fait pas de bien, o ne fera toujours pas de mau !

En attendant l'office, pour y aller ou regarder ceux qui y allaient, les hommes défilaient chez le barbier, Émile Beaudouin, frère de l'aubergiste, qui exerçait chaque dimanche matin dans une grande salle attenante à l'auberge. Le calendrier républicain avait paru bien embrouillé aux paysans. Ces semaines de dix jours, avec ce décadi férié, étaient pour tout dire barbares, et ils continuaient de se faire raser tous les sept jours comme par le passé.

Le reste du temps, Emile, petit homme rondouillard, noir et placide, était occupé chez son frère, tour à tour valet d'écurie, gâte-sauce et garçon de café. Il avait fort à faire, drainant dans sa boutique non seulement les vieux dont les grosses mains calleuses étaient devenues trop maladroites pour manier le rasoir mais encore les hommes désireux de conversation et les jeunes gens contents de se retrouver pour rire un brin. Ensuite, le visage poncé à vif, on n'aurait qu'à passer d'une porte à l'autre pour se retrouver à l'auberge, loin des jérémiades des malaisées et des piaillements d'enfants. Entre hommes enfin.

Chacun arrivait, un linge blanc sous le bras, et prenait place sur un des bancs disposés alentour de la salle, point pressé de voir arriver son tour, simplement désireux de nouvelles et de discussions. Emile installait ses clients sur un fauteuil rudimentaire, leur nouait la serviette autour du cou; un neveu, gamin d'une dizaine d'années, tendait le plat à barbe, le blaireau, le rasoir, et le client se sentait devenir comme un vrai « mossieu » de la ville. La Révolution avait bien moins fait pour l'Egalité, au village, qu'Emile avec son plat de grosse faïence, son pot de vaseline à la violette et sa boîte de poudre à l'iris.

Il coupait barbe et cheveux à la demande, le gamin balayait les chutes et, à l'aide d'une pelle d'écurie, allait les déverser dans une ruelle attenante, si bien que les orties et les chélidoines poussaient d'une sève ardente, enrichie par tous les crins de la population mâle.

Ce jour-là, les conversations roulaient sur les

nouvelles cultures prônées par le gouvernement. Entre autres, le tabac. On fumait peu, mais on prisait beaucoup, et la perte des pétuneries d'outre-mer se faisait sentir.

On se lamentait sur la conscription et les réquisitions. « L'Ogre » commençait à devenir gourmand. Mais on ne le nommait pas encore ainsi. De Bonaparte, il était devenu Napoléon, et on disait seulement « le maît' de Paris » pour le désigner, sans crainte d'incorrection et de dénonciation.

Le Jean-à-la-Mathurine avait échappé de justesse à la messe. Les modèles de sa femme, monsieur Amélien et monsieur Abel, s'en dispensant, elle n'avait pas insisté pour lui faire accomplir son devoir religieux. Et dans la boutique du barbier, loin de sa matrone, Jean s'animait, s'émancipait, parlait. Il avait même, ce terne époux, des idées à lui :

— Et s'ils nous prennent nos drôles pour l'armée, avec quels bras on leur cultivera, leur pétun ? Et s'ils nous prennent nos fourrages et nos avoines, quoi qu'on fera manger à nos bestiaux, nous autres ? Ça ne va point; on ne peut pas faire la guerre et la culture en même temps, pour sûr...

Nicolas Giroux, François Mauret et Louis Baron, trois gars du même âge, trois vrais amis, s'arrêtèrent soudain de participer aux doléances fourragères et tendirent l'oreille. La cloche appelait les fidèles à l'église. Colas fut le plus vif :

— Cré fi de loup ! Ecoutez donc ! Hé, Francet, Louiset, sortons vite les bancs, les drôlesses allont défiler !

Sitôt dit, sitôt fait; le siège fut traîné sur le seuil, face au lieu saint. C'était évidemment une position stratégique privilégiée pour bien détailler les fidèles. Il n'y avait pas tant de distractions au village qu'on puisse négliger une telle revue de détail. Ravis, se promettant une pinte de bon sang, les garçons s'installèrent. Les hommes mûrs hésitèrent, et puis, ma foi, rejoignirent les jeunes. On reprendrait quand on voudrait le chapitre des réquisitions, mais l'exhibition des élégances féminines était chose assez rare pour qu'on ne la néglige pas.

Tous, à part Jean, barbouillé de savon, Emile qui actionnait son coupe-chou, et le gamin qui tenait le plat sous le menton du patient, se poussèrent dehors, décidés à bien jouir du spectacle. Au besoin, tout à l'heure, devant l'assiettée de soupe fumante, ils affirmeraient à leur femme que c'était pour bien la regarder en ses habits de fête; elle en serait flattée et attendrie, bien sûr. Et ça n'empêchait pas de lorgner celles des autres en même temps.

La foule endimanchée se rangea respectueusement de chaque côté du chemin pour faire place à la grosse voiture de Beaumoreau. Théodule, immense et hiératique sur son siège, flanqué des deux gamins de Mathurine, menait au pas son bel attelage.

Colas Giroux se renfrogna :

— Eh bé, dit-il avec amertume, ce n'était pas la peine de couper tant de têtes! Au contraire de ce qu'on croyait, ça a fortifié la plante, apparemment. Elle repousse de partout...

Un peu par provocation, un peu en hommage au grand-père, il fredonna les premières mesures de la Carmagnole : « Ah, ça ira, ça ira... »

Louis Baron l'arrêta, apeuré :

— Taise-té, Colas, taise-té donc... Tu sais bien que la chanson est punie de prison !

— Et regarder, on peut core ?

Ses yeux clairs qui ne cillaient pas détaillaient

sans trop de complaisance les drôlesses compassées qui lorgnaient par en dessous du côté des gars.

Tante Victoire attendit que Théodule ouvre la portière et présente son bras pour qu'elle s'y appuie. Elle descendit le marchepied, minaudière, effarée, perdant et rattrapant son face-à-main, son sac, son missel. Mathurine suivait, gonflée d'importance, poussant ses deux garçonnets à la manière d'une reine précédée de ses pages et bardée de buis, à croire qu'elle allait en planter à touche-touche sur tous les champs de Beaumoreau. Les jeunes hommes s'esclaffèrent :

— Heureusement que son Jean est sous le rasoir; elle viendrait bien le chercher pour lui faire porter sa traîne !

Mais Phœbé et Catherine approchaient.

— Hé ! Colas, ta bonne amie !

Catherine dédia à tous et au tisserand en particulier le sourire de toutes ses fossettes, se pencha pour chuchoter un secret à l'oreille de sa compagne, et pouffa à la manière qu'ont toutes les filles du monde pour se rendre intéressantes.

Colas détourna le regard, furieux de la voir avec des ci-devant de château. Elle lui paierait ça.

Amélie passait maintenant, grave, absente, recueillie, déjà en pensée au pied de cet autel où elle déchargerait devant l'Ami son trop lourd fardeau de misères humaines.

Mademoiselle-la-grande et Mademoiselle-petite étaient belles, bon sang ! Seulement, il émanait d'elles un rayonnement de pureté tel que Colas, avec sa sensibilité aiguisée de fin chasseur de filles, se sentit vaguement sacrilège.

François Mauret fit entendre un petit sifflement et lui toucha le bras :

— Regarde bien celle-là, c'est la demoiselle

Aimée. Celle qui soigne... Vains dieux, j'aurais plus de plaisir à la trouver à mon chevet que le médicastre à Beaudouin !

Le tisserand avait levé la tête à l'instant précis où passait Marie-Aimée. Et alors, comme il arrive parfois, une partie infinitésimale de temps se figea en éternité. Les regards se prirent, se nouèrent. Un instant ? Une vie ? Quelle importance, le destin était joué.

Les yeux d'or se détachèrent enfin comme à regret des yeux bleus. Le tisserand eut l'impression d'un réveil brutal. Il regarda ses amis. Ils ne s'étaient aperçus de rien, continuaient à rire et à parler. Une fille pareille, ils étaient donc aveugles...

Le vieux petit curé attendait ses fidèles, écrasé par sa chape trop lourde tout autant que par les responsabilités nouvelles de cette paroisse à demi païenne. Julien, le sacristain-fossoyeur, brandissait la couronne de buis destinée à la croix du cimetière. Les chanteuses entonnaient de leurs voix aiguës l'hymne qui déjà, dix-huit siècles plus tôt, avait acclamé le Christ : « Hosanna, Hosanna filio David... »

Le ciel était clair; le printemps de toujours était au rendez-vous.

7

MADAME VICTOIRE FAIT DES PROJETS

Madame Victoire connaissait des matins difficiles. Elle dormait mal et émergeait à l'aube d'un sommeil lourd qui lui faisait les jointures douloureuses et la bouche amère.

Dès le réveil, elle étendait une main tâtonnante vers les falbalas épanouis en corolle sur une chaise près de son lit. Son secours-contre-toute-détresse, la fameuse poche miracle dont elle s'entourait la taille pendant le jour, gisait dans les serpentins de ses galons dénoués. Le flacon la gonflait de façon rassurante. Anna en avait fait le plein hier comme chaque soir, accompagnant ses gestes de soupirs et de regards réprobateurs que sa maîtresse feignait d'ignorer. Il fallait à présent un flacon par jour.

Victoire but une gorgée et ferma les yeux pour mieux savourer cette chaleur qui irradiait de la gorge aux entrailles. Elle fut déçue : le rhum était moins bon qu'autrefois. Sans penser qu'Anna pouvait le baptiser, elle grommela deux ou trois injures à l'adresse de Napoléon, un souverain qui se voulait plus que roi et ne permettait pas à ses sujets d'acquérir par-delà les frontières des produits de qualité.

Elle eut brusquement souvenir d'un petit alcool normand qui fouettait les sangs et requinquait joliment les guerriers, certains matins brumeux dans les bosquets de l'Ouest. L'envie lui en vint, si brutale que des larmes lui piquèrent les paupières. Chaque jour qui passait embellissait l'Epopée.

Elle appela Anna. La chose n'était pas simple et dépendait d'un système de cordages partant du lit de Victoire et aboutissant à celui de la servante sous forme d'un anneau passé à son bras. A Paris, leurs deux chambres étant contiguës, c'était relativement aisé, mais à Beaumoreau, il avait fallu percer les épaisses murailles du colidor, et Monsieur Abel s'en était vu chargé. Enfin, le travail était soigné et la corde de chanvre glissait sans heurts sur de minuscules rouleaux. Au premier frémissement, Anna sautait du lit.

Anna était la huitième d'une famille bretonne fort nécessiteuse. L'enfant, murée dans son infirmité, poussait sur la lande comme un petit animal sauvage. Amélien s'intéressait alors de près aux travaux de l'abbé de l'Epée qui venait d'ouvrir à Paris une maison d'accueil pour les sourds-muets. Tout naturellement, elle resta chez les Kernadec, leur maison devenant sa maison.

Au début, la baronne, toujours dispersée, avait eu beaucoup de peine à étudier l'alphabet des sourds-muets. Le besoin d'une confidente l'avait aidée à maintenir son application. En vingt-cinq ans, les deux femmes étaient parvenues à une compréhension totale, mais le plus souvent dépourvue d'aménité. Leurs disputes leur procuraient d'autant plus de plaisir que nul ne pouvait y participer et que leurs secrets n'appartenaient qu'à elles.

Quand la servante entra, la baronne, un peu revigorée par une seconde gorgée d'alcool, consultait son miroir. Chose déprimante s'il en fût : poches sous les yeux, peau jaune et flasque, vieux visage affaissé dans les rides du cou et entouré de mèches ternes. A l'arrivée d'Anna, les mains des deux femmes se mirent à voleter comme des oiseaux encagés :

— Quelle lavasse m'as-tu préparée hier au soir ? attaqua Victoire. Je ne veux plus de ce rhum, tu entends... Il est infect. Trouve-moi de l'alcool de pays. Blanche de prunes, marc de raisin ou de pommes, je ne sais... Au besoin, envoie Abel en Charente acheter de leur fameux cognac. Où ? A qui ? Débrouille-toi, demande, il défile assez de monde ici !

Anna, les pommettes empourprées, les lèvres serrées, fit marcher ses doigts avec agilité :

— Ah! non, je ne demanderai pas! J'aurais bien trop honte pour vous! Il y a assez de moi à connaître vos vilains défauts, et l'eau-de-vie d'ici vous fera plus de mal que le rhum des Antilles... C'est ce failli chien de royaliste vendéen qui vous a appris le goût de l'alcool... Il vous avait envoûtée. Ah! ça devait être du propre dans vos campements, que vous n'avez même jamais osé m'y emmener!

Victoire sentit venu le moment de quitter ses langueurs et de se nettoyer la bile : après les préliminaires, le vrai jeu commençait :

— Tu es une malapprise, retourna-t-elle. Un suppôt du diable, une sorcière! Va-t'en, je te chasse, je ne peux plus te voir, va-t'en!

Mais Anna regardait ostensiblement ailleurs, et les doigts de la baronne parlaient dans le vide. Pour rappeler la servante à l'ordre, Madame Victoire lui lança le premier objet à lui tomber sous la main, le portrait miniature de feu son époux, qui dépassait du sac de toile d'où elle avait tiré le flacon.

Monsieur le baron, en son minuscule cadre d'or fin, partit en vol plané à travers la chambre et s'écrasa contre le mur du fond. Anna se précipita. Le verre protecteur était brisé, et monsieur le baron avait le visage vilainement fendu de la perruque poudrée à la pomme d'Adam nichée au creux d'une dentelle mousseuse.

Les deux femmes se regardèrent, atterrées. Anna ramassa la miniature et, nouvelle Véronique, essuya pieusement le visage éclaté, d'un pan de son mouchoir de cou :

— Là, vous voilà bien avancée!... Assassiner de même le portrait d'un pauvre homme qui vous a laissé son titre et sa fortune! Faut-il que votre cœur soit dur!

Hélas! non, le cœur de la baronne n'était pas assez dur, puisque, soulagée de ses humeurs, elle se mit à pleurer.

— Tu as raison, ma bonne... Tu as toujours raison... Et qu'allons-nous faire à présent? Je ne pourrai jamais me passer de mon pauvre mari.

Et c'était vrai. Victoire, pendant dix-huit mois, avait vécu dans la terreur des assauts charnels de feu le baron, mais depuis trente-cinq ans qu'elle le sentait si sage, enfoui dans ses lingeries au contact tiède de sa cuisse droite, il lui était devenu presque aussi rassurant que le flacon d'alcool. C'est en le perdant à présent qu'elle réalisait pleinement son veuvage.

Elle hoqueta, renifla, chercha vainement son mouchoir et finit par s'essuyer énergiquement dans le revers du drap.

— Ne pleurez plus, dirent les doigts d'Anna, vous allez vous abîmer le visage. Ce serait bien le diable si un orfèvre tant soit peu adroit n'arrivait pas à raccommoder votre époux...

— Vois-tu, Anna, c'est cette campagne qui m'use les nerfs. Il va me falloir très vite établir les filles de ma pauvre Donatienne. Les petites casées nous repartirons pour Paris et je me sentirai enfin libre d'organiser ma vie... Sans ces soucis qui me rongent et cette campagne qui m'éteint, je me sentirais encore jeune et active. Allez, viens me coiffer.

Tandis qu'Anna brossait la chevelure rare et sèche, Victoire soliloquait à haute voix, ce qui était sa façon de réfléchir :

— Etablir ces chères enfants ne va pas être aisé. Des couventines, de vraies petites nonnes, voilà ce qu'elles sont. A part Aimée peut-être... Elle tient de sa mère un sang vif et cette chair pulpeuse qui attire les hommes. Mais elle n'en tire aucun parti, perdue dans ce village et ses médecines... Que disais-je donc ?

» Ah ! oui... Nos familles n'avaient pas nos tracas. Quand elles étaient affligées de filles difficiles à caser, allez, hop ! le monastère. C'était pratique. Qui choisit Dieu, choisit la meilleure part... La Révolution a dispersé les communautés, mais n'a rien prévu pour les remplacer. Amélien prétend que ce qui a attiré nos nièces ici serait le souvenir de ces deux filles Forgier, converties au catholicisme et mortes en odeur de sainteté à Puy-Berland... Saintes ou pas, les nonnes et leur abbesse se sont bel et bien enfuies comme de simples manantes dès la Toussaint de 1789... Si elles avaient résisté, nous n'en serions pas là. D'ailleurs, je me suis laissé dire qu'il n'y avait pas que des saintes... Toutes ces petites chanoinesses échappées de familles bien en cour ne prononçaient point les vœux séculiers... Mais du moins elles étaient casées. Que disais-je ? Ah ! oui, mes nièces...

» La plus difficile à établir, ce sera Amélie. Comment un homme pourra-t-il exiger d'Amélie ces choses aussi... aussi... pittoresques qui intéressent si fort ces messieurs ? C'est inimaginable. Mais, au fait, elle a pourtant été fiancée, là-bas, aux Iles. Ce monsieur de Laurémont qui servait dans la marine... Il semblait fort épris. Je n'ai jamais su pourquoi ils ne se sont pas épousés. A cause des événements, bien sûr, de la mort affreuse de ce pauvre Forgier et de la fièvre jaune.

» Et si j'écrivais à la douairière de Laurémont ? Peut-être son neveu est-il toujours célibataire ? Elle était un peu en cousinage avec mon pauvre baron...

D'un geste brusque, Victoire repoussa la servante :

— Anna, vite, vite, du papier, de l'encre, une plume, vite, ma fille, pressons. C'est un message urgent, Abel le portera au relais de Melle.

Pour bien s'éclaircir l'esprit, Victoire avala une petite gorgée, tout en pensant : « J'exagère! dès le matin, je ne devrais pas! »

Amélien lui-même supportait mal Beaumoreau. La vieille bâtisse humide réveillait ses douleurs. Ses amis, ses études lui manquaient. Il se promettait de mettre au point un petit dispensaire de campagne comme ceux dont avait autrefois rêvé son ami Gallot, d'inculquer à Marie-Aimée l'essentiel de ce que devait savoir une bonne infirmière et de rejoindre Paris dans quelques mois.

Il était rassuré sur la façon dont ses nièces comptaient mener leur barque. Bien mieux que sa sœur, il comprenait combien les événements de Saint-Domingue les avaient marquées et dirigées vers cette vie hors du commun.

Sans doute tenaient-elles de Donatienne un brin de ce mysticisme breton qu'il aurait aimé combattre, mais il ne se savait pas le droit d'influencer; il respectait trop toutes les libertés. Il admirait leur intelligence, leur droiture, leur courage. Trop de cœur; bien sûr, là était le point faible des Kernadec. Une faculté exacerbée de souffrir de toutes les souffrances d'autrui, de pousser le don de soi, dans certaines circonstances, jusqu'à la folie du sacrifice total.

Amélien, qui ne vivait que pour soulager son prochain, partageait leur aspiration, mais il ne lui venait pas à l'idée que les renoncements de femmes parfaitement saines, jeunes et jolies puissent être différents de ceux d'un pauvre infirme taraudé par la maladie. Peut-être aussi ne respectait-il chez ses nièces leur besoin de Dieu qu'à la manière d'une compensation nécessaire à leur abnégation ? Il les aurait préférées athées, mais alors elles auraient été différentes, moins femmes, en somme.

En d'autres temps sans doute, Amélie aurait choisi le cloître. Mais que savait-on d'Amélie, à part ses silences, sa douceur souriante et mélancolique, son égalité d'humeur et cette sérénité qui émanait d'elle ? Amélien, à peine railleur, s'interrogeait : « Et si c'était cela, la sainteté ? » Marie-Aimée, c'était autre chose, mais son goût du dévouement, son adresse à soulager les misères physiques lui tiendraient lieu de bonheur comme ç'avait été le cas pour lui, Amélien. Quant à Phœbé, petit soleil, on avait le temps d'aviser, puisque, pour elle, chaque instant était joie.

Amélien fut donc surpris quand sa sœur lui demanda Abel pour porter son courrier et lui en expliqua la teneur. Il voulut s'interposer.

Victoire prit mal la chose et brandit le souvenir de Donatienne auquel il restait fort sensible :

— Est-ce cela que notre sœur aurait voulu ? Une Amélie qui tourne à la bigoterie, qui va devenir une vieille fille... Et, si nous n'y prenons garde, qui transformera ce logis en asile de nuit pour vagabonds. Marie-Aimée qui traîne seule par les chemins comme une fille perdue, et Phœbé qui joue à la gardienne de vaches... Je sais bien que votre révolution a aboli toute distance, mais au nom de Donatienne...

Dans l'émoi de sa plaidoirie, madame la baronne, oubliant le lieu et le frère, troussa ses cotillons et s'empara du flacon. Le regard froid d'Amélien lui fit reprendre ses esprits. Elle se troubla, rabattit sa jupe, la tapota un instant de deux doigts énervés :

— Ah ! oui, que disais-je ?... Au fait, ces projets de cultures nouvelles ? Tu devais changer ce pays en paradis terrestre...

La lettre aux Laurémont partit le jour même.

En attendant de savoir si on allait marier Mademoiselle-la-grande, la vie reprit son cours régulier et paisible, faisant événement de tout et de rien. C'est à cette époque qu'eut lieu l'intégration de Fidéline dans la communauté.

Une femme court dans l'aube naissante. Parfois, ses sabots butent contre les silex du chemin ; elle étend alors le bras comme pour s'accrocher au vide et, d'un mouvement de reins, retrouvant son aplomb, continue sa course. En arrivant devant la métairie, elle a un éblouissement et doit s'appuyer au mur pour ne pas tomber. Le souffle bref, elle ferme les yeux, halète deux ou trois fois avant de tambouriner contre l'œil-de-bac.

— Mathurine ! Mathurine, es-tu là ? Ouvre vite...

Accroupie devant l'âtre, en bonnet, cotillon et camisole de nuit, la métayère ramenait vers les braises des brindilles d'épine.

Dès le réveil, avant toute chose, il fallait cuire la soupe, qui mitonnerait pendant le pansage et la traite des vaches pour être à point au retour de l'étable. L'eau chaude fumait déjà dans le chaudron pendu à la crémaillère et, au-devant, sur le trépied posé à pleines braises, Mathurine fricassait dans la poêle un énorme oignon, elle le tournait, le retournait, pour qu'il arrive à brûler à la bonne teinte rousse désirable et imprègne de son parfum le saindoux fondu. Elle y rajouta une écuellée de pain noir et rassis, taillé en tranches fines, sauta vivement la poêlée pour que le pain s'imbibe de toute la graisse et se dore, puis, dans un jaillissement de vapeur, versa plusieurs louches d'eau puisées au chaudron.

Quand le grésillement intense du liquide sur la graisse chaude s'épuisa en bouillonnements tranquilles, elle y ajouta une poignée de sel, couvrit de cendres les charbons rougis et se redressa. La « soupe à la péle », encore dite « au pauvre houme » des matins paysans d'avant le café-t-au-lait n'avait plus qu'à réduire doucement.

C'est alors que Mathurine entendit l'appel. Inquiète, elle ouvrit le fenestron :

— Mon Dieu, Madeleine ! Qu'as-tu, ma belle ? Ce serait-il do malheur dès à matin ?

Madeleine-Beurdasse, rouge, les mèches échappées du foulard de tête, reprit sa respiration :

— J'en ai grand-peur ! C'est la vieille Mélanie qui m'envoie. La bru do Martinet est dans les douleurs depuis hier au matin, ça n'avance rin, elle s'épuise et l'enfant se présente mal. Elle m'envoie quéri ceux de Beaumoreau.

— Beaumoreau ?... Mais ils n'sont point accoucheux... Enfin, ils ont des chevaux rapides et ils vont sûrement envoyer un cocher appeler au secours un médecin ou une sage-femme.

— Y z'auraient beau faire vite, ça sera trop tard. Avant de ramener quelqu'un, la petite bru n'y sera plus... Et on l'entend siler (1) du chemin. Non, Mélanie a commandé de ramener la demoiselle soigneuse ou le monsieur bancroche qu'on dit savant...

Mathurine se renfrogna. Tous ces étrangers empiétaient sur son domaine. Et vilainement, qui plus est. Elle trancha, catégorique :

— Allons, Madeleine, tu n'y songes pas ! Ce ne

---

(1) Crier à voix très aiguë.

serait guère la place d'une fille qu'est demoiselle, et pour Monsieur Amélien, perds donc l'habitude de l'appeler « bancroche ». C'est un vrai Monsieur... Mais, outre qu'il n'a jamais été marié, bâti comme il est, le pauvre, faut bien présumer qu'il a guère eu l'occasion de voir de près comment une femme est faite...

Pourtant, la solidarité des femmes jouant toujours à fond pour un accouchement, elle décrocha son châle et décida :

— Faut déjà aller les éveiller, ce serait-y que pour avoir un ch'oual et un cocher.

Monsieur Amélien — le pauvre bancroche — laissa les commères médusées par la rapidité de ses décisions :

— Qu'on attelle Bella au cabriolet, c'est la plus vive. Je conduirai. Fidéline, prends le sac aux accouchements. N'oublie pas le nouveau forceps. Marie-Aimée, vérifie la charpie, l'alcool, le camphre, le chlore et le savon. Mettez du café très fort dans un flacon.

Madeleine-Beurdasse déglutit sa salive, se racla la gorge et risqua l'objection :

— Je vous demande pardon, monsieur-mesdames, mais faudrait point emmener vot' négresse. Chez nous, une femme enceinte doit pas regarder plus vilain qu'elle sous peine d'y faire ressembler l'enfant... Les Martinet sont guère commodes. Et la Nanette risquerait pour sûr d'en périr d'émoi !

Amélien la toisa.

— Fidéline, dit-il, est une femme très belle pour sa race. Et c'est la plus adroite sage-femme qu'il m'ait été donné de voir opérer. Ce sera elle... ou rien.

Le ton était sec. Mathurine avait raison, c'était un vrai Monsieur. Beurdasse leva les deux bras vers le ciel et les laissa retomber, vaincue. La métayère prit alors la relève au nom de la bonne réputation de la maison et de la bienséance à respecter; elle s'adressa à Marie-Aimée du ton d'une mère qui sermonne un enfant :

— Vous pouvez point aller là-bas, pour sûr... C'est un spectacle guère décent pour une fille-demoiselle-point-mariée. Quoi que le monde en penserait?

Marie-Aimée répliqua, à peine moqueuse :

— Sans être mariée, et quoique fille-demoiselle, comme vous dites, j'ai vingt-six ans et une petite idée de la façon dont les enfants viennent au monde. Je tiens à vérifier mes soupçons... Ne vous inquiétez pas pour moi!

Mathurine crut recevoir un soufflet. Elle avoua à Jean « en avoir perdu le respir » pendant un grand moment. Elle entendit quelqu'un dire :

— Montez, Madeleine, vous nous indiquerez la route.

Et fouette, cocher, les voilà partis. Mathurine restait seule dans la cour, humiliée et déçue : « Et cette Madeleine qui est repartie avec eux! Je croyais la faire entrer s'asseoir devant une assiettée de soupe, que d'avoir tant couru, elle risque le chaud et froid... Le temps d'une bonne godaille et on aurait peut-être bien pu repartir ensemble aux Châteliers pour savoir comment la bru s'en tirait. Eh bé, non... »

Une forte odeur de brûlé la tira de ses réflexions : « Oh là là!, et ma soupe qui grâle avoure... Mais à quoi donc mon pauvre homme est-il si occupé qu'il ne l'a point sentie? Et cette Catherine, à son âge, qui dort encore dans ses ballins! Si c'est pas malheureux, on peut compter sur personne... Et qui c'est-y à présent qui me contera comment ça se passe là-bas? »

Le vieux Martinet était devenu subitement propriétaire de son bien et s'était fortement enrichi ces dernières années — dans les époques troublées, on a toujours vu les fortunes changer de poche. Il avait eu ses terres à vil prix comme biens nationaux et, devenu propriétaire, avait pu arranger un beau mariage pour son gars.

La bru était fille unique d'un vieil usurier d'assez triste réputation, dont les champs jouxtaient la propriété nouvellement acquise. C'était une gamine maigrichonne, pâlotte et pointue de partout, point trop futée, mais assez tout de même pour être consciente de sa valeur marchande et toujours prête à brandir comme un sceptre ses deux cents boisselées de terre. Seulement, le vieux grigou était mort juste après les noces, tout au début du grand nettoyage d'automne de la maladie, et l'avait laissée sans soutien. Avec les Martinet père et fils, elle avait trouvé à qui parler. Tout comme à la belle-mère, dressée de longue date, on lui avait rabaissé le caquet. Dans cette maison-là, les femmes n'étaient rien de plus que les servantes non rétribuées des hommes.

Le père Martinet menait tout en patriarche, et Gustave, son fils, finissait toujours par acquiescer. Il s'était pourtant fait tirer l'oreille pour épouser Fanette. C'était un gaillard râblé, rougeaud, un peu porcin, grand consommateur de femmes faciles et de préférence bien en chair. Cette osseuse-là ne lui disait trop rien et il s'en était expliqué avec le père :

— Les champs, les champs, bin sûr, ça compte, mais le lit itou... Fanette, all' est comme la poupée à Jeanneton, qui n'a ni fesses ni tétons !

De ses mains épaisses, il caressait dans l'espace des rêves opulents. Le vieux fut intraitable :

— Ecoute-me bin, mon drôle, si t'as la bourse garnie, tu trouveras teurjhou (1) do belles garces quand le besoin t'en chaudra, mais des boisselées qui toucheront aux nôtres, ça ne se représentera pas... Et si la Fanette trouve un autre bon ami pendant que tu fais la fine goule, hein ?

Le garçon hochait un front buté. Une ruée de prétendants enamourés se précipitant sur un pareil sac d'os lui semblait bien improbable.

— Faut que ça s'fasse, conclut le père Martinet, et je dirai même faut que ça s'fasse vite. Tu connais le diton : « Y a pas d'chétis pots qui trouvont point lous abeurjhures (2). » J'te permettrai jamais d'faire le malin pour que la Fanette trouve une autre abeurjhure !

Et Gus s'était fait une raison, puisque, moins de dix mois après les noces, la bru était en mal d'enfant.

La matrone qui, pendant plus de trente ans, avait présidé à toutes les naissances du village était morte aussi pendant l'épidémie. Depuis, deux femmes seulement étaient arrivées à leur terme, et on avait alors fait appel à la vieille Mélanie. C'était la doyenne du village, elle avait eu onze enfants vivants et gardait une grande réputation d'adresse pour délivrer les chèvres. Tout s'était parfaitement passé et, naturellement, les Martinet avaient fait comme les voisins.

Mais devant le corps souffreteux gonflé par un ventre énorme et l'étroit bassin qui semblait bien n'avoir jamais été destiné à porter des enfants, Mélanie avait pris peur. Les Martinet étaient des violents. Qui sait jusqu'où irait leur ressentiment si les choses tournaient mal ?

Elle essaya tout ce qui, de temps immémorial,

(1) Toujours.
(2) « Il n'y a pas de si mauvais pots qui ne trouvent leur couvercle. »

était réputé infaillible. D'abord, la liqueur d'arquebuse, alcool incendiaire, où trempaient des herbes et à laquelle on ajoutait un soupçon de poudre à fusil. On avait ceint la taille de la malheureuse d'un ruban trempé dans le bénitier de la Vierge de Montbernage de Poitiers, et que l'on se passait de maison à maison quand besoin en était. On l'avait assise sur des vapeurs d'eau brûlante. Enfin, en désespoir de cause, elle était allée avec Gus quérir la clef du tabernacle, censée ouvrir toutes les portes, pour l'imposer au bon endroit. Mais voilà-t-il pas que le nouveau curé était un moine pudibond qui faisait semblant de ne pas comprendre. Comme si nous n'étions pas, tous autant que nous sommes, venus au monde par ce chemin-là ! Il avait fallu donner des explications, et alors le rouge était monté au visage du saint homme; il avait crié au scandale, traité le futur père de païen et sa paroisse de Babylone corrompue. Mélanie en avait été franchement outrée. Pour quelqu'un d'habitué à entendre nos vicissitudes à confesse, ce prêtre-là n'était guère tolérant. « Bouge pas, mon ami, maugréait-elle, tes paroissiens tarderont guère à faire ton instruction ! » En attendant, charbonnier étant maître chez lui et le curé itou, force fut de se passer de la clef miraculeuse.

C'est alors que la vieille femme s'était aperçue que l'enfant se présentait mal, et dites-moi un peu comment faire le ménage dans un logis si étroit ? Elle s'était affolée et, pour préparer la maisonnée à la probabilité d'un malheur, s'était mise à geindre et à pleurer. La belle-mère avait fait chorus et la pauvre bru, terrorisée, son réconfort de boisselées ne lui étant plus d'aucun secours, s'était mise à moduler une longue plainte animale, si aiguë qu'elle vrillait les oreilles et les nerfs.

Les deux hommes, faute de mieux, buvaient la

liqueur d'arquebuse. Le responsable de toute cette tragédie confiait au père :

— Si seulement all' s' taisait, j'ai jamais entendu siler de même... Pire qu'un lapin qu'on sabe (1)...

Mais les hommes voyaient bien que la Fanette silerait jusqu'à la limite de ses dernières forces.

Quand la voiture de Beaumoreau stoppa devant le tas de fumier qui débordait la cour jusqu'au seuil de la maison (c'est la richesse, faut point l' cacher), le père Martinet eut une intense sensation de vanité comblée. Il devenait quelqu'un, puisque le Monsieur et la Demoiselle se dérangeaient eux-mêmes. Par contre, la vue de Fidéline le refroidit d'un coup. Il avait, plusieurs dimanches de suite, étalé ses opinions chez le barbier, à savoir que les nègres étaient tout simplement une race de singes dégénérée. A vrai dire, il n'en avait jamais vu.

Fidéline le laissa muet de saisissement, tant elle lui apparut mieux que belle, splendide. Dans ses amples jupes multicolores, avec son madras de soie orange, sa stature large et calme, elle dégageait une impression d'épanouissement paisible bien agréable à contempler en pareilles circonstances.

Il laissa passer, cherchant du regard l'approbation du fils. Mais celui-ci ne fut d'aucun secours. Il béait, admiratif, devant Marie-Aimée, et, rotant son arquebuse, se prenait à rêver : « Si seulement la Fanette était d'même... »

Les commères, mystérieusement alertées, emplissaient déjà la salle, tournaient et viraient avec des airs importants. Heureusement, la bru était dans la chambre. Amélien commanda de

---

(1) Ecorche.

faire bouillir de l'eau, beaucoup d'eau, et ferma la porte au nez des curieuses.

Fidéline prit la main de Marie-Aimée, la serra. Une détresse passa dans les grands yeux sombres :

— Ze ne pou'ai pas, Manzé, ze ne peux 'ien comme chez nous, ces zens-là sont mauvais...

La Demoiselle posa un rapide baiser sur la joue noire :

— Déline, ma Déline, il faut que tu nous aides ! Toi seule le peux avec tes mains de miracle... Il y a cette malheureuse à délivrer et ce petit qui veut vivre... Si nous ne réussissons pas, ils n'auront plus confiance en nous et ne nous accepteront jamais. Ce sera l'échec de tout. Tu comprends, Déline ?

Non, Fidéline ne comprenait pas, mais puisque Marie-Aimée le voulait... Elle s'approcha du lit, découvrit la pauvre petite bru et palpa le ventre déformé de ses longues mains douces.

— Il faut du café, Manzé... Elle s'épuise et pou 'ien.

Fanette ouvrit les paupières. De surprise, la plainte aiguë s'arrêta. Marie-Aimée présentait un breuvage noir, essuyait le visage en sueur, repoussait les mèches humides. Amélien s'approcha :

— Fidéline, nous pouvons essayer le nouveau forceps conseillé par Baudelocque...

— Ce n'est pas le moment, missié. Il faut placer, il faut attend'e...

Elle tapota la sacoche :

— Z'ai, dit-elle, des petites d'ogues de là-bas... Si vous vouliez...

Elle quémandait, anxieuse. Monsieur Amélien n'aimait ni les gris-gris ni les poudres magiques. Il ne connaissait que la science pure; Fidéline, elle, savait bien l'aide qu'apportaient les plantes de son île.

Il haussa les épaules :

— Essaie tout ce que tu veux, ma fille. Au point où nous en sommes... Il lui faudrait sans doute une césarienne, et je n'ai jamais su pratiquer...

Fidéline tira du sac à pharmacie deux boîtes minuscules, en délaya le contenu, des poudres, dans un verre de café, prit un sac d'herbes séchées qu'elle alluma dans l'âtre et qui tout de suite dégagea une âcre fumée noire.

Fidéline tenait son savoir d'une vieille accoucheuse mulâtresse de la plantation. Monsieur Amélien y avait seulement ajouté quelques leçons d'hygiène.

A la Forgerie, comme partout dans l'île, le « mal de bouche » faisait des ravages. Un enfant noir sur trois en mourait. Et parce qu'il faut toujours une explication au malheur, quitte à y ajouter, on affirmait que les mères fermaient les mâchoires de leurs enfants d'une certaine façon, dès la naissance, de manière qu'il leur soit impossible par la suite de les ouvrir et d'y faire rien pénétrer. Il était admis que les malheureuses tuaient les nouveau-nés pour leur épargner l'esclavage ou simplement causer du tort au maître. Il est bien vrai que les natalités n'étaient pas désirées chez les esclaves, et la savane et les serviteurs du vaudou ne manquaient pas de remèdes pour échapper aux maternités.

La vieille accoucheuse qui initiait Fidéline posait sur l'ombilic des nouveau-nés un emplâtre de glaise humide, comme faisaient toutes les autres matrones, selon une tradition venue d'Afrique. On observait souvent, chez les esclaves, adultes il est vrai, après de légères blessures, ce qu'on nommait la maladie du spasme et qui était mortelle. Personne ne pouvait établir alors un rapprochement entre les deux et ce fut tout à fait par hasard et par simple précaution d'hygiène que

Donatienne Forgier conseilla de remplacer l'emplâtre de terre par une petite plaquette de charpie imbibée d'alcool.

Et de tous les enfants mis au monde par Fidéline, aucun ne fut atteint du « mal de bouche ». On cria au miracle et on venait parfois l'emprunter de très loin et quémander son secours.

A présent, dans la fumée odorante, Déline, prêtresse sombre, psalmodiait à mi-voix une sorte d'incantation, et ses mains s'activaient, douces et souples, sur les chairs serrées de Fanette qui gémissait encore parfois, mais au moins ne silait plus. Elle se détendait, se dénouait, oubliait sa nature de teigne, s'abandonnait, confiante, pour la première fois de sa vie. Enfin, vers midi, Fidéline se redressa. Amélien comprit qu'elle avait gagné.

— Ze c'ois, lui demanda-t-elle, qu'il va falloi' l'essayer, vot' fameuse pince zolie de monsieur Baudelocque.

Et l'héritier des terres jointes du vieux grigou et du père Martinet vit enfin le jour.

Seulement, c'était une fille : minuscule et déjà braillarde.

Marie-Aimée la reçut dans ses deux mains réunies en conque et, l'appuyant sur ses genoux, se mit en devoir de la nettoyer avec une poignée de charpie enduite d'huile. Violette de colère, d'une voix incroyablement puissante pour un corps si chétif, l'enfant affirmait sa révolte et sa réprobation d'avoir été mise au monde.

Où était donc le cœur dans l'union de ce mari ivre mort à présent et de cette petite femme vindicative ? Tout au plus avaient-ils, du fond de leur race, assouvi un besoin de continuité qu'ils n'étaient même pas capables de comprendre. Et, pour un furtif plaisir, voilà qu'ils avaient créé un être, condamné à vingt, trente, cinquante ans de vie, tant de jours où cette femme qui n'avait pas demandé à naître connaîtrait les luttes quotidiennes, les rires, les amertumes et les souffrances de son destin, tout cela pour aboutir à une mort certaine.

Maintenant au creux des bras de la demoiselle, la petite s'apaisait. La bouche miniature eut une moue écœurée et chercha à téter. Elle était chaude et douce. Laide, chiffonnée, déjà mauvaise, mais tellement attendrissante que Marie-Aimée se sentit près des larmes. C'était donc cela, un enfant ? Un extraordinaire miracle d'amour.

Il fut admis dans tout le village que la « négresse » avait un charme pour accoucher les femmes.

8

LA TROUFF'

Les pluies furent au rendez-vous de printemps. Cela commençait par un brouillard de gouttelettes, une soie tendue sur le paysage. Les chatons de saule frais éclos, encore gluants et collés comme des poussins nouveau-nés, se changeaient en pompons d'argent ébouriffés que les enfants ne pouvaient se retenir de caresser au passage.

La procession des femmes vers les prés n'en était même pas ralentie. Le travail bâclé, elles attrapaient ces baquets de bois à anse de châtaignier que les hommes fignolaient en hiver, y jetaient un couteau pointu luisant d'usure, et se hélaient de maison à maison :

— Hé ! Jeanne ! Louise ! Marie ! Venez-vous quéri do cochets ?

La cueillette des pissenlits était, à chaque fin d'hiver, un plaisir et une nécessité.

Plaisir de respirer cet air nouveau à pleins poumons jusqu'à en être comme enivrées, de regarder ce paysage, toujours le même, toujours changeant à travers les heures et les saisons, de papoter des mille riens qui tissent les jours des femmes.

Nécessité aussi. Parce que, dans chaque foyer, à pareille époque, les provisions s'épuisaient. Une salade de pissenlit agrémentée d'un chapon d'ail et assaisonnée d'huile de noix, cela faisait, avec une assiettée de grosse soupe, un bon manger à peu de frais ; cela permettait d'attendre que les feuilles de joutes se soient un peu allongées. Celles-ci, maniées avec des œufs, du pain émietté dans du lait et un soupçon de lard, donneraient bientôt notre plat traditionnel, le farci. Jamais la terre d'ici, un tantinet acide, ne montrait d'avarice pour offrir à ses enfants, grands amateurs de verdure, cette poirée sauvage. Après ? Il y aurait les lumas, les champignons... Après ? Eh bien, ce serait à la grâce de Dieu. Lui, qui avait vêtu les lys des champs de lin splendide et envoyé sa manne aux Hébreux, pourvoirait bien à la subsistance des chrétiens de Tillou. Au besoin, on L'implorerait, on ferait tout ce qu'il est recommandé de faire — puisqu'on avait à nouveau un curé, il faudrait bien qu'il serve à quelque chose...

En attendant, un soir, les ramasseuses rentrèrent de la cueillette, le cotillon de dessus relevé par-derrière, en capuchon sur la tête. Cela permettait de ne pas crotter l'ourlet dans les flaques bourbeuses et de préserver les coiffis. La vraie pluie était arrivée. Celle qui fouettait de partout, s'infiltrait dans les moindres interstices des murailles, sous les huisseries mal jointes, et giflait le pauvre monde de ses grandes mains glacées.

Bien sûr, quand tout allait bien, que le temps était beau et l'avenir euphorique, on prenait le temps de vivre l'aujourd'hui et d'organiser le travail pour demain. Et brusquement, quand l'imprévu arrivait, on s'affolait.

En décembre, il y avait eu la maladie, et trop peu d'hommes avaient pu ensemencer les champs. Les emblavures étaient belles, ayant passé les gelées, mais les parcelles étaient si petites que c'était pitié de voir de si maigres promesses pour tout un village. Pour se rattraper, il fallait faire les semences de printemps : baillarge, seigle, avoine d'été, et ce blé de Turquie qu'on appelait garouil. En trouvant à acheter un peu de froment alentour, on arriverait bien à nourrir gens et bêtes.

Mais les semis de baillarge devenaient urgents, et les laboureurs regardaient avec colère ce sol détrempé. Bon sang! c'était toujours de même! Quand la terre se faisait belle et douce, l'homme ébloui n'en finissait pas de rêver en écoutant ses promesses, et dès qu'il était fin prêt, cette grande bougresse refusait de se laisser féconder.

Mathurine traversait la cour de Beaumoreau transformée en cloaque et, tragique, s'ébrouait devant la porte :

— Pouvez-vous me dire dèque y mangerons cette année?... Et nos niàs de citrouille qui sont pas 'core en terre pour les vaches et les gorets!... Faudra pour sûr chercher la glandée comme dans les vieux temps! Mais c'est point les enfants qui pourront mener les bestiaux dans les bois d'icite... On peut tout y craindre : les loups et les maufaisants... Sans compter que les verrats sauvages s'arrangent toujours pour détourner quèque honnête truie de sa soue... Non, faut que d'une façon ou d'une autre l'Jean s'arrange pour semer nos citrouilles... Une bonne maison peut pas rester sans lard dans le charnier.

Encapuchonnés de la tête aux pieds dans leurs limousines de laine naturelle qui changeaient le pauvre bougre en prince oriental, les hommes se faisaient bergers pour ne pas rester inactifs. La courtoisie paysanne, si rugueuse fût-elle, ne permettait pas au mari de rester à tisonner le feu pendant que la femme était au déluge. Sa réputation en dépendait. Mais les bêtes enfonçaient dans les terrains spongieux, mangeaient mal, souffraient visiblement. Les hommes rentraient tôt, maussades, ennuyés de faire si mal ce métier de femme.

Chaque soir, ils sortaient sur les seuils avant le sommeil, s'avançaient au mitan des cours, la main à la braguette, le regard au firmament. Pour qui vit de la glèbe, c'est l'habitude de toujours de « pisser d'for » en déchiffrant dans le ciel le temps du lendemain. Ainsi, la lune jouant au petit rat dans un halo vaporeux de danseuse, c'est de l'eau. Sûr. Et plus le cercle est large, plus la pluie est proche.

Et puis il faut chercher les vents. Il y en a quatre, un peu décalés par rapport aux points cardinaux. Au nord-est, la bise. Brrr, couvrez-vous bonnes gens ! Un souffle aigre et piquant qui transperce tout avec des sifflements de serpent surpris. Du sud-est vient l'autan. De son haleine chaude, il caresse et saoule comme le vin nouveau; mais pour un rien, le moindre nuage follet, il se déchaîne et apporte l'orage. Du sud-ouest, arrive le bas, qui s'époumone en tintamarre, fait beaucoup de bruit pour pas grand-chose et s'éteint en lourde pluie. Du nord-ouest enfin vient la galerne, toute pétrie de méchanceté. Vérifiez vos toitures, la valse des tuiles va commencer. Elle courbe les arbres, s'engouffre dans les cheminées et mène ses pluies à l'assaut de tout ce qui résiste.

Les femmes avaient d'autres repères, plus subtils. Si la flamme montait d'une bûche en sifflant, elles disaient : « Le feu corne, o va venter. » Si le chat, assis devant l'âtre, se passait la patte sur l'oreille pour en lisser le poil : « L'eau est pour demain. » Si les poules, après avoir allongé le cou pour regarder, de leur œil fixe, l'averse qui tombe, rentraient précipitamment à l'abri : « Ça ne durera pas, les volailles attendent la fin. » Mais si, toutes plumes collées, elles pataugeaient dans les flaques : « En voilà pour jusqu'au soir ! » Elles écoutaient le pivert, ce perpétuel assoiffé, le croassement des corbeaux qui appelle la froidure.

Ou bien simplement, avant d'entreprendre un ouvrage requérant du beau temps — lessive, tuerie du cochon ou tonte des ouailles — elles interrogeaient les anciens :

— Disez donc, Pépé, sentez-vous vos cors an'hui (1) ? Vous fasont-ils grand mau ?

Et si le vieillard gémissait : « O ma paur' feille, y souffre le martyre », on repoussait les travaux d'une journée ou deux.

Avec ce temps de désolation, les miséreux qui demandaient asile dans la grange pour y passer la nuit étaient de plus en plus nombreux. Quel tambour mystérieux battait le rassemblement ? Comment le mot de passe circulait-il ? Ils n'hésitaient pas, et venant là souvent pour la première fois, paraissaient connaître les aîtres et les gens.

On avait repoussé la paille vers le fond de l'immense pièce pour loger une table et des bancs à l'entrée. Fidéline apportait une lanterne sourde

---

(1) Aujourd'hui.

qui ne créait guère que des ombres fantasmagoriques. Théodule suivait, avec une pleine chaudronnée de soupe chaude et des cuillers de bois. Mademoiselle-la-grande ne pouvait plus exiger de pain de froment pour ses pauvres : il n'y en avait même plus pour les maîtres. On partageait le méteil en attendant d'en venir à la méture des chiens.

On trouvait d'abord les trimardeurs connus, simples rabalous habitués des charités villageoises, dont les parcours étaient réguliers comme les jours de la semaine. S'y ajoutaient des inconnus, de ceux qui, en général, couchaient dans les fossés ou dans les meules et vivaient de rapines pour ne pas avoir à dévoiler d'identité, et que la pluie délogeait de leurs abris de fortune. Des gaillards dans la force de l'âge échappés des réquisitions, déserteurs de l'armée et voleurs en cavale des bandes forestières. Quelques filles aussi, racoleuses de profession. Des enfants parfois, pauvres orphelins de nulle part traînant les routes ou bien petits de familles nécessiteuses partis mendier le pain pour la maisonnée et surpris par la nuit.

Amélie sortait alors précipitamment, un châle sur la tête et sans souci de la boue : « Venez, petits, n'ayez crainte, suivez-moi. » Elle les enlevait aux promiscuités de la grange, les séchait, les nettoyait, les vêtait chaudement :

— Vous coucherez dans le fournil ce soir, et vous pourrez rester autant qu'il vous plaira.

En général, ils partaient au matin, le ventre plein et le bissac garni. Réchauffés, nourris, réconfortés, ils ne connaissaient plus que l'appel des chemins. Seuls restèrent un temps un garçonnet de six à sept ans à demi aveugle et une fillette d'une dizaine d'années que son bec-de-lièvre, signe de sorcellerie, éloignait des autres. Propres et bien nourris, ils écoutèrent extasiés l'oiseau parleur de

Théodule, touchèrent d'un doigt craintif la peau noire de Fidéline, puis, installés devant le feu, trièrent les petits cailloux des tas de haricots secs — les doigts du presque aveugle faisaient merveille.

Puis, un matin, il y eut du soleil, des chants d'oiseaux. Ils restèrent immobiles un moment sur le seuil du fournil, prirent le vent et disparurent comme les autres, abandonnant deux petits tas de cailloux blancs sur un coin de table.

Après le souper, Abel et Théodule allaient reprendre la lanterne et fermaient la porte de la grange ainsi que le grand portail d'entrée, puis lâchaient les chiens dans la cour, deux grands chiens de troupeau, broussailleux et farouches, Mireau et Finaude, dressés pour aller aux loups. On pouvait leur faire confiance.

Il le fallait. Mathurine, de l'œil-de-bac, surveillait chaque soir l'arrivée des miséreux et s'en venait, effrayée, à la maison des maîtres :

— Demoiselles, vous n'êtes guère raisonnables d'accueillir ainsi tous vos marque-mal... Finiront par nous assassiner teurtous, je vous le prédis !

— Ne vous inquiétez pas, Mathurine, toutes précautions ont été prises.

Les précautions consistaient surtout en deux épaisses barres de fer que Lucas était venu sceller dans les pierres de soutènement, l'une à l'intérieur du portail d'entrée, l'autre à l'extérieur de la porte de la grange. Le domaine ainsi barré était avec ses grands murs transformé en forteresse.

Il est vrai qu'on recommençait à parler des chauffeurs, qui attachaient leurs victimes près de l'âtre et leur brûlaient la plante des pieds pour se faire donner le magot. Toute l'époque troublée de la Révolution, la fameuse bande d'Orgères avait terrorisé les bords de Loire. Presque tous ses membres avaient été emprisonnés, jugés et condamnés à l'échafaud. Mais le chef, Beau-François, avait sa légende. On l'avait dit évadé de prison, puis mort, puis revenu quand même. De toute façon, il avait fait école, et ses émules, sans avoir son envergure, ne manquaient pas. Il était aussi question d'une femme, la grande Félicie, gueuse vêtue en homme, à la beauté arrogante, qui traînait dans son sillage une douzaine de brigands sans aveu dont la principale occupation consistait à rançonner les fermes isolées. Tout leur était prétexte à pillage.

Deux vieillards d'un hameau jouxtant Chef-Boutonne, à deux heures de Beaumoreau, avaient été malmenés et grillés peu ou prou. Le vieux, qui avait amassé son trésor sou par sou à force de privations et de travail, refusa de dire où se trouvait la cachette. Peut-être avait-il le cœur fragile. En tous les cas, au premier tison sur sa chair, il était mort. La vieille avait mené les bandits tout droit au cellier, où, sous un barricot de piquette aigre, ils avaient déterré un pot plein d'écus d'argent. Puis, devant le cadavre du vieux, ils avaient fait bombance toute la nuit. Ils étaient partis au petit jour, emmenant le cheval du couple chargé de tout un butin de linge et des victuailles qu'ils n'avaient pas mangées. On avait trouvé la vieille à demi morte devant son feu éteint et son pauvre homme roidi; elle avait perdu le sens. Le récit, on s'en doute, s'enjolivait de bouche en bouche et la peur gagnait les campagnes.

Un soir, cinq gaillards, sombres et sales, portant encore sur leurs figures mal lavées des traces de la suie dont ils s'étaient probablement masqués, s'engouffrèrent dans la grange de Beaumoreau sans demander permission ni saluer qui que ce soit.

Amélien fit appeler son valet au salon. Ces dames ne levèrent pas les yeux de leurs travaux d'aiguille. Apparemment, on avait déjà tenu conseil et elles étaient averties. Amélien se leva péniblement, ouvrit la grande armoire où se rangeait la pharmacopée et prit, en se haussant sur la pointe des pieds, un long étui de cuir à l'étage supérieur. Il l'ouvrit. Sur le velours bleu roi apparut une arme splendide, un fusil au canon d'argent niellé, marqué d'un chiffre armorié.

— Tiens, Abel, je te le donne. Le baron, qui me l'a offert, en vantait la précision. Je n'ai jamais su m'en servir. Si besoin était, je te charge de défendre ces dames...

Il souriait à sa manière à lui, mi-railleuse, mi-mélancolique.

Abel, figé, regardait son maître. Enfin, la voix rauque, mais sans baisser les yeux, et négligeant de parler à la troisième personne, il interrogea :

— Vous êtes sûr de vous ?...

Le sourire d'Amélien s'accentua, perdit sa tristesse au profit d'une ironie plus marquée. Il inclina la tête en assentiment.

Alors l'autre prit le fusil, le soupesa, le caressa, fit jouer les chiens avec douceur. Un sang plus vif mettait deux petites taches rouges inhabituelles à ses pommettes. Brusquement, sans un mot de remerciement, Abel sortit, emportant l'arme serrée contre lui.

A la métairie, Mathurine et Jean dormaient avec, de chaque côté du biâ lit, à portée de la main, chacun son bâton d'épine, rude gourdin terminé par une racine noueuse hérissée de clous sans tête. Chaque soir, en liquette de toile et bonnet de nuit, les époux les prenaient à la main :

— N'aie crainte, moun ami, défiait Mathurine,

y te réponds qu'avec ça, y me sens capable de lou fendre le cagouet comme on ébeurne un calat (1).

Après quoi, tranquillisés, les époux s'enfonçaient dans les couettes.

A la même heure, certains soirs, Victoire sortait du secrétaire le pistolet-relique de son chouan. Ce n'était pas par frayeur, mais le prétexte était bon. Elle appuyait l'acier froid contre sa joue en un attouchement glacé et très doux, fermait les yeux sur un souvenir qui sentait encore la poudre, les cuirs mouillés, la graisse des équipements, l'odeur forte des guerres, des vies dangereuses... Et ces soirs-là, Victoire oubliait l'alcool.

Les Demoiselles, elles, dormaient sans défense, les mains démunies posées à l'abandon sur les draps, la tête nichée au creux du coude, à la manière des enfants, préservées de l'angoisse par cette grâce qui est la marque des cœurs purs.

Le jour où revint le beau temps, les gueux disparurent comme ils étaient apparus. Au soir, la grange resta vide. Puis revint au fil des jours le menu fretin des habitués qui reprirent leurs aises dans la paille propre.

Jean vit sur la pierre de soutènement du grand portail, visible du chemin, un dessin grossièrement gravé. Dans un cercle, une sorte de rose des vents surmontée d'une croix. Le contour en était sans doute plus hâtif que maladroit, et nul ne pouvait dire quand et par qui cela avait été fait.

Jean était impressionné et voulait gratter la pierre :

— Savoir si ça n'est pas, des fois, un signe qui nous amènerait du malheur ?

Amélien, des yeux, interrogea Abel, qui secoua simplement la tête en dénégation.

---

(1) Casser la tête comme on écrabouille une noix.

— Laissez, dit alors Amélien, le signe peut aussi bien être bénéfique.

Monsieur Amélien, à cette époque, se donnait beaucoup de mal pour faire admettre la pomme de terre sur les tables. Avec les maigres moissons à venir, l'occasion lui paraissait bonne. Il fit dire qu'il tenait à la disposition de ceux qui le désireraient des tubercules gratuits pour la semence. Mais il fallait faire vite, la mise en terre devant se faire à la défloraison de l'épine noire, quand l'épine blanche prend la relève et fleurit en bouquets.

Il n'y eut aucun écho. Il parut évident que les gens d'ici manquaient d'attirance pour les nouveautés culinaires. Pourtant, des voyageurs, des colporteurs contaient comment le nouveau légume avait fait la conquête de la capitale et s'était étendu alentour. Jusqu'aux Limousins, disait-on, qui avaient été convertis. A quoi les femmes, entichées de leurs herbes, répondaient sans trop de charité ni de modestie :

— Peuh ! Les Limousins !... N'ont jamais été fines goules comme nous autres !... Sont meilleurs au mortier !

Les petits sacs de fécule distribués par Marie-Aimée avaient été cuits pour les vieillards et les enfants, mais en bouillies insipides, absorbées à la façon d'un remède.

Il faut bien dire aussi que le plateau mellois, favorisé par la nature, préservait la plupart du temps ses habitants des terribles famines qui sévissaient ailleurs. La dernière remontait à l'hiver de 1709. Il y avait des disettes, bien sûr, mais à part les pauvres sans-rien qui, de toute façon, seraient morts de dénutrition, on arrivait à subsister, même en mauvaise année.

Les céréales venaient bien, les fèves, les haricots, les noix et les châtaignes faisaient l'essentiel des provisions d'hiver. Une ou deux vaches par maison aisée, quelques chèvres, quelques ouailles chez les modestes, un porc et la basse-cour cherchant eux-mêmes leur provende, on se croyait sauvé. Les années où les bêtes maigrissaient, on les salait. Ici, par bonheur, le sel ne manquait pas. On salait le porc, on salait le bouc, on salait la volaille qui devenait alors filandreuse et sèche comme de l'amadou. Seules échappaient les oies, censées avoir naturellement assez de graisse pour cuire en petits morceaux dans leur jus, donner les gratons fins et la graisse réservée aux adoubages des jours de fête.

Les arbres fruitiers étaient généreux. On desséchait tout au four après la cuisson du pain : pommes et poires coupées en quartiers, pruneaux ridés, pêches et abricots dénoyautés, figues aplaties. Si une espèce refusait son fruit une année, c'était bien le diable de ne pas en avoir une autre en compensation. Tout cela se rangeait au sec des greniers, dans les grandes bourgnes de paille de seigle tissée d'écorces de tiges de ronces.

Bref, on mangeait mal et on mourait beaucoup de dysenterie, mais avec fierté, puisque ce n'était pas de faim.

Monsieur Amélien, en désespoir de cause, décida de rencontrer un jeune avocat de Melle, aux plaidoiries généreuses, qui s'annonçait déjà comme un habile agronome et faisait aussi campagne pour la trouff' (1).

Il partit un peu réticent, se méfiant de ces hobereaux terriens qui, la tourmente passée, reprenaient leurs fiefs comme s'il n'y avait jamais eu

(1) Pomme de terre. Je ne sais comment transcrire le son final, qui se prononce comme le *fj* de fjord.

de Déclaration des droits de l'homme. Mais il fut vite conquis. Jacques Bujault était amoureux de sa terre poitevine et, aimant les paysans dont il portait avec ostentation le costume — grand chapeau à larges bords, blouse bleue et sabots de bois —, il mettait son point d'honneur à transformer le pays.

En bon avocat, il avait le verbe facile, mais voulait surtout user de persuasion. Il avait mis ses théories en adages et commandements, rêvant d'éditer des almanachs de lecture facile qui en assureraient la vulgarisation. Amélien, sceptique, lui fit remarquer que deux sur trois des intéressés étaient analphabètes. Bujault souriait; il connaissait sa campagne :

— Je compte bien là-dessus, dit-il. Un seul lecteur dans une veillée me suffit amplement. Il lira à haute voix, entraînera des discussions... C'est de ces échanges d'idées que naîtra la soif d'apprendre...

En vérité, il fallait d'abord rassurer. En effet, les premiers à venir parler de la pomme de terre ici avaient mis les gens en garde : seuls, les tubercules étaient comestibles; il fallait se méfier des feuilles et des tiges, qui contenaient un produit dangereux. *Dangereux,* qui se prononce avec un *g* très rauque, menaçant, annonçait le poison. Et d'où, on vous le demande, pouvait bien venir ce poison, sinon des racines ? Et comment une plante poisonne pouvait-elle produire des fruits sains ? Certains avaient proposé d'en faire goûter aux cochons, aux chiens, ou même aux vieux, « que ça les débarrasserait plutôt, les pauvres... » Mais on n'avait rien fait, et la pomme de terre restait menaçante. Comment rassurer ?

En revenant de Melle, Amélien s'arrêta à l'auberge. Il avait eu une idée en chemin, mais dut parlementer longtemps pour convaincre Beaudouin, son frère le barbier et la Beaudouinette.

— Mon auberge y laissera sa réputation, gémissait l'un.

— Nos clients vont pour sûr attraper la foire si c'est pas pire encore, bougonnait l'autre.

— Je ne sais faire que de l'honnête cuisine, se rebiffait le cordon-bleu, pas du manger de pays perdus, que j'y perdrais mon tour de main...

C'est que Monsieur Amélien s'était mis en tête d'offrir à tous ceux qui le désiraient un repas entièrement et exclusivement fait de pommes de terre :

— Tout d'abord, expliquait-il, vous en ferez une soupe épaisse selon mes indications. Puis vous cuirez d'autres pommes de terre, presque sans eau, dans un chaudron, avec la peau, et vous les servirez accompagnées de sel et de fromage mou. Pour le dessert, vous ferez le tourteau-petatou. Je paye la godaille (1), le clairet et un verre de vin bouché pour le tourteau... Ne lésinez pas et faites passer l'invitation à tous...

L'aubergiste secouait la tête, mal converti; la femme insinua timidement :

— Ça sera triste sans viandes... On pourrait faire de la bonne rouelle de goret au vin rouge, les mondes d'ici aiment bien ça, et on a un pourceau fin prêt. Ou encore une bouillture d'anguilles, il en reste au vivier depuis la dernière montée des eaux... Non ? Ben, pourquoi pas une soupe à la volaille ?

Elle s'enquérait de plus en plus timidement, comme elle aurait, pauvre Beaudouinette, offert ses charmes un peu fripés...

---

(1) Chabrot d'ailleurs.

Monsieur Amélien balaya le marchandage avec autorité.

— Je ne donne pas un repas de noces, madame Beaudouin ! J'offre une dégustation de pommes de terre. Et j'essaie en même temps de vous les faire connaître. Vous avez tout à y gagner puisque je paye et que dorénavant vos menus en seront améliorés. J'y assisterai moi-même avec la baronne et mes nièces pour bien montrer à tous que ce légume est sain et ne risque d'intoxiquer personne... Au fait, je vais de ce pas inviter le curé au cas où ses ouailles exigeraient une absolution avant de passer à table.

Mais le curé s'excusa. Il vivait de raves et de fromage et l'ambiance de l'auberge lui paraissait peu en rapport avec les obligations de son saint ministère. De plus, il n'était pas pour les nouveautés dont on ne sait point si elles n'étaient pas embûches du Malin. Non, merci ; pour sa part, il se contenterait de prier afin que n'arrive aucun désagrément à ses paroissiens.

L'athée salua. La démarche lui avait coûté. Plus que tout, il redoutait la religion triste et timorée. Le pauvre moine diaphane qui semblait vivre dans la hantise de ce que Dieu réservait à ses créatures n'était guère réconfortant. Il pensa : « Bon vent, monsieur le curé, nous nous passerons de vous ! »

Le souper-petatou devrait avoir lieu le dimanche suivant. Il restait trois jours pour prêcher et convertir les populations.

C'est au retour du voyage de son oncle à Melle que Marie-Aimée découvrit le secret de Monsieur Abel.

C'était un homme d'une propreté rigoureuse, presque délicate : chaque matin, les chevaux pansés, les harnais briqués, il s'ébrouait longuement dans la buanderie. Ce jour-là, le temps était lourd, presque orageux, peut-être la forte odeur de sueur des chevaux dont il s'était imprégné au dételage le gênait-elle ? Ce n'était plus l'heure des ablutions et la Demoiselle, sans méfiance, poussa la porte.

Torse nu, courbé, Monsieur Abel s'aspergeait la figure en puisant l'eau à deux mains dans une cuvette d'étain. A demi tourné, il présentait son épaule dans le plein jour de la fenêtre ouverte, une épaule où le fer rouge avait marqué les chairs des lettres infamantes GAL infligées aux galériens pour les marquer à jamais.

Il ne s'aperçut pas de l'intrusion. Marie-Aimée tira silencieusement la porte et courut sous les ombrages. En vue de la hêtraie, elle se laissa glisser sur l'herbe, le cœur battant.

Pauvre petit homme sévère et compassé, c'était donc finalement cela, cette dignité qui en imposait à tous, cette réserve de bon aloi qui faisait l'émerveillement de Mathurine quand elle confiait aux commères extasiées :

— L' cocher de ces monsieur-mesdames, j'ai idée que c'est un ci-devant noble échappé des geôles révolutionnaires... Parce que des manières distinguées de même, faut que ça soye de naissance. Ça ne s'apprend pas...

Eh oui, se disait Marie-Aimée, il avait connu les geôles. Quel avait été son crime ? Qui avait-il tué ? Elle demanderait à Amélien. L'oncle savait évidemment, l'oncle savait toujours tout de ces choses-là. Les fardeaux de tous, il les prenait pour lui... Le « bancroche », disaient les villageois. Comment aurait-il pu se tenir droit, à porter sur ses épaules maigres les misères d'eux tous ?

Brusquement, Marie-Aimée se sentit submergée par un sentiment mêlé de désespoir et de révolte.

La sensation étouffante d'être enterrée vivante à Beaumoreau. Ah! il était joli l'univers des demoiselles Forgier! Des miséreux, des malades, des mourants, des déchets d'humanité, et maintenant ce galérien...

Pour la première fois, la tentation lui vint de repartir avec Victoire, de se faire une vie normale, de s'appuyer sur un compagnon solide, de transmettre la vie à des êtres sains, beaux, neufs... Ô Dieu! retrouver, et pour soi, cette émotion qu'elle avait connue l'autre jour en tenant dans ses bras la petite larve braillante qui venait de naître! Alors, un enfant d'elle-même, qu'elle saurait créer de son sang, de sa chair, de tout l'amour dont elle était capable...

Le son argentin, un peu acide et très clair, de la clochette d'entrée lui parvint. C'était à présent le signal connu pour avertir que quelqu'un demandait aide et assistance. Marie-Aimée eut l'impression de sortir d'un rêve épuisant. Pour un moment de découragement, tout un choix de vie mûrement réfléchi, librement voulu, ne pouvait être mis en question...

Qui à cette heure pouvait bien avoir besoin d'elle? Reprise dans l'engrenage des menues occupations, elle ne voyait déjà plus que les soins à donner. Elle se hâta vers l'entrée, où une vieille femme geignait sur ses douleurs. Tout en marchant, elle pensa qu'il allait tout de même falloir confier Phœbé à Victoire. « Nous n'avons pas le droit d'imposer à la petite cette vie anormale sous prétexte de la sublimer. Amélie n'y a pas de peine, elle a Dieu... Pour moi, Il est trop loin, mais peut-être est-ce une manifestation de Sa grâce, cet épanouissement que j'éprouve à soulager les souffrances physiques. Et plus tard, Il me donnera les enfants de Phœbé... Ah! mais au moins, que celle-ci soit heureuse pour nous trois... Petit soleil, nous allons t'aider à faire ton bonheur, tout le bonheur du monde. Tu y as droit. Qu'au moins l'une de nous connaisse cela... »

La vieille clopinait à présent à sa rencontre.

— Y s' paraît, demoiselle, que vous auriez une pommade fameuse pour enlever les douleurs ? C'est-y ben vrai ?

Marie-Aimée sourit.

— Bien sûr, grand-mère, venez donc...

Et, prenant la vieille par le bras, la guidant vers la maison, elle retrouvait déjà sa paix.

9

LE SOUPER-PETATOU

Etiennette Beaudouin, la Beaudouinette, avait été, vingt ans plus tôt, une pauvresse jeune et fraîche. Elle était arrivée à l'auberge un soir de septembre, à la fin d'une de ces foires aux chambrières où, alignées modestement sur des bancs tout près du marché aux veaux, les domestiques attendaient l'employeur.

A l'époque, la veuve Beaudouin tenait l'auberge avec ses deux fils, Beaudouin l'Aîné et Emile le barbier. L'affaire allait vaille que vaille, la vieille ayant tendance, depuis son veuvage, à liquider elle-même les bouteilles de son commerce. Elle s'en expliquait volontiers, en deux propositions imparablement complémentaires. Une : « Faut c' que faut pour donner goût aux cuisines » ; et deux : « Un bon vin n' doit jamais rester à s'éventer. »

Devenue complètement impotente à la suite d'une dégringolade dans l'escalier de la cave, elle avait envoyé son aîné chercher une servante à Lezay, pour la foire de la Saint-Michel. Le pauvre gars avait entendu tant et tant de recommandations qu'il n'avait pu se décider sur le choix de la perle. C'est que la mère était une mal-commode, toujours prête à l'orage, surtout après boire, et lui un bon gros placide qui détestait les cris. Après avoir, toute la matinée, passé et repassé devant le lot de femmes exposées sans pouvoir se décider, il s'était offert le répit du déjeuner, lequel avait été long et copieux.

Quand il était retourné sur le foirail, ne restaient plus qu'une vieille édentée et une gamine maigrichonne qui pleurait d'avoir été dédaignée. C'est avec celle-ci que Beaudouin l'Aîné avait conclu marché pour dix pistoles et trois écus à l'année et une paire de sabots ferrés. Son trousseau tenait dans un mouchoir à carreaux aux coins noués. Elle l'avait empoigné et hop ! avait prestement sauté dans la charrette.

Dieu soit loué, la mère avait bu suffisamment pour être ensommeillée. Elle s'était contentée de bafouiller que la fille, trop fluette, ne serait bonne à rien et qu'on la renverrait demain. On avait soupé pauvrement d'un quignon de pain frotté d'ail et juste parfumé d'une couenne de jambon rance. La petite baissait la tête. Mais la vieille au lit, alors pardon, l'humble servante prit du poil de la bête et embaucha les deux gars.

— Me faut deux balais d' bouleau, bien durs, des cendres de bois et des pleins chaudrons d'eau chaude... Du vinaigre fort aussi. Avez-vous de la cire ?

Non, la cire, on n'avait point ça, mais, dès demain matin, on irait en demander chez le menuisier. En attendant, fallait que ça saute, et les hommes se trouvèrent à leur tour embauchés.

Il faut dire que la maison avait besoin d'un fameux récurage. Mais, à la minuit, les carrelages encore humides étaient propres comme on ne les avait jamais vus depuis leur pose, deux générations plus tôt. Les terres battues étaient balayées comme des parquets, les carreaux brillaient, les cuivres jetaient des flammes. Et les deux gars marchaient pieds nus pour ne point salir...

Le pire fut qu'au réveil, la mère Beaudouin, avant d'avoir eu le temps de donner son avis, fut traitée à la manière des carrelages. Elle n'avait jamais gâché l'eau, guère davantage pour se laver que pour boire. Au contact du torchon savonneux, elle poussa la clameur d'un écartelé à son premier tour de roue. Les deux garçons accoururent. La vieille s'étouffait dans ses « Holà ! A moi ! Holà ! Seigneur ! » Et, imperturbable, la fille astiquait :

— Faut vous laisser faire, m'âme Beaudouin, disait-elle. Ça chasserait le client d' vous voir échauffée comme ça... Laissez-moi faire, que ça va calmer vos démangeaisons d' peau !

Quand elle eut fini, Etiennette apporta une chopine juste entamée à proximité de l'infirme, qui avait bien besoin de réconfort.

A midi, ils eurent chacun une assiette placée devant eux comme dans le beau monde. Et, après une soupe onctueuse, les rognures du jambon servies dans une sauce forte qui en masquait le goût, Etiennette apporta une bouillie de mil comme jamais les trois Beaudouin n'en avaient dégusté. Il ne pouvait plus être question de renvoyer pareille cuisinière.

A travailler avec elle, les garçons furent prompts à s'enflammer. Ils s'arrangeaient pour la frôler, l'approcher. La petite ne se fâchait ni n'encourageait. Elle souriait, gentille, comme une fille qui ne connaît pas le mal. Si Beaudouin l'Aîné la serrait de près, elle disait : « Tenez, patron, cherchez-moi donc de l'eau si ça ne vous gêne pas, vos seaux sont si lourds!... » Et l'innocent filait au puits. Si le barbier frôlait son bras dont la manche de caraco était relevée et s'égarait jusqu'à la saignée du coude, elle demandait, charmeuse : « Pourriez pas, si vous plaît, me quéri une salade ? » Il toussait, se ressaisissait et courait au jardin.

Au milieu d'autres filles, ils n'auraient jamais remarqué Etiennette, mais, à la côtoyer, à la voir à l'ouvrage du matin au soir, une idée leur trottait par la tête : si la petite se montrait pareillement vaillante au lit, nom de d' là, ça valait la peine de s'en occuper de près. Et ils en avaient bien envie tous les deux.

Mais la vieille leur avait inculqué sa morale à elle, qui valait à la fois pour la famille et pour l'auberge : il ne fallait point de partage amoureux, on y risquait des jalousies et bien vite des bisbilles et des séparations. Le commerce avait besoin de leur entente. Que le meilleur gagne et que l'autre tente sa chance ailleurs.

Soumis, les deux frères décidèrent un soir de tirer la servante à la courte paille. Ce fut Emile qui gagna. Il était plus rieur, plus plaisant que l'aîné et n'avait encore pas rencontré de cruelle. Il accepta sa chance avec fatuité et grimpa, guilleret, l'escalier menant à la soupente. L'aîné en était encore à soupirer que le barbier redescendit l'escalier bien plus vite qu'il ne l'avait grimpé. Mais sur les fesses, cette fois, et en se frottant le front où une bosse énorme bleuissait déjà. Il s'excusa :

— L' pire, c'est que le broc à fleurs bleues est cassé... Ah! misère...

Pendant quelques jours, les deux frères n'osèrent même pas un effleurement. Et puis Beaudouin l'Aîné qui, lui, n'avait pas tâté du broc, tenta sa chance un soir que l'envie le tourmentait. Il monta à pas de loup, le cœur battant, prêt à risquer sa vie, comme un matou à la saison des amours... C'était bien inutile. La porte était ouverte sur la blancheur du lit et la fille attendait. Beaudouin l'Aîné n'était peut-être pas aussi plaisant que son frère, mais c'était tout de même lui l'héritier de l'auberge...

Quand on est pauvre comme Job, on peut rêver d'une maison grande et propre, de terres attenantes, de casseroles pendues autour d'un potager vaste à rôtir un bœuf, d'armoires emplies de linge et de bonnes odeurs, d'un homme rien qu'à soi. Et puis, quand on a tout cela, s'apercevoir que ce paradis-là était un mirage.

Beaudouinette avait tout eu. Plus un renom de cordon-bleu qui rayonnait bien au delà du village. Il paraissait qu'elle avait même comblé les espoirs intimes de son mari puisqu'il lui avait fait sans lésiner dix enfants en quinze ans. Mais d'avoir l'estomac trop grand, on risque indigestion et trop d'espoirs comblés vous laissent la même sensation.

Bien sûr, elle avait perdu trois enfants, deux à la naissance et ce pauvre grand pendant l'épidémie, torturé par le charlatan de Ruffec — et la perte de ses enfants laisse toujours à la mère des plaies inguérissables.

Mais le vrai mal datait d'avant cela. Il venait de ce qu'elle n'aimait plus, ne souhaitait plus, ne bataillait plus aussi ardemment qu'avant. Toutes ces choses pour quoi elle aurait remué ciel et terre ne l'intéressaient plus vraiment. Ses désirs s'étaient usés en même temps que s'alourdissait sa chair de bientôt vieille femme. Ah! elle était loin la petite servante pâlotte du marché de Lezay. Seule restait vivace, à présent, son envie d'être la meilleure aux cuisines — à chacun ses défis! Et voilà qu'on l'obligeait à se déconsidérer devant tout le monde en servant de la pomme de terre.

Pétrissant la pâte de ses tourteaux, elle sentait les larmes lui piquer les yeux... Elle plongea la main dans son tablier à la recherche d'un mouchoir; n'en trouvant pas, elle s'essuya avec le torchon farinou servant à la pâtisserie, qui lui changea le visage en masque pathétique de Pierrot.

Les enfants, depuis deux jours, couraient de maison en maison à la recherche de fromage blanc... On en manquerait, mais Etiennette avait son idée. Taratata, pour les siens et les vrais amis, point de petatou, mais bien son vrai tourteau-prunou à elle, fait avec les pruneaux savamment séchés à bonne étuve et mis vingt-quatre heures à gonfler dans du vin rouge épicé et poivré avant d'être écrasés en purée sur la pâte brisée. De couleur, c'était bien à peu près identique aux petatous. Le commun des mortels n'y verrait que du brun. Un peu réconfortée à cette idée, Beaudouinette étendit sa pâte, tout en maugréant :

— Un repas sans viande! Quelle honte! Déranger l' monde pour un repas sans viande, ça s'est encore jamais vu, une chose de même!

C'était vrai. Les repas de misère avaient lieu tous les jours, pudiquement, entre soi. Mais si on invitait le voisinage, toutes les viandes dont on pouvait disposer devaient défiler sur la table. Quitte à vider la basse-cour et le charnier, quitte à ruiner l'étable. On avait sa fierté.

— Hé, Colas! Viendras-tu au souper chez Beaudouin ? Toute la paroisse est invitée à goûter do trouff' !... C'est ceux de Beaumoreau qui paient...

Debout devant la porte d'entrée de la chambre à tissage, François Mauret, retour des champs, venait flairer le vent.

Le grand métier, celui qu'on disait à *tèle*, était monté d'une chaîne de chanvre blond où le tisserand lançait sa navette. Le battement du peigne serrant le fil rythmait le temps de trois coups sourds et réguliers. Contre le mur étaient rangés le métier *à lirette*, plus petit, les bringues qui servaient à broyer le chanvre, le travouil, minuscule moulin dont les ailes tournantes feraient les écheveaux. Puis le grand rouet, à roue démesurée, appelé bobinoir, et l'autre, le petit, bien ciré, luisant d'usure, celui de la filandière.

Le tisserand prit le temps de serrer le fil de trame d'un dernier coup de peigne, puis, la navette à la main, se redressa :

— Chez Beaudouin manger do trouff' ? Pour faire courbette en disant merci, tu veux dire ? Non, tu vois, ça n'est guère mon genre. J'ai une grosse commande, ça sera plus sain d'y travailler.

— Va y avoir du monde, Colas. La Beaudouinette a dit qu'on ne mangerait guère, mais qu'on danserait... Ta Catherine y sera, et les Demoiselles itou...

— Tu crois ça, toi ? C'est guère l'habitude de mélanger les serviettes aux torchons...

— Ben oui, pour sûr, mais là, toute la maisonnée y sera, le bancroche, la vieille, les trois demoiselles, le nègre et la négresse, la sourde-muette et le cocher : paraît qu'ils mangeront devant nous pour qu'on croie pas que c'est du poison...

Nicolas tenait toujours sa navette et regardait son ami sans le voir. Il se décida brusquement :

— On dansera, tu dis ? Alors, pourquoi pas ? Et

si la trouff' doit sauver le pauvre monde, allons, courons manger la trouff' !

Il n'y avait des assiettes et des couverts d'étain qu'à la table de Beaumoreau, où, à la demande d'Amélien, maîtres et serviteurs se trouvaient réunis. Chacun des autres invités apporterait sa cuiller et son couteau. On avait disposé sur les tables une écuellée en caillou sombre et luisant pour trois ou quatre convives. Chacun y puiserait la soupe à sa convenance, et pour la godaille, ma foi, ils la boiraient à tour de rôle. L'Etiennette n'allait tout de même pas risquer la vaisselle de l'auberge pour aussi maigre chère.

Le jour dit, tout le village était là, et il fallut transporter les tables dans la grange à baller, ajouter des planches et des tréteaux. On avait sorti les habits et les airs de cérémonie. En attendant la soupe, on se tenait en silence, gauches comme à la messe.

Enfin, Emile et Beaudouin l'Aîné arrivèrent avec un chaudron fumant et s'arrêtèrent à la tablée de Beaumoreau.

La soupe avait cuit dans deux énormes fourneaux à lessive; Anna était venue contrôler son mitonnement. Elle avait ajouté du pain taillé sur la purée liquide et, chose jamais vue chez nous où le saindoux était roi, avait versé une jatte de beurre dans chaque chaudronnée, sous le regard outré de la Beaudouinette.

Mathurine, qui se dépensait sans compter pour mettre tout le monde d'accord, avait cru bon d'expliquer :

— Quand on est point en carême, une bonne soupe doit avoir do z'œils.

Etiennette avait haussé une épaule dédaigneuse :

— L' beurre n'a jamais fait de vrais œils comme une bonne graisse... Maîs quoi voulez-vous qu'une Beurtonne connaisse à nos bons mangers d'icite? Dans lou pays, ça ne vit pour ainsi dire que de farine de sarrasin...

Quoi qu'il en soit, la soupe aux trouff', passée la première cuillerée, n'eut pas le temps de refroidir. Beaudouinette, qui regardait par la porte, n'en revenait pas.

Quand Emile et les gamins déposèrent sur les tables les platées de pommes de terre, il y eut à nouveau un peu de flottement. On prit le temps de regarder de biais à la table de Beaumoreau pour voir comment les autres s'y prenaient.

Mais, hé là, il n'aurait pas fallu croire qu'un paysan, même en ce temps-là, était moins futé qu'un autre. On mit vite le sel et le poivre en petits tas sur le bois brut des tables, on creusa les quignons de pain pour loger dans le creux le fromage mou qu'on répartissait ensuite sur la bouchée à couper; on tapotait légèrement le tubercule sur le sel et, ma foi, on trouva que le mélange de tout cela faisait un bon amalgame. Monsieur Amélien, qui surveillait le progrès des mastications, lança un des adages de son ami Bujault : « La trouff', c'est du pain à un sou le kilo! » Voilà qui donnait à réfléchir.

Nul n'osait encore affirmer bien haut une opinion favorable, mais les femmes hochaient la tête, échangeaient des signes d'étonnement, d'approbation — sûr que, mon Dieu, ça pouvait se manger...

Vinrent les tourteaux, qui paraissaient juste faits pour s'accorder avec le vin bouché qu'offrait Monsieur Amélien. On parlait fort à présent, on s'appelait, on riait. La jeunesse déjà s'ébrouait, envoyait Emile le barbier chercher son violon.

Les Poitevins ont toujours eu la réputation d'aimer la danse. La vieille race en porte le goût dans son sang depuis les Celtes et les Gaulois; le christianisme, qui s'implanta si vite et si profondément chez nous, faute de pouvoir empêcher nos sauteries, crut sage de leur donner un caractère religieux. Plus tard, redevenues profanes, elles charmèrent les rois de France. On exporta sous Louis XI deux cents de nos bergers à Plessis-lez-Tours pour distraire par leurs gambades le roi morose. De Charles IX à Louis XII, nos danses firent fureur, de la cour de France à celle d'Angleterre, et c'est le branle-du-Poitou, ou branle-à-mener, qui donna le gracieux menuet. Sans compter que dès le Moyen Age, on fabriquait près de Poitiers, à Croutelle, les plus délicats des instruments de musique. Tout cela pour dire que dans les assemblées la jeunesse n'a pas pour habitude de s'attarder au dessert.

Et déjà, chez Beaudouin, on avait repoussé contre les murs les tables et les vieux. Les sabots marquaient le rythme d'un branle que garçons et filles entonnaient à l'unisson :

Y a-t-un nid dans thiau prunai
Y'entends la mèr' qui chant'
Y a-t-un nid dans thiau prunai
Y'entends la mèr' chanter
Tra la la la la la la, tra la la la la lère
Tra la la la la la la, tra la la la la lère...

Le violon enfin prêt, les garçons enlevèrent leurs cavalières dans une envolée de cotillons de droguet.

A la table de Beaumoreau, maîtres et serviteurs réunis regardaient tourner la jeunesse. N'eût été la douleur sourde de ses genoux, Victoire, oubliant ses cheveux gris, aurait bien requis un cavalier. Phœbé, penchée en avant, le regard brillant, le rythme au fond du corps, enviait de toute évidence les petites paysannes. L'aînée, toujours à l'affût d'un plaisir pour autrui, se leva, la première danse terminée, prit sa sœur par la main et la conduisit au milieu des jeunes filles qui reprenaient leur souffle. Seulement, le cercle s'élargit instantanément, nul n'osant s'approcher, et la petite resta seule, toute droite, exposée au centre de l'arène comme une chrétienne livrée aux bêtes. Tous, plus tard, affirmèrent avoir remarqué alors sa ressemblance avec la petite sainte qui ornait l'un des murs de l'église. Un peu estompée par les moisissures de sa toile, elle portait la palme des martyrs contre la plaie béante de son cou. Nul ne savait son nom. C'était notre sainte à nous, laissée à notre dévotion par un artiste inconnu. Plus tard, bien plus tard, on cria au miracle pour cette ressemblance, mais là, dans la grange à baller des Beaudouin, personne ne pouvait encore savoir.

Et Phœbé, la lèvre tremblante, une larme au bord des cils, paraissait prête à la fuite. Autour, les couples se formaient déjà. Sans l'avoir vraiment voulu, le tisserand, tout attendri, fut près d'elle et l'entraîna dans la danse. Mademoiselle-petite retrouva ses fossettes et son sourire; légère, aérienne, elle tourna, sauta, virevolta. Après le tisserand, il y eut François et puis Louis; puis un gros garçon rougeaud un peu emprunté... A peine si les plus rustres osaient l'effleurer... Peur de la briser, eût-on dit... Mais tous étaient conquis. Un peu échevelée, rose et les yeux changés en escarboucles, Phœbé s'amusait comme jamais encore elle ne s'était amusée. Les aînées souriaient et Fidéline écrasait du doigt une larme de joie :

— Mon petit soleil, disait-elle, ze ne c'oyais pas que tu savais danser...

Vinrent les rondes. Rondes fermées, vieilles comme le monde, et qui célèbrent la continuité sans fin de l'espèce humaine, rondes ouvertes, farandoles des adieux et des derniers accords :

> T'as perdu tes gants, p'tit Jhean
> Tu n'auras p'us d' mitaines
> Ton p'tit chin qui est là-bas
> Que l'te baillera d' la laine
> Youp et youp tra la la, mes gars,
> La li lon la lère
> Youp et youp tra la la, mes gars
> La li lon la la.

— Demoiselle, s'il vous plaît...

Debout devant Aimée, point trop à l'aise pour une fois, le tisserand risquait sa chance. Tout ce long repas, il n'avait attendu que l'instant où il aurait enfin le droit de la toucher. Il ne savait ni quand ni comment cela se produirait, mais c'était comme si sa vie en dépendait. Pour y arriver, il aurait bien fait danser tour à tour la négresse, la sourde-muette et la vieille écervelée, mais Phœbé s'était montrée si simple et si douce avec tous qu'il semblait presque naturel à présent d'inviter sa sœur sans que personne n'y trouve à redire.

Personne ? Hum ! Mille-Goules enfonça un coude pointu dans les côtes matelassées de Beurdasse. Elles échangèrent un regard qui en médisait long. Ces Giroux, toujours glorieux ! Ils ne changeraient donc jamais... Celui-ci avait oublié, faut croire, l'histoire de son ancien et le pourquoi de sa fin dans le cachot du seigneur !

— Demoiselle, s'il vous plaît...

Marie-Aimée eut un léger retrait du corps. Elle

avait bien reconnu, dès le début de la soirée, ce grand garçon fier qui l'avait troublée au matin des Rameaux, et elle se méfiait de cette inexplicable émotion qui l'avait alors submergée.

Mais à nouveau leurs regards se trouvèrent, et à nouveau le temps s'abolit. Elle se leva et se laissa prendre la main. Une main fine et douce, palpitante comme un oiseau, que Nicolas tenait serrée contre sa paume, calleuse à l'endroit où frottait la navette. Pour tous les deux, il n'y avait plus que cette brûlure délicieuse qui coulait dans leurs veines, les enivrait. Entraînés dans la farandole, ils en accomplissaient tous les gestes et tous les pas, mais rien ne comptait pour eux, que leurs doigts noués. Colas pensa : « Quand elle me quittera, je mourrai. » Et il le croyait presque.

Et youp et youp et youp la la lon laire
Et avour, les drôles, bijhez vos cavalières!

Marie-Aimée vit contre le sien le visage du tisserand. Une fraction de temps, elle eut le désir violent de deux lèvres chaudes sur les siennes. Elle en fut effrayée, se détourna et, cueillant au passage l'aîné des gamins de Mathurine qui continuait ses « youp et youp » en frappant du pied, elle lui déposa un baiser claquant sur chaque joue. L'enfant, un moment éberlué, reprit ses bonds en tapant des mains : « Olé min qu' la Demoiselle a bijhé! Et youp et youp et youp la la lon laire... »

Marie-Aimée osa enfin regarder son cavalier. Elle, qui s'y connaissait en blessures, vit bien que celle-ci était grave. Nicolas, blême, la fixait avec une telle tendresse et en même temps un tel désespoir qu'elle ne put retenir le geste d'une nouvelle rencontre de sa main contre l'autre main, sans songer que cette caresse furtive l'engageait bien plus qu'un baiser commandé par la danse.

Le tisserand quitta le bal comme un qui se sauve.

— Ça serait-il déjà un méfait de la trouff'? rigolaient ses amis.

On se sépara. Tous étaient enchantés de la soirée. Et bien des années plus tard, quand la pomme de terre serait à demeure dans les jardins et sur les tables, ils en parleraient encore, eux ou leurs enfants, du souper-petatou. Et il n'y aurait même pas besoin d'enjoliver.

Un homme gisait comme un mort au pied du grand portail de Beaumoreau.

Les chevaux firent un écart dans la nuit, et Théodule, descendu pour ouvrir, chargea le corps sur son dos, mou comme une poupée de son.

A la lueur des lanternes, on vit qu'il était jeune et brûlait de fièvre. Sa main droite était emmaillotée de linges sales. On le rentra. Amélien fit allumer les lampes et déroula les chiffons. Le garçon était revenu à lui et le regardait faire, à la fois terrorisé et soumis. La main et le bras étaient enflés et noirs, l'index et le majeur rongés comme par les dents d'un animal jusqu'à la deuxième phalange, des morceaux d'os noircis pointaient; Amélien appuya légèrement sur l'enflure de la main; un pus verdâtre coula des plaies comme une lave immonde.

— Qui t'a fait cela? demanda-t-il.

Le garçon détourna les yeux, déglutit, passa une langue blanche sur ses lèvres sèches :

— Rin, dit-il, l'épine nègre... Coupez-moi le bras, y n' peux p'us durer...

Amélien savait qu'il n'en tirerait rien d'autre. L'épine noire, le terrible dard des élagueurs de palisses, était dangereuse et pouvait être parfois mortelle. Mais pas de cette façon. Et, à Melle, il avait entendu parler de deux cas semblables. Contre quoi allait-on devoir se battre, quelle lèpre prenait jour dans nos campagnes ? Le mal des ardents consumait les membres, mais autrement, pas avec cette pourriture ignoble et pas sur deux doigts, toujours à la main droite.

Brusquement, Amélien releva la lèvre supérieure du garçon. Eh oui ! les incisives supérieures manquaient, vilainement arrachées à une mâchoire par ailleurs saine... C'était bien cela : les dents qui servaient à déchirer les cartouches pendant la bataille, les doigts qui appuyaient sur la détente du fusil ! Quelle détresse pesait sur notre jeunesse pour qu'elle en vînt là afin d'échapper à la conscription ?

— Je vais te guérir, dit Amélien, du moins je l'espère. Et sois sans crainte, tu ne seras plus jamais soldat. Mais il faut me dire, il le faut, tu entends, qui t'a arrangé ainsi !

— J'ai juré sur mon âme, répondit le garçon.

La gencive éclatée, il parlait avec peine et semblait près de s'abandonner. Il ajouta faiblement :

— J'ai trop de mau, faites-moi mouri...

Amélien eut un geste désabusé. Il demanda de l'eau chaude, sortit la trousse aux instruments, releva la tête du garçon pour lui faire boire une longue gorgée d'alcool. Puis il congédia les femmes, gardant seulement avec lui Abel et Théodule.

Ce fut long, très long. Amélie priait. Victoire marchait de long en large, se souvenait des opérations de campagne, des odeurs de bivouac. Aimée et Fidéline préparaient la charpie. Soudain une clameur monta, un cri atroce qui finit en plainte d'enfant, repartit encore, vrillant les nerfs, et s'arrêta comme cassée net, l'homme probablement évanoui. Ou pire. Les femmes se signèrent.

Amélien ouvrit enfin la porte. Il était gris.

— J'ai dû amputer la main, dit-il d'une voix lasse. Mettez une couette dans ma chambre, contre mon lit. Fidéline, si tu as encore ta petite savane portative, trouve-moi dans tes herbes quelque chose pour le faire dormir...

Il ajouta pour rire, façon de se détendre les nerfs :

— Je ferais peut-être bien d'en prendre aussi...

Mais il était dit que la nuit de la trouff' serait fertile en émotions, et que tout n'était pas fini. Voilà à présent qu'on tambourinait à la porte.

C'était Mathurine, en camisole et bonnet de nuit, essoufflée, sanglotante :

— Nos d'moiselles... Monsieur... Madame... Vite, venez vite, au secours !... On m'a assassiné mon Jean... Il a la poitrine tout écrabouillée, faut que ça soye à coups de pierres... L'est tombé su' l' seuil en rentrant. Oh ! moi, mon pauvre homme ! Queu malheur ! Oh ! moi donc ! Oh ! moi !...

On se précipita à la métairie — seule Fidéline resta près du blessé. Mathurine gémissait :

— Prolongez-le au moins un peu, qu'y n' parte pas sans confession... Et qui c'est qu'a pu nous faire ça ?

A la lueur jaune de la lampe à huile, ils virent Catherine et les deux gamins serrés tous trois dans un coin, une terreur muette sculptant leurs visages. Devant eux, à même le sol, gisait leur père.

Une bouillie sanglante barbouillait la poitrine du Jean, souillant la chemise de toile blanche des grandes occasions.

Il respirait encore. Et même, on le vit soudain bouger lentement. Les enfants crièrent.

Monsieur Amélien s'approcha, entrouvrit les linges, s'engluant les doigts dans un magma violacé. Une sorte de hoquet secoua le métayer. Amélien se pencha encore, fit approcher le lumignon puis se releva.

Et alors là, dans cette pauvre lumière, devant ce moribond, regardant tour à tour les assistants effarés, le bon Monsieur Amélien partit à rire, un rire incroyable qu'on ne lui avait jamais entendu, qui le secouait et lui mettait les larmes aux yeux.

Mathurine se signa. Si le maître perdait la raison, à c't' heure, c'était signe que la pomme de terre commençait ses maléfices. Elle se demanda que faire et chercha les regards des Demoiselles.

Mais Monsieur Amélien, maintenant, toujours tordu de rire, attrapait une écuellée d'eau sur la table et en lavait la poitrine du Jean où, amalgamé à une toison blonde et frisée extraordinairement fournie, le dernier tourteau-prunou de la Beaudouinette terminait sa carrière. La vérité, c'est que l'assassiné était saoul perdu !

Dès que Jean, soigneusement arrosé et injurié par Mathurine, eut un peu repris ses esprits, on put reconstituer les faits.

Le métayer était donc resté en arrière pour aider Emile à ranger les tables. Demeuraient pas mal de bouteilles entamées. Le barbier avait appris de sa mère qu'un bon vin perd sa qualité à s'éventer. Les deux hommes avaient donc fait tout ce qu'il fallait pour éviter pareil gâchis. Soudain, Jean s'était affolé.

— Fant d' loup ! Quoi que Mathurine va dire ?

Emile avait suggéré d'une voix pâteuse :

— Té, porte l'y don' le dernier prunou, o l'amadouera !

Jean, qui titubait un peu et n'avait pas trop de deux mains libres pour stabiliser sa marche, avait enfoui le tourteau contre sa poitrine, entre peau et chemise. Mais le chemin, entre l'auberge et la métairie, était traîtreusement droit. Et la terre en profitait pour se venger du laboureur; cette grande bougresse se dérobait sous ses pas. Il tombait toujours sur le prunou. N'y a pas de honte à tomber, et le Christ, succombant sous le poids de Sa croix, avait sanctifié par avance nos pauvres chutes humaines. Mais à la bonne chaleur du corps du métayer, la marmelade se liquéfiait, les rouges prunes d'amour se regonflaient, reprenaient jus et imprégnaient la belle chemise à la manière d'un sang épais.

On ne sut jamais si les bouffissures et les couleurs d'arc-en-ciel que Jean porta une bonne semaine au visage venaient de ses chutes ou de l'explication qui dut avoir lieu au creux du biâ lit. Mais il est certain que, dans les jours qui suivirent, la soupe aux trouff' fut à la métairie assortie de pas mal de soupes à la grimace.

10

LES AMOURS D'AMÉLIE

La chambre d'Amélien sentait le désinfectant et les aromates, mais dominaient surtout les relents d'une sueur aigre de corps mal lavé. Le blessé avait eu une nuit difficile, et les plantes administrées par Fidéline avaient enfin déclenché sur le matin une transpiration abondante.

— C'est ce qui va le sauver, Manzé, disait-elle. C'est t'ès bon pou' lui, ça fait so'ti' tout le mauvais de son pauv' co'ps...

Maintenant, il dormait. Marie-Aimée, prenant la relève, ouvrit la fenêtre. Elle aspira longuement la fraîcheur de l'aube avant de coincer un battant dans la crémone de façon à diriger l'air à l'opposé du malade, puis, le front contre la vitre, face à la hêtraie, elle se prit à rêver.

Le petit matin essorait les buées de la nuit, accrochant aux basses branches une lessive de dentelles effilochées. Le soleil, de ses longs doigts d'or pâle, cherchait à écarter les nuages transparents. Une vapeur montait du sol. Il ferait beau. Et comme toujours, cette campagne sereine la mit à l'aise.

Le trouble étrange qu'elle avait éprouvé hier devant le tisserand, ce paysan, et qui l'avait laissée désemparée une partie de la nuit, reprenait à présent des proportions normales, paraissait même un peu enfantin. Elle s'était laissé émouvoir ni plus ni moins qu'une adolescente en quête d'amourette. Peut-être, après tout, était-ce normal, à son âge, sous certains regards d'homme — Fidéline prétendait qu'à cette époque, la sève au travail dans les arbres rendait peu ou prou toutes les filles folles. « C'est la loi de l'espèce pou' tout ce qui peuple la te"e », disait-elle en manière d'excuse.

L'essentiel pour Marie-Aimée était de n'y plus penser et surtout de ne pas y attacher d'importance. Elle s'approcha du blessé dont le bras emmailloté de linges reposait sur le drap. Elle regarda avec pitié les orbites largement cerclées d'encre, les cheveux collés au front, les méplats du visage en accusant l'ossature; la barbe qui bleuissait le menton le vieillissait sans doute, mais quelque chose dans la moue douloureuse, dans l'abandon du sommeil, restait de l'enfant qu'il était il n'y avait pas si longtemps. Il lui rappela l'Autre, et, de nouveau, contre sa volonté, elle se sentit émue. L'Autre et ses yeux trop clairs. Comment chantaient-ils hier soir ?

> *P'tit Jhean, tu n'as p'us de mitaines,*
> *Nos beurghères t' fileront de la laine...*

Elle sourit. Selon toute apparence, P'tit Jhean ne manquerait point de bergères prêtes à filer pour lui. Dans quelques années, le trop beau tisserand aurait épousé une fraîche fillette en sabots, et Fidéline irait mettre leurs enfants au monde. Il rencontrerait la Demoiselle par les chemins, elle vieillirait déjà — on s'use vite au service des autres — et s'étonnerait d'en avoir été ébloui. Ou bien il aurait oublié... Quelque chose pourtant subsistait, comme une meurtrissure au cœur, qui lui certifiait que l'oubli ne serait pas si facile... Il y avait cette brûlure dans sa paume, ces doigts serrés contre les siens, et ce regard si désespérément grave, comme pour exprimer ce qui de lui à elle resterait à jamais inexprimable.

Et elle ?... Elle, eh bien, elle garderait ce souvenir joli comme on garde une fleur séchée dans un coffret, puisque ce serait tout ce qu'elle connaîtrait de l'amour d'un homme. Elle aurait bien le droit, dans dix ans, dans vingt ans, de rechercher les pétales séchés et de s'attendrir au souvenir des jours où elle était jolie. Ou peut-être valait-il mieux au contraire ne rien garder, oublier très vite, effacer cette empreinte ?

Elle eut recours alors à la prière comme le font toutes les femmes en désarroi, même les incroyantes, quand elles éprouvent soudain le besoin de s'accrocher à quelque chose pour ne pas sombrer. Elle n'avait pas la foi profonde et facile d'Amélie, mais elle restait fidèle aux formules apprises. Elle aimait commencer ses journées par les mots d'offrande et d'abandon copiés par Donatienne et retrouvés dans son missel : « Mon Dieu, je vous offre mes pensées, mes paroles, mes actions, mes joies et mes souffrances pour ce jour qui commence, en union avec celles de votre Fils. Donnez-moi la grâce d'œuvrer dans la paix, par amour pour vous et celui de mon prochain. Amen ! »

Le blessé gémit. Elle s'approcha, arrangea les oreillers, d'un geste très lent essuya le front en sueur. Puis prépara la décoction d'une poudre blanche dans un verre d'eau, pour calmer la fièvre. Plus rien ne comptait que les gestes à faire pour soulager ce blessé qui souffrait.

Ce fut un peu avant le déjeuner qu'Abel rapporta de Melle, où deux fois par semaine s'arrêtait la malle-poste, au carrefour de la Colonne, la réponse de la douairière de Laurémont à la lettre de Victoire. Celle-ci en prit connaissance dans sa chambre, descendit dans un état d'extrême agitation, chipota dans son assiette une nourriture à laquelle elle faisait, en général, honneur de grand appétit.

Au dessert, n'y tenant plus et ayant vidé d'un trait son verre de vin à la manière d'un condamné qui chercherait à y puiser courage, elle attaqua :

— Amélie, j'ai à te parler... Pourrais-tu venir dans ma chambre ?

Tous se figèrent, interloqués. Mademoiselle-la-grande leva sur sa tante des yeux interrogatifs. Celle-ci, fébrile, expliquait déjà, tout en remuant de la pointe de son couteau une épluchure de pomme au fond de son assiette :

— Figurez-vous que j'ai reçu une lettre de Madame de Laurémont. Axel, son neveu, ce garçon merveilleux, si extraordinairement courtois qui avait eu des vues sur toi... Heu, que disais-je ?...

Ah! oui, qu'il ne s'était jamais consolé et aimerait reprendre vos projets... Voyons, que disais-je...?

Elle parlait vite, peu sûre du terrain mouvant où elle évoluait, comme étonnée elle-même d'avoir énoncé si surprenante nouvelle.

Amélie, un peu pâle, restait naturelle, n'eût été le léger tremblement de ses doigts sur la table. Elle dit d'une voix unie :

— Il n'y avait jamais eu de projets, ma tante. Il n'y en aura jamais. Nous ne le souhaitons ni l'un ni l'autre.

— Taratata... Tiens donc! Tu ne le souhaites pas? Quand Donatienne nous envoie ce garçon comme venu du Ciel! Quand j'ai la certitude que c'est par son intercession auprès du Très-Haut que nous avons ce miracle. Viens dans ma chambre, te dis-je. Nous devons parler raisonnablement...

Le regard moqueur de son frère l'empêchait de se concentrer. Qu'elle parlât raison était déjà comique, mais que les fils du passé puissent ainsi se renouer grâce à son intervention brouillonne paraissait incroyable.

D'un geste décidé, elle prit la carafe, se versa un dernier verre de vin et l'avala d'un trait.

Amélie, figée, fixait sans rien voir l'espace devant elle. Tout ce passé mort qui ressurgissait... Tout ce passé qu'il avait fallu effacer minute par minute pour s'en libérer. Oh! tante, tu ne peux pas savoir combien tu me fais mal... Tante, de quel droit fouilles-tu à nouveau dans un coin si secret et si douloureux de ces jours d'autrefois? On se croit morte à tout désir humain, et voilà que pour une parole maladroite, la souffrance des renoncements revient aussi vivace. On ne guérit donc jamais de cette envie de vivre, de cette soif de bonheur?

Comment disait-elle, cette sœur Marie de Jésus à qui Louis-Antoine Forgier avait confié l'éducation religieuse de ses filles ? « C'est parce que Dieu est justice, expliquait-elle, qu'Il exige de nous paiement de toute dette; c'est ainsi pour nos péchés qu'Il a livré Lui-même Son fils en holocauste. » Et quel holocauste serait nécessaire pour payer la dette de sa race à elle ? Réparer pour l'argent amassé, pour les tueries, pour tout le sang versé, les corps martyrisés, les vies gâchées, les crimes de la chair et le viol des consciences ? Les péchés de chaque jour ? Et comment payer pour cet au-delà où tant de vies misérables se sont à jamais abîmées dans le désespoir ?... Dieu juste, nous ne comprendrons jamais Ton intransigeance... Et pourtant, Tu Te dis Amour ?... Et pourtant, là, dans cette campagne poitevine, Tu me dispensais la quasi-certitude de Te rencontrer...

Il y avait eu cette saison folle — bruits de guerre, de batailles sanglantes, de révoltes, sang, charniers, et Amélie l'avait vécue comme n'importe quelle fille heureuse. La plantation était encore épargnée. Si, dans le Nord et l'Ouest, les Français ne conservaient que Le Cap et quelques autres villes, la partie espagnole de Saint-Domingue était tranquille et les mulâtres du Sud demeuraient loyaux. L'île n'avait jamais été aussi belle.

Le général Leclerc, beau-frère de Bonaparte, ne savait pas encore qu'il allait mourir et, chez Pauline Leclerc, on dansait pour oublier la guerre... Un soir de velours bleu et or, tout imprégné de la senteur des frangipaniers, Père avait amené souper à la Forgerie un charmant officier de marine, Axel de Laurémont. Il était revenu souvent... Et c'était vrai qu'une sorte de fringale de plaisirs, toute cette saison-là, avait rendu Amélie comme folle. Est-ce cela l'état second, l'euphorie merveilleuse que connaissent les femmes face à l'amour ?

Il n'y avait pas eu de serments, pas de projets précis, mais une cour charmante facilitée par tous.

Puis la fièvre jaune avait emporté Leclerc, et les bals de Pauline s'étaient estompés dans le souvenir des choses éphémères. Rochambeau avait été nommé gouverneur. Les Noirs s'étaient donné des chefs rebelles. Le nouveau général ne voulait pas d'alliance ni même de soumission. Les mulâtres devaient être exterminés et les Noirs remis en esclavage. A ces deux seules conditions, la France aurait la victoire.

Ç'avait été atroce de part et d'autre. On fusillait, on brûlait, on martyrisait, on noyait. Il y eut tant de cadavres dans la baie du Cap qu'on n'osait plus manger de poisson. On recommença comme autrefois à lancer les meutes sur la piste des nègres...

Un jour, un garçon du Cap fut amené dans la cave de l'ancien couvent des jésuites et livré aux chiens. Quel âge avait-il ? Quinze ans ? Vingt ? Les bêtes se couchèrent à ses pieds, comme jadis devant les saints martyrs. Alors un Blanc sauta dans l'arène et d'un coup de sabre éventra le garçon. L'odeur du sang et des entrailles affola les chiens ; ils le dévorèrent en s'entre-battant... Amélie l'avait appris par Axel, contant nonchalamment la chose en marchant vers la plantation. Il avait cueilli au passage une grappe odorante de pistachier et, à la fois taquin et tendre, lui en avait frôlé la joue. Et elle, Amélie, avait chassé l'horreur de son cœur pour sourire à la caresse. Non, elle n'effacerait jamais ce souvenir atroce, cette honte brûlante d'avoir souri à ce moment-là.

... Et les soldats noirs de Toussaint Louverture, de Dessalines, de Christophe, se vengeaient à leur tour, imaginant des jeux maudits. La violence toujours se nourrit de violence, et la haine de haine.

Souvent, des révoltés passaient à la plantation, palabraient avec les anciens esclaves libérés par Forgier. Ceux-ci ravitaillaient ceux-là; on buvait, on chantait et ils repartaient, chapardant un peu pour le principe. Père les ignorait volontairement. Fidéline et Théodule étaient à cette époque partis se réfugier avec Phœbé dans une retraite secrète de la savane.

C'était tant mieux, parce qu'un jour déferla sur la plantation un ramassis d'évadés de prison, de meurtriers, de marrons. Ce n'étaient pas de vrais soldats des troupes rebelles, mais tout se serait peut-être passé comme d'habitude sans ces deux marchands du Cap venus acheter le rhum.

Les barils, prêts à l'embarquement, avaient été sortis sous le hangar. Les révoltés les trouvèrent, les éventrèrent. Ils furent bientôt tous ivres... Se mirent à chanter, à danser... Les Noirs de la plantation les rejoignirent, et, parmi eux, Jérémie, l'enfant que Père avait eu de Bérénice, la Noire qu'il avait mise dans son lit à la mort de Donatienne.

L'enfant Jérémie allait avoir dix ans. A peine moins sombre que sa mère, négrillon dégourdi, sa gentillesse et sa drôlerie le faisaient choyer de tous. Il grandissait hors de toute loi et de toute discipline.

Ce soir-là, quelqu'un tendit à Jérémie une torche enflammée :

— Va jeter le feu, Jérémie, va jeter le feu ! Fais un punch !

Les Blancs s'étaient réfugiés au premier étage de la maison, sous le péristyle qui bordait la salle à manger, où achevaient de s'effondrer dans les assiettes les sorbets aux fruits de la passion. Axel était là, ainsi qu'un officier de ses amis et les deux marchands de rhum. Axel avait passé un bras sur les épaules d'Amélie, rassurant. Mais elle n'avait pas peur.

Père avait dit :
— J'interdis qu'on bouge! Faisons-nous oublier.

Les deux officiers avaient échangé un regard, sans doute convaincus que Père avait peur. Mais ce n'était pas vrai. Père n'avait jamais peur, il y avait encore en lui du sang de l'aïeul flibustier. Seulement, il aimait ses Noirs comme il aimait ses chiens, ses chevaux, sa plantation.

Jérémie jeta la torche dans un baril éventré et se sauva. Dans un ronflement énorme, il y eut un geyser de bleu, d'ocre et de rouge. Les Noirs criaient de joie. L'enfant battait des mains. Quelqu'un lui passa une autre torche enflammée; il se précipita vers la cuve centrale, riant comme un petit démon déchaîné. Tout allait sauter.

C'est alors qu'Axel de Laurémont retira sa main de l'épaule d'Amélie. Il prit son pistolet et, soigneusement, visa. Amélie le vit, s'émut de son expression d'intense jouissance. Puis elle comprit soudain, horrifiée. Déjà, là-bas, Jérémie basculait dans l'incendie, avant même, lui semblait-il, qu'Axel ait pu tirer.

Un colosse noir souleva l'enfant. Père se précipita. A ce moment-là, le feu atteignit la grande cuve et la déflagration secoua toute la plantation. Des Noirs qui dansaient furent déchiquetés. Des membres s'accrochèrent aux branches des courbarils déracinés et aux lianes pendantes de l'arbre à savonnettes. Père se relevait, les vêtements en flammes, courait éperdument de droite et de gauche, s'abîmait enfin dans le brasier. Les deux officiers étaient bons tireurs et chacun de leurs coups faisait mouche. Bientôt les survivants s'enfuirent vers la forêt. L'incendie peu à peu s'apaisa.

Au matin, Axel et son ami firent creuser une vaste fosse au fond du vallon où poussaient les jujubiers et les manguiers. Y furent ensevelis les corps déchiquetés, les restes brûlés. Combien étaient-ils ? Trente ? Cinquante ? Une balle dans le ventre, brûlé sur tout le corps, l'enfant Jérémie avait mis la nuit à mourir. De Père, on n'avait rien retrouvé.

Sévère, pâle, Axel était parfait. Mais Amélie, quand tout fut fini et qu'il s'approcha d'elle, le repoussa des deux mains. Elle n'oublierait jamais l'expression de son visage alors qu'il visait, n'oublierait jamais l'enfant Jérémie basculant dans les flammes... Elle regardait Axel avec horreur. Sans doute n'était-ce même pas sa faute à lui, puisque la guerre voulait depuis toujours que l'homme tue l'homme. Il faudrait bien que tout cela s'expie. Elle aurait voulu parler mais ne put le faire. Elle se détourna.

Il n'insista pas et s'éloigna, les épaules voûtées, dans l'allée de grands troncs calcinés.

Face à Victoire, Amélie maintenant pleurait. Sans plaintes ni sanglots. En silence et dans un dernier renoncement proche du désespoir.

Mais la tante n'en avait que faire. Elle fonçait droit au but dans un crépitement de mitraille. « Que disais-je donc ? » Tout se mélangeait : les promesses soi-disant faites à Donatienne. Le sauvetage d'une âme. L'attendrissement facile sur le sort d'un Axel qu'elle n'avait même pas connu et qu'elle imaginait consumé de regrets. Un homme qui n'avait fait, le malheureux, que se sacrifier au sauvetage de la plantation. Et cette vie de « chanoinesse » la mènerait à quoi ?... Pas même au couvent, il n'y en avait plus de convenable... Sans compter que c'était joli d'offrir au cloître une vie brisée à la première meurtrissure !... Et quel égoïsme monstrueux lui faisait enterrer ici ses deux sœurs ?

La voix bourdonnait. La tante arpentait la chambre, mêlant Dieu à l'amour, à l'abolition des cloîtres, à l'avenir des petites Forgier, à sa vieillesse à elle, à celle d'Amélien... Le devoir, la joie, le rachat... Et si pour Amélie c'était cela, le rachat ?

Mademoiselle-la-grande n'écoutait même plus, chaque mot faisait plaie, elle pensait défaillir. Elle écrasa une larme qui glissait bas sur sa joue, ramena frileusement son châle sur ses épaules, se recueillit un instant, et dit enfin de sa voix unie :

— Faites le nécessaire, ma tante, puisque vous le jugez bon. Si Axel le désire encore, il peut venir nous voir.

Cinq jours après l'amputation, on sut que le blessé était sauvé. L'opération laissait un moignon propre d'où toute infection semblait écartée. Les ganglions de l'aisselle avaient disparu et le bras, désenflé, retrouvait sous la desquamation une teinte normale.

Amélien en conçut une légitime fierté. Lui qui se bagarrait avec les charlatans, réclamant pour tous les médecins des études sérieuses et un diplôme officiel, avait contrevenu à ses propres principes. Cependant, s'il n'avait pas agi très vite, le garçon serait mort à présent.

De nouveau, il lui releva la lèvre supérieure, regarda l'extraction dentaire qui avait arraché en même temps une partie de la gencive et secoua la tête avec pitié :

— Encore quelques jours et tu pourras rentrer chez toi. Tu ne reviendras que pour les pansements. Où habites-tu ?

Le malade hésita, puis nomma une ferme au delà de Chérigné. Amélien reprit :

— Voilà. Je t'ai sauvé et ne te demande qu'une chose en échange : le nom de celui qui t'a mutilé ainsi. C'est un criminel et il a certainement fait d'autres victimes. Ceux que je ne soignerai pas à temps mourront... Ils mourront par ta faute, tu comprends ?

Paupières strictement closes, le blessé paraissait ne rien entendre. Amélien se sentit impuissant devant ce bloc de silence. Il frappa du poing avec colère sur le montant du lit :

— Tu as raison. Tais-toi, protège ce fou dangereux !... Je saurai bien apprendre qui il est, je n'ai pas besoin de toi !

Le soir, quand Fidéline entra avec une écuellée de potage, le lit était vide : l'homme avait disparu.

C'était grave. La plaie pouvait encore s'infecter ; il risquait aussi une hémorragie. Abel fut dépêché à Chérigné avec mission d'enquêter. Aucune ferme du nom donné par le blessé n'existait sur le territoire communal et bien au delà. De toute évidence, il avait voulu brouiller les pistes.

Marie-Aimée n'aimait pas questionner. Pourtant, faisant un enveloppement à une fillette atteinte de rougeole, elle attendit d'être seule avec la mère et la grand-mère de l'enfant, deux femmes raisonnables et pondérées. Elle demanda, sans avoir l'air d'y attacher d'importance :

— Savez-vous qui, dans nos campagnes, peut aider un garçon qui refuse de partir à l'armée ?

La vieille femme leva sur elle un regard apeuré et lâcha la couverture qu'elles enroulaient autour du corps de l'enfant. Sa fille devint très grave.

— Il y a bien des façons d'échapper à la loi, toutes pires les unes que les autres... C'est quelqu'un qui vous touche de près, demoiselle ?

Marie-Aimée leur fit confiance et parla du blessé. Les deux femmes gardaient le silence. Enfin, la vieille, comme à regret, conseilla :

— Il ne faut pas vous mêler de cela, demoiselle. Il y a trop de forces mauvaises contre lesquelles les honnêtes gens ne peuvent rien. Un curé peut-être, et encore pas n'importe lequel... Il n'y a plus de saints exorcistes. Faut pas chercher à savoir, demoiselle.

Les deux femmes lui avaient-elles transmis un peu de leur frayeur ? Elle raconta la chose à contrecœur à son oncle, le suppliant d'être prudent. Mais Amélien secoua la tête, railleur :

— Laisse, petite, si le diable existait, il aurait peur de moi !

Il s'en fut à la métairie. La famille était attablée, face à une chaudronnée de lard aux choux. L'homme et les enfants assis sur les bancs, Mathurine debout contre l'âtre, appuyée à la chaise à sel. Ainsi, elle restait disponible à tous et maîtresse servante de la maisonnée.

Jean coupait, sur un gros quignon de pain noir, de toutes petites bouchées de lard, piquait de la pointe du couteau une bribe de chou à même le récipient posé devant eux, et mastiquait chaque bouchée religieusement. Catherine aussi coupait le fricot sur son pain ; les deux garçons piochaient à la cuiller d'étain dans le mitan de la gamellée.

Mathurine s'approcha vivement :

— Oh ! not' maît', qu'a-t-o d'arrivé ?

Quand elle sut que ce n'était rien de grave mais que le maître voulait seulement converser, elle devint rouge de plaisir, alla prendre un linge blanc dans le cabinet, le disposa sur la table, y mit une assiette d'étain et un couvert :

— On cause mieux en mangeant, not' maît', faites-nous honneur, dit-elle en poussant vers lui le morceau de salé et sortant du garde-manger le pot de grillons encore encapuchonné dans sa graisse.

Amélien s'assit sans façon et se servit. On parla saison. On parla récolte. Et de la prochaine foire aux bœufs gras où il faudrait aller vendre les deux vieux serviteurs Brunet et Bianchet pour acheter une paire de jeunes prêts à dresser. De cette petite saloperie de taure jaune qui s'annonçait si belle, se laissait féconder et refusait de porter fruit. Faudrait s'en défaire, à perte apparemment... Une taurelière, ça n'est bon à rien... On se demande des fois si l' bon Dieu a bien mis tout en place. Ou bien si un jeteux de sort ne serait pas passé par là... Amélien sauta sur l'occasion :

— Justement, dit-il, notre blessé a disparu. Croyez-vous que quelqu'un ait pu lui vouloir du mal ? Savez-vous d'où il venait ?

Mathurine s'était levée sans répondre. Elle coupait à présent trois larges tranches de pain, les tartinait de chou bouilli, et expédiait la progéniture :

— Catherine, faut t'n' aller voir aux chèvres. Emmène les petits et sortez-moi tout ça dans la pâture que ça n'a guère mangé ce matin... Allez, vivement ! Sortez, les drôles !

Elle alla jusqu'au seuil pour s'assurer qu'ils s'éloignaient. Puis, comme à regret, regagna la chaise à sel. Jean mastiquait toujours. Aussi sourd qu'Anna, le regard vague. Amélien insista :

— Il n'est pas guéri et d'autres pourraient mourir. C'est grave. On ne peut laisser faire.

Mathurine répondit enfin :

— C'est point un drôle d'icite. On ne le connaît pas.

Amélien posa brutalement sa fourchette. Du petit homme difforme, se dégageait à présent une autorité singulière.

— C'est le troisième garçon en un mois. Deux à Melle et un ici. Ils accusent l'épine noire des palisses... mais je ne suis pas fou. A tous les trois, on a arraché les dents à déchirer les cartouches, et ce n'est pas l'épine mais je ne sais quelle saleté qui leur pourrit le bout des doigts pour les empêcher d'être soldats. Vous êtes tous responsables de vous taire !... Responsables de leur vie à jamais misérable et, qui sait ? peut-être de leur mort !

Il avait repoussé son assiette et tremblait de colère. Pour la première fois de sa vie, Mathurine se retrancha derrière la faiblesse féminine et se mit derrière son homme.

— Moi, j' sais rin de rin de tout ça... C'est point des affaires de femmes.

Jean but un fond de piquette, essuya sa bouche d'un revers de main, ferma son couteau :

— Not' maît', c'est vrai, nous ne savons rien. Du moins rien de sûr... Emile peut-être, mais il ne dira rien. C'est trop dangereux pour teurtous. Y avons deux garçons et Dieu sait ce qui les attend... Ça risque gros, un insoumis, un déserteur... Et celui qui les aide risque aussi... Mais parler de lui serait encore bien pire que de les dénoncer à la maréchaussée. Allez, monsieur Amélien, laissez faire. C'est la vie qu'est mauvaise, c'est la faute à personne !

Amélien n'en tira rien d'autre. A quoi bon voir Emile ? Il ne parlerait pas davantage, et, à l'avenir, les conscrits mourraient sans même oser venir se faire soigner. Il rentra.

Peu après, il appela Abel. Il avait déployé sur son bureau une carte de la région et cerclé d'un crayon gras le nom de certaines bourgades. Dans une sacoche, de l'argent et un peu de nourriture étaient préparés.

— Abel, prends le tilbury et la petite grise. Te

voilà sacré marchand de grains, de chevaux ou de biques, débrouille-toi. Arrête-toi aux auberges, fréquente les marchés, fais causer les filles. Je veux le nom de celui qui joue de l'affolement des familles. Ne reviens que lorsque tu sauras quelque chose.

Abel sortait déjà; le maître le rappela.

— Abel, prends le fusil... Ne t'en sers qu'en cas de risque mortel, jure !

L'autre tourna vers lui un visage transfiguré :

— Je le jure, Amélien !

Et il sortit.

11

LES ROUSONS

En moins de huit jours, toute la semence de pommes de terre fournie par Jacques Bujault fut enfouie dans le sol. On en aurait mis bien davantage si on en avait eu et si plus de jachères avaient été disponibles.

On s'était épié d'une maison à l'autre, veillant que tous soient servis à égalité. Après avoir si longtemps boudé les fameux tubercules, on en venait à les considérer comme des pépites d'or. La Beaudouinette elle-même en mettait maintenant dans sa cuisine, et on venait de loin goûter ses ragoûts — elle se sentait revivre.

Puis on se mit à trembler.

On savait évidemment de quoi le blé, l'orge, l'avoine et le seigle avaient besoin pour prospérer; dans quel champ l'une ou l'autre plante trouvait le mieux ses aises, comment elle réagissait au sel, à la sécheresse, à l'argile, au calcaire... Mais qui dirait comment allait se comporter « thio nouveau légume » ?

Et comment la vieille terre allait-elle l'accepter ? Les basses-courières savaient les difficultés rencontrées chaque printemps dans leur élevage, quand il s'agissait de faire adopter à leurs poules-couveresses (celles dont on prolongeait artificiellement la couvaison en leur faisant réchauffer un œuf de plâtre, le niau) les enfants d'une autre. Il était prudent d'avoir une meneuse sous la main pour suppléer aux déficiences de la vraie mère, soit qu'on ait à séparer des oisons, des canetons, des poussins, soit que les naissances s'échelonnent anormalement. Eh bien, le plus souvent, cette fausse mère se montrait de bonne composition, caracassait d'orgueil, toutes plumes ébouriffées, pour conduire son troupeau adoptif. Mais il arrivait aussi qu'il faille lui enlever vivement ses champis avant qu'elle ne les ait exterminés d'un bec rageur... C'est à cela qu'on pensait : et si la vieille terre de chez nous allait refuser de nourrir ce fruit qui n'était pas de ses entrailles ?

L'inquiétude des hommes était rentrée, muette. Pas celle des femmes. Elles avaient besoin d'imaginer en paroles les bienfaits d'une bonne récolte et de prévoir par le menu tout ce qui pouvait la compromettre.

Elles avaient bien compris, depuis le souper à l'auberge, que si les céréales et le gros élevage étaient des affaires d'hommes, la pomme de terre, tout comme le porc à l'engrais, les regardait, elles, puisque directement destinée à la table. Chaque ménagère savait quelle tranquillité d'esprit pouvait procurer un jambon pendu dans la cheminée, des pots de gratons alignés sur la planche fixée aux solives et enguirlandée d'un feston de saucisses sèches, des morceaux de lard dans la saumure. Alors, ajoutez-y la certitude d'avoir toujours sous la main un légume frais, vite cuit et nourrissant — que ça se garderait tout un hiver, y paraît. Finis les soucis; oubliées les coliques.

Dans l'air tiède de la saison nouvelle, il faisait bon sortir. Sur la placette de l'église, à l'ombre du tilleul, assises sur les pierres servant de base à la charpente des vieilles halles, les femmes se retrouvaient en fin d'après-midi à l'heure creuse entre les travaux de la maison et ceux de l'étable. Les unes venaient au puits communal, balançant à bout de bras le seau ou la cruche de grès. Celles qui avaient l'eau dans leur cour et en tiraient vanité traînaient une chèvre, histoire de ne pas venir les bras ballants.

D'autres, nombreuses, arrivaient la faucille à la main, un paquet d'orties roulé dans un baluchon de grosse toile accroché sur le dos. L'ortie, c'était le régal de la volaille. On s'asseyait à terre, on écartait les toiles posées entre les jambes en ciseaux et, tige par tige, partant de la racine jusqu'à l'épi de tête, on arrachait les feuilles d'un geste prompt, sans souci des piqûres. Puis, la main brûlante mais serrée sur une poignée d'herbe tendre, d'un couteau bien aiguisé, on hachait la verdure à la façon d'un farci pour humains. En repartant, on laisserait les tiges dépouillées à qui voudrait les prendre pour engrais; le hachis d'orties, à nouveau enfermé dans le tissu rêche, n'aurait plus qu'à être mélangé au son et au lait écrémé pour donner le mainzi, mi-nourriture complète, mi-médicament contre tout rachitisme animal. Et qu'aucun mari n'aille prétendre que sa malaisée ne soit venue là que pour jacasser; les pauvres mains gonflées, gercées, brûlantes, témoigneraient du contraire.

Mathurine elle-même délaissait en ces jours la cuisine de Beaumoreau. D'abord Monsieur Amélien devenait bien curieux avec ses insoumis; on a beau se surveiller, la langue est preste et une parole de trop s'échappe vite. Mais surtout, le plaisir était encore plus intense à la fontaine. Elle prenait donc sa brocherie, une chausse de laine filée montée en rond sur quatre aiguilles d'acier, et tricotait en marchant, lentement, à la manière des bergères laborieuses menant leur troupeau. Ce tricot classait ainsi quelques commères aisées, trop paysannes pour rester inactives, déjà trop embourgeoisées pour couper le mainzi en public.

Et la vie avait en ces jours un chatoiement de couleurs inimaginables pour celles qui vivent en sauvages entre leurs quatre murs. On partageait fraternellement les ragots et les derniers secrets des trouff' :

— Y paraîtrait qu'à la récolte, quand t'écartes la terre autour de la tige, tu trouves comme un nid de gros œufs jaunes à touche-touche!

— Moi, y me suis laissé dire qu'o l'était comme un nid de fourmis qu'auraient pondu là do larves blanches grosses comme le poing...

— Voui, mais nous ne les tenons pas 'core, nos trouff'... Faut que la terre soit convenante... Faut aussi un temps qui s'y prête!

— Avez-vous songé aux mulots, les femmes? Vous pensez si ça va les attirer, un bon manger de même à leur portée!

Un vent de panique soufflait sur la place. Une prière fervente montait silencieusement vers le ciel : « Ô doux Jésus, gardez-nous du péché si vous y tenez tellement. Mais gardez surtout nos pommes de terre de la sécheresse, du trop mouillé et de la voracité des mulots... »

Le vendredi, Marie-do-serdines rejoignait les autres, poussant devant elle sa brouette putride, annoncée de loin par des effluves de marée avancée. La tournée hebdomadaire se terminait là et elle n'aurait pu être décemment prolongée. Les sardines restantes égouttaient sur les fougères fanées un sang noirâtre mélangé de sel fondu, et les moules, figées en un dernier spasme, béaient sur leurs entrailles fades.

Marie s'arrêtait sous le tilleul :

« Si quéqu'unes voulont un souper à bon compte, y va leur faire un prix... »

Ne trouvant pas d'échos à son offre alléchante, la Marie-do-serdines dénouait le foulard de tête destiné à préserver son coiffis des chiures des mouches qu'elle traînait après elle, l'étendait délicatement sur ses caissettes d'invendus, les bordait maternellement comme elle aurait fait pour un enfant fragile :

« A thio temps, o tournerait d'un rien!... »

Puis, rassurée sur l'essentiel, elle entrait de plain-pied dans le débat. Elle apportait toujours un joli ramassis de commérages, mais, en ces jours-ci, le ragot laissait le pas aux soucis d'intérêts. Ne croyait-on pas, demanda-t-elle, que cette trouff' à tout va allait faire péricliter son commerce ? On la rassura. Beurdasse affirma tenir d'un sien cousin, retour des Sables, qu'un aubergiste de là-bas cuisinait une morue sautée à l'ail et aux trouff' qui lui amenait force clients... Le cousin avait même ajouté qu'au rythme où ça se mangeait, les morutiers risquaient sous peu de manquer de morues...

— Et merde, dit Marie-do-serdines. Doucement, doucement, mes belles... O faudrait tout de même pas tomber dans le contraire, et que la marchandise des ports de pêche n'arrive plus jusqu'ici !

Ah ! les bonnes heures !

On était à cinq jours de l'Ascension. Marie-Maréchaude, toujours nostalgique des fastes liturgiques de naguère, soupira :

— Ah, si seulement on avait 'core les Rousons, on serait tout de même plus tranquilles !

— C'est quoi, les Rousons ? demanda une jeunesse.

Mathurine eut un hochement de tête incrédule et désolé :

— Faut-il que nous soyons peu de chose et que le temps efface donc vite le passé ! Voilà qu'on ne connaît même plus la religion.

Les anciennes expliquèrent à ces moitié païennes que les Rousons, patois de Rogations, étaient les processions qui avaient lieu aux matins des trois journées précédant l'Ascension, sur tout le territoire d'une paroisse. Le curé, en grand apparat, bénissait les champs, demandait « la sérénité de l'air et la fécondité de la terre ». Le premier jour était pour les foins, le lendemain pour les moissons, le troisième pour les vendanges. Forcément, la trouff' n'était pas nommée, puisqu'elle n'existait pas ; mais elle était comprise dans l'essentiel.

— Avec un bon curé, termina Mathurine, on avait la quasi-certitude d'une bonne récolte !

Les femmes rêvaient, le regard loin. Elles se rendaient subitement compte combien la Révolution avait été criminelle d'abolir ces bénédictions. Que pouvaient bien faire aux pauvres gens de Tillou la prise de la Bastille, la Déclaration des droits de l'homme, la création du système métrique et autres futilités de mâles sans ouvrage... On ne se rendait donc pas compte à Paris que c'était autrement grave d'indisposer le Ciel jusqu'à compromettre une récolte ? Grands flandrins de gouvernementaux, va !... Fallait-il que les femmes de la capitale soient des guère courageuses aussi, pour les laisser faire leurs bêtises sans les mettre au pas !...

Fanette, la bru des Martinet, qui n'avait même pas reçu le baptême, était la plus acharnée à demander des prières publiques, à présent qu'elle avait mis au monde une bouche de plus à nourrir :

— Faut forcer le curé à nous faire la procession, comme aut'fois !

Et pourquoi pas ? Le tout était d'y songer. Bien sûr, ce pauvre petit vieux prêtre, pâlot et mal nourri, ne présentait point trop bien, mais puisque c'était celui-là qui leur avait été désigné, faudrait bien s'en contenter. On l'avait sous la main, autant qu'il serve à quelque chose.

Marie-Maréchaude, Mathurine et la vieille Mélanie furent déléguées au presbytère parce que jugées les plus aptes à discuter religion.

Le vieil abbé était dans son jardin en train d'écheniller un rosier de Bengale aux feuilles chlorosées et aux boutons mort-nés, ce qui laissait mal présager de son crédit auprès du Grand Maître des cultures.

Il eut bien du mal à comprendre ce qu'on voulait de lui et se retrancha dans la légalité : les processions avaient été interdites. Tout au plus pourrait-on en faire une à l'intérieur de l'église.

— L'église ! L'église !... Ce sont les champs, m'sieur l' curé, qui ont besoin de votre bénédiction ! Pas l'église !

Le pauvre homme avait connu l'exil, la faim, le froid des prisons, la fuite de cachette en cachette, et la peur de la guillotine ne l'avait jamais quitté.

Il s'entêtait, ne voulait pas d'histoires avec la municipalité.

— La municipalité, c'est nous! affirma avec grande conviction Marie-Maréchaude... Faudrait voir qu'y ait seulement un homme qui renâcle!

Mélanie, la plus subtile, comprit la frayeur de l'abbé et résolut d'en profiter. Elle courut chercher le gros des troupes. Toutes se levèrent sans une hésitation, posant, qui son seau, qui sa brocherie, qui son coutiâ sur le hachis d'orties, déboulant en troupeau dans le jardinet, acculant le saint homme dans les sureaux. Mollement, il essaya à nouveau de brandir le spectre de la légalité. On lui coupa vigoureusement la parole :

— La légalité, m'sieur l' curé, tant qu'on reste chez nous, c'est nous autres que ça regarde... On vous demande pas de bénir les champs des voisins... On exige notre droit, c'est tout!

Le malheureux eut un souvenir affolé pour les tricoteuses qui prenaient part aux délibérations des Comités de salut public et se bousculaient, égrillardes, au premier rang lors des exécutions capitales... A ce moment-là, ces mégères niaient Dieu; aujourd'hui, elles exigeaient un culte à leur idée. Ah! que ses supérieurs avaient donc eu raison de mettre leurs moinillons en garde contre les femelles humaines!

Il abdiqua.

On ferait les premières Rogations lundi à huit heures, qu'il neige, vente, pleuve ou fasse torride. Mais ces dames prépareraient tout. Lui n'avait pas encore fait l'inventaire des richesses paroissiales dédaignées par les avidités républicaines. Il ne savait rien de ce qui restait des ornements et des bannières... Qu'elles prévoient tout... Il leur abandonna les clefs de la sacristie, et, ratatiné de frayeur, disparut dans sa cure, sans presque ouvrir la porte.

Marie-Maréchaude tenait les petites clefs rouillées au creux de sa main, comme si c'étaient celles de saint Pierre. Tous papotages et travaux abandonnés, les femmes entrèrent à l'église en se bousculant, se signèrent au bénitier dans une généreuse aspersion collective, esquissèrent une génuflexion devant le tabernacle et entrèrent, le cœur battant — Barbe-Bleue n'était pas loin — dans la sacristie aux multiples placards.

Las! Les richesses du Bon Dieu s'étaient détériorées au même rythme que celles des humains. Il fallut fourbir la croix d'argent, le bénitier, l'encensoir, chercher les soutanes d'enfants de chœur, l'étole du curé. Et enfin, surtout, les bannières. On les trouva coincées entre deux balais quasiment chauves. Celle de la Vierge était en assez bon état, n'eût été le vert-de-gris qui mangeait les ors. Mais celles de saint Fiacre et d'une sainte inconnue, dite la Sainte-aux-Rats, tombèrent en poussière au premier mouvement. Mites, souris et rats, justement, avaient causé des ravages irréparables.

Les campagnols, ou mulots, avaient été, de tous temps, la terreur du Poitou. Leurs invasions revenaient périodiquement. Tous n'étaient pas d'accord sur ce qui en favorisait le pullulement. On savait que c'était un astre, mais quant à savoir lequel, les avis étaient partagés. Les uns affirmaient que les périodes d'intense rayonnement solaire exacerbaient l'instinct de reproduction du campagnol et décuplaient les portées. D'autres étaient persuadés que certaines lunes les fécondaient tout simplement, des lunes pleines et blafardes que les initiés savaient reconnaître sans pouvoir intervenir — « encore heureux, affirmaient-ils, que leurs femmes en soient jusqu'ici préservées ».

En certaines provinces avoisinantes, on promenait des reliques qui avaient soi-disant fait leurs preuves. En pays mellois, de par leur ascendance païenne et leur propre attirance, les habitants préféraient la Conjuration. Elle venait directement du Moyen Age où quelques couvents la fournissaient, écrite en un latin approximatif, avec encre spéciale, sur un morceau de parchemin. Les incantations venaient certainement d'encore plus loin puisqu'elles s'adressaient à la Mère des Dieux. Mais, en toute bonne foi, les chrétiens avaient depuis longtemps assimilé la Déesse-Mère à la Vierge Marie et lui faisaient confiance pour chasser les mulots des territoires infestés. Et on affirmait que, toujours, à l'approche du parchemin, le sale petit rongeur décampait pour aller benoîtement creuser ses galeries chez les incroyants. Ceux-ci, espérant les noyer, mettaient alors au ras du sol des récipients remplis d'eau, moyen rudimentaire de pauvres gens bornés et, ajoutaient ceux qui pratiquaient la Conjuration, parfaitement inefficace.

La bannière aux rats était inutilisable. Voilà bien encore un bienfait de la Révolution ! Mais, merci Seigneur, le parchemin était encore là. Durci, écorné, déchiqueté. L'encre des implorations s'était en grande partie effacée. Seulement, de toute évidence, le pouvoir résidait dans ce petit rectangle de cuir durci que les anciens, et les anciens de ces anciens, avaient brandi à chaque entrée de champ.

Léonie-Mille-Goules, en tant que lingère adroite en fines couseries, fut chargée de récupérer la Conjuration sur la soie défunte de la bannière primitive et de la recoudre sur celle de la Vierge.

Elle y eut bien du mérite. Mais à condition qu'il n'y ait pas trop de vent et que la porteuse manipulé son étendard avec précaution, on pouvait espérer que ça tiendrait au moins le temps de la procession.

Restait, justement, à élire la porteuse. Pour être agissante, disait-on, la Conjuration devait être tenue par une fille nubile, mais pucelle. Et ça, pour en avoir la certitude! Toutes les mères présentes étaient prêtes à subir l'épreuve du feu, tant elles étaient sûres de la vertu de leurs filles — comme si les mères n'étaient pas toujours les dernières avisées de ce qui se passait à l'ombre des palisses...

Mathurine offrit sa fille. Doux Jésus! Catherine, avec ses rondeurs provocantes et ses yeux hardis à la perdition de son âme, n'inspirait guère confiance. On répondit que la famille serait déjà représentée par deux enfants de chœur.

Après beaucoup de paroles et quelques silences qui en disaient long, on finit par se mettre d'accord sur Justine, la fille, si peu gâtée par la nature, de Mille-Goules. D'abord, elle était la plus grande de la paroisse. Les mulots verraient la bannière de loin. Pour le reste, évidemment, on ne pouvait jurer de l'honneur d'autrui, mais du moins, si on s'en référait aux apparences, il semblait peu probable que celle-ci eût jamais encore suscité de ces passions où les filles perdent le cœur, la tête et la vertu.

Sancte Joannes Baptista, ora pro nobis
Sancte Petre, ora pro nobis
Sancte Paule, ora pro nobis
Omnes sancti Patriarcha et Prophetae,
*   Orate pro nobis*

La procession s'échelonnait du départ de l'église aux petits chemins bordant le territoire de la commune, de façon à bien tout contourner et tout bénir : du chemin de Paizay-le-Tort à celui de Luché, du chemin des Vaux à celui de Sompt. Le long cortège coloré où les coiffes de mousseline mettaient une blancheur d'innocence s'étirait au rythme des litanies des saints. En avant, les belles voix de basse des hommes, un peu rocailleuses comme elles le restent chez nous; en arrière, le filet aigu des femmes vibrait en accord avec l'air acide et le matin frisquet.

C'est Julien, le sacristain-fossoyeur passé grand maître de cérémonie, qui menait et donnait l'allure. La croix d'argent était coincée dans une large bande de cuir ceignant sa blouse bleue, et il la maintenait haute et droite, de ses deux mains. Chaque famille, la veille, lui avait adressé sa requête :

— Songe à bien nommer nos champs au moment de la bénédiction. On t'en sera reconnaissant à la récolte.

Il acquiesçait, mais les recommandations étaient inutiles. Julien connaissait chaque boisselée, chaque pouce du territoire communal, ses noms et ses appartenances. Des genêts de Lusseray aux Châteliers, de la Bassée-aux-Loups à Chantageasse, de Pied-Mou à la Grand-Borne, chaque petit terrain évoquait pour lui, en même temps que le lieu, un visage familier penché vers le sol pour le travailler.

Le curé suivait, tout menu, tout vieux, tout trottinant, flanqué des deux garçons de Mathurine portant, l'un le bénitier, l'autre l'encensoir.

Beaumoreau avait prêté son grand char des

moissons et les deux vieux bœufs placides que rien ne pouvait plus émouvoir. Sur les ridelles, peintes d'un bleu cru, on avait posé des planches en bancs improvisés où s'entassaient les anciens de la paroisse. Les filles et les brus, la veille, avaient interrogé : « Vous voudriez-t-y pas, pépé ou mémé, profiter de pareille occasion pour visiter une dernière fois not' bien ? »

Et tous ceux qui en étaient capables avaient accepté avec empressement. Ils s'étaient tassés, bien serrés, pour résister aux cahots des sentiers à ornières; les vieilles, encapuchonnées dans leurs mantes noires, chuintaient leur rosaire à travers leurs gencives édentées; les vieux se tenaient roides, les mains accrochées au bâton d'épine calé entre leurs genoux tremblants.

Et tous avaient, sous un air impassible, le cœur chaviré à l'approche de ce dernier rendez-vous d'amour. « J' vas donc te revoir encore une fois, ma grande mâtine de terre !... Tu m'as usé, tu m'as pris toutes mes forces à t'avoir tant voulue, tant aimée, tant caressée... C'est tout de même toi, ma bougresse, qui vas me faire ma dernière grande joie an'hui... A condition, core, que les drôles aient su te conduire et t'ensemencer à mon idée... Pas comme j'aurais su faire, pour sûr, mais fallait bien passer la main... »

Madeleine-Beurdasse avait offert son petit attelage personnel afin d'y entasser les enfants aux jambes trop courtes pour suivre le cortège et qu'on ne pouvait laisser seuls au logis. Une carriole pimpante, attelée d'un gros baudet bouraillou susceptible et braillard, camouflé presque jusqu'aux sabots sous ses plaques de longs poils crottés; imprévisiblement, on l'appelait Bijou. Etant donné la cargaison, Madeleine ne s'était pas sentie de force à mater elle-même les sautes d'humeur du bouraillou. Elle avait confié les rênes à son Victor de fils, avec le mode d'emploi :

— Tiens-le ferme sans jamais donner de ballant. L'est vicieux à ne pas croire... T'as qu'à te guider su' la bannière à Justine.

Les deux mères amies, d'une entente tacite, pensaient à un bon mariage, assorti de biens, pour ces deux-là, Victor et Justine.

Malheureusement, Catherine marchait devant Bijou, portant sur un coussin de soie un médaillon doré où dormaient quelques fragments d'os desséchés. Nul ne savait de qui et d'où provenaient ces reliques. Les femmes les avaient retrouvées dans l'inventaire de la sacristie; autant qu'elles servent à présent.

Et Victor, en vérité, préférait regarder l'accorte Catherine. Les litanies des saints ne l'atteignaient plus qu'à travers le flou d'un profil, le mouvement souple d'une hanche, le coup de vent qui plaquait le cotillon sur les formes avenantes. Dommage que cette fille-là ait toujours repoussé ses avances !

Ut nobis parcas, te rogamus audi nos
Ut nobis indulgeas, te rogamus audi nos.

Julien choisissait les endroits stratégiques, soit à un carrefour de chemins, soit à une entrée de champ bien ouverte sur la campagne d'alentour. Il s'avançait, seul, brandissant la croix, et, d'une voix forte, implorait :

— Pour les Chirons, pour la Croix-Perrine, pour le Trou d'Osier, pour le Vieux-Châgne, Seigneur, nous t'implorons, rends nos terres fécondes et bénis nos récoltes.

— Amen ! répondaient toutes les voix en un grondement d'orage.

Monsieur le curé s'approchait alors, drapé dans

sa chape violette, et d'un goupillon généreux aspergeait les quatre points cardinaux. Un gamin balançait deux ou trois fois l'encensoir pour activer la combustion, puis le lui passait. La fumée odorante se mêlait aux émanations de la terre humide, des aubépines fanées et des verdures chauffées par le soleil montant.

Le cortège se reformait. Les pieds enfonçaient dans les mousses des talus; un merle sautillait, prenait le temps de regarder, tête inclinée, avant de s'envoler, une tourterelle roucoulait dans le sombre d'un fourré ou un cul-blanc détalait. L'occasion pour l'un ou l'autre des priants de repérer l'endroit, la bouche en oraison mais la tête en braconne — deux ou trois collets à poser là un soir, personne n'en saurait rien.

Parfois, de l'équipage des anciens, une voix chevrotante quémandait :

— Dis-moi, mon gars Jean, pourrais-tu mener la charrette de façon que je voie 'core une fois mon lopin? Essaye donc...

Une larme, joie et regrets mêlés, coulait dans les rides, mais le vieux visage de cuir tanné restait impassible.

Et les champs défilaient. Tout petits. Deux ou trois boisselées le plus souvent, mais amoureusement enclos de pierres sèches ou de hautes palisses, engraissés de sueurs humaines, sanctifiés du labeur de plusieurs générations.

Parfois, une entrée — la charre — en signalait l'ouverture par deux longues pierres plates, debout à la manière des menhirs, et là depuis des temps immémoriaux. Qui les avait dressées? Des Celtes? Des Gaulois? Les esclaves d'un pagus romain? Des serviteurs de Clotaire le Mérovingien qui avait son château royal à Javarzay, tout à côté?

Il arrivait que le calcaire, poli, comme vernissé par les intempéries, porte quelque symbole rustique à demi effacé. Ces bornes-là avaient vu défiler les envahisseurs maures, les compagnies de Du Guesclin qui rasèrent les tours du logis seigneurial, les hordes du Prince Noir dont le nom sème encore l'effroi, les combattants de Coligny et les amis de la Médicis. Ceux qui processionnaient ce jour les rejoindraient dans l'oubli et les enfants de leurs enfants aussi, que les pierres seraient encore debout, sentinelles tranquilles, à veiller sur les champs.

A dix heures, quand les jambes devinrent lourdes, on amorça le retour. D'autant qu'une bourrasque d'ouest fouettait sur le cortège un nuage à giboulées.

Sur Mal-Dolent, le cortège passa devant la maison du tisserand. Il sortit sur son seuil, ne se signa point, le mécréant, mais, en garçon bien éduqué, leva son chapeau à larges bords. A vrai dire, son regard fouillait les rangs des femmes à la recherche de quelqu'un. Vainement. Marie-Aimée était restée auprès de l'oncle en proie à ses douleurs et privé d'Abel depuis bientôt une semaine. Catherine leva vers lui un visage mutin et cligna de l'œil par-dessus ses reliques. Un peu narquois, il répondit de même, sous le regard courroucé de Mathurine qui en perdit le fil de ses invocations.

On avait beau hâter le pas, de grosses gouttes froides rattrapèrent la procession. On courut jusqu'au petit bois d'aulnes qui jouxtait la rivière. Il n'avait pas précisément bonne réputation, mais l'eau bénite le purifierait. L'essentiel étant de mettre à l'abri la charrette bleue, la cargaison de Bijou, la bannière aux rats et les coiffes du dimanche — le plus précieux, c'est toujours le plus fragile.

La giboulée s'en fut comme elle était venue. On s'ébroua. Les uns en firent un signe bénéfique : selon toute apparence, on n'aurait pas à trop souffrir de la sécheresse.

A présent, le cortège s'effilochait. La fatigue et la faim se faisaient sentir. Une à une, les femmes s'éclipsaient à la vue de leur logis.

Juste avant la dislocation finale, il y eut encore un moment d'émotion. On croisa le tilbury de Beaumoreau mené par Monsieur Abel, qui se découvrit et s'arrêta pour laisser passer le cortège, puis de la mèche du fouet caressa la croupe de la petite jument. Pas assez vite cependant pour que de troublantes émanations n'atteignent Bijou. Dans un braiment à ébranler les campagnes d'alentour, le baudet fit volte-face et partit à tombeau ouvert dans le sillage de la jument grise. Victor jurait et tirait en vain sur les rênes; derrière, les drôles avaient tous plus ou moins chaviré, jambes et bras mêlés, larmes, rires et cris. Les mères levaient vers le ciel des bras désespérés et glapissaient hystériquement.

Enfin le portail de Beaumoreau arrêta le galant. On y vit bien le doigt de Dieu : Beaumoreau protégeait.

Pour le lendemain et le surlendemain, deuxième et troisième journées des Rousons, on décida que Monsieur le curé, s'il pouvait encore marcher, ferait seulement avec les volontaires le tour de son église. C'était ce qu'il avait proposé au début, on lui accordait cette satisfaction.

Mais pour les récoltes, on se sentait paré.

12

L'HOMME-AUX-POUVOIRS

Ce printemps pluvieux et tiède avait de traîtresses soirées. Il suffisait qu'un nuage cache le soleil, qu'un friselis de vent d'est chante dans les feuilles neuves, et la température tombait d'un coup. Sans doute Amélien avait-il eu froid : ses douleurs l'avaient repris. De chaque articulation, la souffrance irradiait par ondes brutales, lui creusant le visage, lui couvrant le front de sueur. Il ne se plaignait pas. Toujours si attentif à soulager les autres, il témoignait vis-à-vis de lui-même d'un étrange détachement. Fidéline et Marie-Aimée traînaient dans la chambre, désemparées, attendant des instructions qu'il ne donnait pas.

La procession en faveur des récoltes devait être sur le point de prendre fin. Si Amélie rentrait, peut-être l'oncle, toujours sensible à sa douceur silencieuse, accepterait-il d'indiquer quelques soins. Mais Amélie elle-même, en ces jours, paraissait hantée par sa propre détresse.

Abel frappa à la porte d'Amélien et entra aussitôt. Il avait à peine pris le temps de bouchonner la petite grise et de secouer la poussière des mauvais chemins. Il paraissait inquiet.

Il s'approcha du lit, oubliant pour une fois ses airs compassés :

— Là, voilà ce que vous avez gagné à ne jamais vouloir vous reposer !... J'aurais dû m'en douter, le printemps et l'automne vous sont saisons néfastes. Je n'aurais pas dû vous laisser cinq jours d'affilée. Et de toute façon, ce voyage, nous n'aurions point dû l'entreprendre...

Il paraissait si mystérieux, si troublé, que les deux femmes sortirent. Il rappela seulement Fidéline pour lui demander une cuvette d'eau très chaude. Puis il prit dans le placard un flacon d'embrocation et releva les draps sur le corps perclus. De ses mains nerveuses, habituées à mener les chevaux, il massait longuement les muscles crispés, puis les enveloppait de feuilles de laurier-cerise et de compresses fumantes. De désagréables relents de laudanum se mêlaient aux effluves camphrés et au parfum d'amande amère. Déjà Amélien paraissait se dénouer. Il sourit :

— Une belle crise, cette fois-ci... Il était temps que tu reviennes, tu me manquais ! Alors, ce voyage ? Assieds-toi, à présent, et raconte.

Mais Abel n'était pas pressé de parler. Il prit le temps de tout ranger, puis, debout au pied du lit, parut faire un tri dans sa mémoire des choses bonnes à dire et de celles à garder. Quand enfin il répondit, ce fut comme à regret :

— Oui, j'ai trouvé... Mais...

Il conta comment il s'était présenté, dans les auberges, pour ce qu'il était, c'est-à-dire un Normand. Il prétendait prospecter la région pour son commerce de grains et fourrages puisque chez lui les réquisitions raflaient tout. Il disait aussi qu'il avait un fils en âge de partir soldat, et qu'il aimerait bien connaître un moyen d'empêcher ça. Il avait calculé que le refus de la conscription et des réquisitions lui attirerait les sympathies :

— Mais pour être méfiants, ils sont méfiants, vos Poitevins ! Dès que je parlais de conscription, ils devenaient muets comme Anna et me laissaient tout seul avec le pichet juste entamé... Les plus bavards, ou ceux qui avaient le plus soif, me conseillaient de me payer un remplaçant. Et ils essayaient, l'air de rien, de me tirer les vers du nez... Et pourquoi je ne cherchais pas dans mon pays ? Et est-ce que les Normands entre eux ne se serraient pas les coudes ? Je n'avais donc ni amis ni relations pour m'aider ?

Finalement, Abel avait entrepris un colporteur un peu ivrogne, l'avait trimbalé, lui et sa pacotille, dans le tilbury de Madame Victoire, lui avait offert à boire et à manger, avait triché pour le laisser gagner aux cartes... Tout ça pour apprendre le nom d'une femme, une aubergiste, dont le fils était mort lui aussi d'une sorte de gangrène plutôt que d'aller à l'armée.

— Alors ? pressa Amélien.

Monsieur Abel prit un air embarrassé, regarda ses pieds, puis se décida. L'aubergiste, dit-il, était veuve, et plutôt avenante, restée assez jeune pour que l'envie de l'homme lui revienne parfois... Il était passé au bon moment, voilà tout... Mais il n'avait pas eu à jouer la comédie, et cela s'était fait sans simagrées...

Amélien avala un sourire, tant l'honorable Monsieur Abel paraissait penaud :

— A-t-elle parlé, au moins ? demanda-t-il. Pourquoi ne voulait-elle pas que son fils parte ?

— Ils ont tous peur, monsieur Amélien, peur de la guerre, peur de Napoléon. Ils l'appellent l'Ogre... La peur, vous savez ce que c'est, ça grossit comme une nuée d'orage. On ferait n'importe quoi pour y échapper. Les mères sont les pires. Ces folles tueraient leur fils de leurs propres mains... Pourvu que ce soit dans leur giron, à la maison, la mort ne leur fait pas peur... Mais le champ de bataille !

Abel dit comment, dans certaines familles, on rationnait les petits pour qu'ils n'atteignent jamais la taille réglementaire, devenant des tiots rachitiques et scrofuleux... Ailleurs, on faisait marcher les garçons jambes et pieds nus dans les herbes coupantes des marais, puis on les frictionnait avec de l'herbe à ulcères... Ils ne s'en remettaient jamais... Et il y avait pire encore. Ceux qui se faisaient enfermer dans un four chaud sitôt le pain tiré. Ils en sortaient les poumons brûlés, crachant le sang. Si on leur disait qu'ils en mourraient assurément, alors qu'à la guerre chacun court sa chance, ils vous regardaient sans vous croire, comme si vous étiez un recruteur... Et le pire était que ces femmes pleurnichaient qu'au moins leurs drôles mouraient à leur place, en terre d'anciens... Elles en étaient aussi fières que celles qui clamaient avoir offert leur fils à la patrie...

— Seulement, conclut amèrement Abel, personne ne revient dire si le paradis est le même pour les deux...

— Et qu'est-il arrivé au fils de ta... de ton aubergiste ?

— Elle voulait acheter un remplaçant, mais elle avait peur des attrape-nigauds. On dit que si le remplaçant tombe malade en arrivant au régiment, on le renvoie d'où il vient et on fait chercher l'appelé, celui qui a payé, et qui doit tout de même partir...

— Alors ?

Alors, elle l'avait emmené chez l'envoûteur. L'homme-aux-pouvoirs, disait-on. Elle pensait qu'il s'agirait d'un tour de passe-passe magique pour brouiller ceux du recrutement. En vérité, l'envoûteur avait arraché au garçon les deux dents à déchirer les cartouches et lui avait enfoncé de l'épine noire dans les deux doigts qui servent au fusil... Trois jours plus tard, le feu était en lui, il était pris de fièvre, de maux de tête, de crampes...

Il était possédé. Le corps arqué et raide comme du bois, ne touchant le lit que de la tête et des talons...

Amélien connaissait les symptômes — les mêmes que ceux du mal de bouche des nouveaunés de Saint-Domingue — mais négligea de donner des explications à Abel, tant il était impatient de connaître la suite :

— Sais-tu comment s'y prend ton homme-aux-pouvoirs ?

— J'ai demandé. Au début, elle ne voulait pas le dire. J'ai quand même fini par savoir... L'homme commence par façonner une poupée de feuilles de maïs, comme on en fait aux petits pour les distraire. Puis il tire d'un bocal de verre une épine noire, mise à tremper dans un liquide épais, avec des vers de terre. Il la pique au bout de la feuille qui figure le bras. Alors il incise les deux doigts maudits du garçon, fait couler quelques gouttes de sang dans le bocal, enfonce une épine dans chaque plaie et fait tremper les doigts dans le bocal en récitant des prières. Ensuite, il entoure les doigts de feuilles de viorne écrasées... C'est seulement après qu'il arrache les dents...

En quelques jours, chair et os mêlés en une même décomposition, les phalanges tombaient comme brûlées au feu de Satan, le visage se paralysait. C'était le commencement de la fin. Et nul n'allait se plaindre aux gendarmes...

— Où habite-t-il ? demanda Amélien.

Le regard d'Abel se déroba soudain :

— Je ne sais pas au juste... Sans doute au fin fond de ces pays mouillés où personne ne va sans y être obligé...

La voix d'Amélien se fit sévère :

— Abel, dis-moi la vérité.

— La vérité, monsieur Amélien, c'est que je l'ai

vu, l'homme-aux-pouvoirs... Hier matin, à la foire de Niort.

— Et alors ?

— Moi, je ne crois pas à toutes leurs affaires d'envoûtement... Mais celui-là, monsieur Amélien, il a quelque chose qui nous dépasse... Je l'ai juste vu, et j'en reste encore mal à l'aise comme si j'avais mis le pied sur une bête immonde...

Il se tut un moment. Puis reprit :

— J'ai pensé à le suivre, attendre le soir, et faire usage du fusil. Seulement je vous avais juré...

Amélien ferma les yeux. Il paraissait infiniment las. Le malaise qu'avait ressenti Abel l'étonnait. Abel, il le connaissait bien, était le contraire d'un poltron, et il le savait plus prompt à la bagarre qu'au pardon des offenses.

— Tu as promis à ton amie de venger son fils, n'est-ce pas ?

Abel ne répondit pas.

— Laisse-moi reprendre un peu de force, dit encore Amélien, et nous irons trouver ton maudit...

De nouveau, le malade abaissa ses paupières. La fièvre lui donnait une excitation légère. Qu'avait donc l'homme-aux-pouvoirs pour s'imposer ainsi ? A des paysans, passe encore, il jouait de leur crédulité ; mais à un Abel ? Que représentaient donc ses pouvoirs ? Fallait-il croire à certaines choses occultes ? Amélien se rappela le vieux recteur breton qui les instruisait, Donatienne et lui. Il parlait d'une lutte dont la terre était l'enjeu entre les forces du Bien et les forces du Mal... et si c'était cela, la clef ? La seule explication ? Mais alors, qui commandait ces forces ? Ô Dieu, et si Tu existais vraiment et si je passais près de Toi sans vouloir Te connaître, moi qui ai désespérément tout misé sur le vide et les pauvres créatures ?

Cette douleur qui lui taraudait la moelle, par quelle alchimie religieuse pouvait-elle être salvatrice ? La douleur de toute chair est dégradante... Ceux qui affirment le contraire ne l'ont donc jamais éprouvée ? Quelle dignité opposer à cette envie de hurler, de plonger dans le néant, à cette lente et sale décomposition de l'être avant la désagrégation finale ? Amélien essuya une larme d'impuissance. Ou la fièvre ce soir menait-elle à la dérive un vieux rationaliste comme lui !

Au-dehors, rentrant de la procession, saouls d'encens et de cantiques, des enfants chantaient encore :

> *C'est le mois de Marie*
> *C'est le mois le plus beau*
> *A la Vierge bénie*
> *Offrons un chant nouveau...*

Le vent courbait doucement les branches du gros noisetier, dont les feuilles nouvelles caressaient la croisée; à chaque effleurement, les chatons, en longues chenilles souples, laissaient sur la vitre une traînée de poudre d'or. Les voix des enfants, le printemps... Comment la viorne, la charmante herbe-à-la-mariée des fillettes, pouvait-elle être mêlée à cette histoire de mort ? Le Bien et le Mal, toujours...

Dormait-il ? Songeait-il ? Phœbé chuchota à la porte, sans oser entrer :

— Oncle, oncle, as-tu très mal ?

Il fit celui qui n'entendait pas, se privant de la joie de regarder la petite.

— Va, Phœbé, mon cœur, la maladie d'un vieil homme et ses sueurs fades ne sont pas pour toi.

La Vie, la Mort, le Bien, le Mal... Enfin, de fatigue, il bascula dans le sommeil...

Les jours qui suivirent lui furent miséricordieux. Marie-Aimée avait cousu des feuilles de laurier-cerise sur des bandes de toile et Abel emmaillotait son maître à la façon d'une momie. L'esprit et le corps engourdis, Amélien faisait alliance avec les choses environnantes. Le cadran solaire du jardin laissait glisser sa ligne d'ombre au fil des chiffres romains, et quand elle s'épaississait au point d'englober totalement la blancheur de la dalle, il ne savait même plus si la nuit commençait ou si le nouveau jour allait naître.

... Des pas sur les cailloux de l'allée, le tintement de la cloche appelant l'une ou l'autre des Demoiselles, le bruit de la chaîne contre la margelle du puits; les cris des troupeaux, l'appel d'un laboureur : le temps s'écoulait sans heurt, sans souffrance, sans désir.

Un matin, il émergea de son absence :

— La semaine prochaine, Abel, tu attelleras la petite grise.

Pas besoin de dire pour aller où. L'autre avait compris. Il eut un mouvement de retrait :

— Monsieur Amélien, vous n'êtes pas encore assez fort !

Le ton et le regard étaient de muettes supplications. Le maître les ignora et fit descendre une malle de livres du grenier. Puisqu'il n'avait que la science, à défaut de la foi, à opposer au démon, autant valait ouvrir ces ouvrages ésotériques jusqu'ici dédaignés. Bien lui en prit.

La maison, petite et basse, semblait accroupie dans la mare où les feuilles pourrissantes du noyer proche avaient, d'année en année, changé l'eau en vase noirâtre. Tout autour, la rivière —

un bras enlisé de limon qui continuait la mare. Au delà, un bois sombre, taillis de châtaigniers où deux ou trois saules transformés en têtards avaient à jamais perdu leurs reflets argentés. Quelques poules, noires comme il se devait, picoraient le tas de fumier à l'entrée de la courette; une chèvre haut encornée, tête baissée, cherchait noise à un mulet famélique harcelé par des essaims de mouches; un cochon fouillait du groin dans des immondices. Tout était d'une saleté misérable et triste.

Amélien s'avançait de sa démarche cassée, cherchant à éviter les flaques boueuses. Il n'avait même pas pris sa canne, comme pour paraître plus fragile encore. Il venait seul, ayant intimé à Abel l'ordre de rester avec la voiture à l'entrée du sentier. Simplement, le cocher avait tiré de dessous le siège le fusil du baron. Le maître avait hésité un instant, comme pour faire une recommandation, puis avait levé les épaules en un geste fataliste.

L'homme-aux-pouvoirs sortit sur le seuil. Il était grand et fort, massif mais sans lourdeur, comme un animal sauvage. Emanait de lui une violence qui le situait presque au delà des humains. Mais le pire, c'était encore le regard qui sourdait, méchant et jaune, d'entre les paupières mi-closes. On comprenait que cet homme-là éprouvait une jouissance froide à provoquer la peur et à faire souffrir. On pensait au serpent.

Ce regard-là en avait déjà arrêté plus d'un, comme le dernier exorciste qu'on lui avait envoyé, un long prêtre triste qui avait vite fait demi-tour, remballant son goupillon et ses patenôtres, disant qu'il avait encore besoin de jeûner et de prier.

Mais Amélien continuait d'avancer, fixant

l'homme immobile sur son seuil. Soudain une voix menaça :

— Va-t'en ! Va-t'en vite ! Ote toué de ma route ou bin y va t'arriver malheur ! J'en réponds.

L'homme n'avait pas ouvert la bouche. La voix, grave et caverneuse, semblait jaillir de terre sous les pieds d'Amélien. Elle fut suivie de menues plaintes qui éclatèrent en clameur démente.

Amélien avançait toujours, maladroit comme un hanneton sur le terrain inégal. Il ne s'arrêta que lorsqu'il fut à trois pas. Il hocha la tête, l'air connaisseur :

— Joli talent de ventriloque ! dit-il. Mais ne vous inquiétez pas pour mon malheur ! Il est déjà arrivé et je n'ai plus rien à craindre. Ni de Dieu ni de Satan.

Le ricanement de l'homme n'était pas de ce monde :

— Ah ! tu ne croué à rin ! Ah ! tu ne croué pas au diab' ! Attends vouère un peu... A moué, mes diab'... A moué, Léviathan ! A moué Asmoda ! A moué, Baphoma !

Il paraissait appeler une meute à la curée. Un peu de bave blanche moussait au coin de ses lèvres. Ses poings, crispés devant lui, semblaient briser d'invisibles chaînes.

Un frisson courut entre les épaules d'Amélien. Il comprit ce qu'avait voulu dire Abel. Une nausée montait jusqu'à sa gorge nouée, une angoisse, un dégoût jamais ressentis encore... un trouble qu'il avait cru jusqu'alors impossible et que seuls peuvent comprendre ceux qui l'ont un jour éprouvé. « Les forces du Mal », disait le recteur ? Où était la vérité dans cette comédie ?

Pourtant sa voix resta calme :

— Je suis venu vous parler, dit-il. Appeler Léviathan, Asmodée, Baphomet ou d'autres démons n'y changera rien puisque je ne les crains pas.

L'homme sembla se tasser sur lui-même; le regard devint d'une méchanceté effrayante. Cet infirme qui venait sans prières exorcistes, sans ferblanteries bénites, l'inquiétait. Il s'effaça :

— Entre donc, on verra bin le p'us malin !

La pièce, seulement éclairée par la porte ouverte et une méchante lucarne voilée de toiles d'araignée, ressemblait à une souillarde : fagots, bottes de foin, sacs d'avoine, bourgnons, collier du mulet, tressées d'aulx et d'oignons accrochées au mur. Apparemment, mulet, chèvre, porc et volailles partageaient le logis de l'homme, si l'on s'en rapportait aux fientes éparses çà et là. Mais le sorcier soignait sa réputation. Cinq ou six figurines en bractées de maïs ornaient la cheminée, chacune percée par une épine à l'extrémité de la feuille figurant le bras. Trois cœurs de cire jaune, grossièrement façonnés, également cloués au manteau par une pointe rouillée. Des herbes sèches en paquets accrochés aux solives, et une chauve-souris crucifiée sur une porte de placard. Sur la table, entre le pain noir et un morceau de lard salé posés à même le bois graisseux, le Livre et le bocal.

Le Livre était épais comme une bible, relié en plein cuir de veau, mais éraflé, taché, écorné, enfumé. Amélien le prit. C'était un exemplaire de l'une des premières éditions du *Petit Albert* de la Compagnie Béringos de 1704. Quelques pages déchirées avaient été remplacées par des feuillets manuscrits, copiés maladroitement en latin. Du latin pour cet homme apparemment inculte ? Quel passé cachait-il ?

Il posa le Livre sur la table et s'empara du bocal, à demi plein de la mixture noirâtre dont avait parlé Abel. Il l'ouvrit. Une odeur affreuse le prit à la gorge : purin, pourriture. Dans un écœurement sans nom, il le balança par la porte ouverte. L'homme était immobile. Le sang battait à son cou épais. Amélien le défia :

— Vous avez vos pouvoirs et vous y croyez. J'ai les miens. Au prochain conscrit que vous abîmez encore, je vous fais emprisonner et exécuter. Vous portez préjudice à la nation. Il n'y aura pas de grâce.

L'homme enfin sembla se détendre :

— Des gendarmes ici ?... J' voudrais bin vouère... Faut prouver une accusation. Et où qu' vous les prendrez, vos témoins ? Moué, j' soigne des élagueurs de palisses, c'est mauvais l'épine nègre, si les garçons ont point l' sang sain, c'est pas ma faute, des fois ça guérit, des fois pas...

Amélien savait que c'était vrai. Personne ne parlerait...

— Moi, je n'ai pas peur, dit-il, et même si je dois te tuer, tu arrêteras ta sale besogne. En attendant, mets ta main sur ce livre et répète : je jure de ne plus...

Ce fut alors que la chose se produisit. Incroyable. Des yeux jaunes filtrait une sorte de lumière inconnue. Amélien comprit, se raidit, essaya vainement de détourner son regard. « Ça y est, pensait-il, il m'envoûte, il m'endort... Je suis tombé dans le filet... » Bizarrement, il pensa à Mathurine, qui aurait touché ses médailles et appelé saint Michel à son secours. Puis lui vint l'image de sa sœur Donatienne. Il voulut dire son nom, mais aucun son ne franchit ses lèvres scellées. Pourtant, il parvint encore à penser : « Je ne veux pas ! Je ne veux pas ! »

L'homme soufflait fort à présent. La sueur coulait en lourdes gouttes sur ses tempes :

— Cré fi d' garce ! Personne jamais m'a résisté

de même ! Mais j'y arriverai ! Et ce que je te ferai, t'iras jamais l' conter à d'autres !...

Amélien s'engourdissait d'instant en instant. De toute sa volonté d'infirme, il refusait pourtant encore d'abandonner le combat. « Donatienne, pensait-il, à l'aide ! Dieu, si vous existez, vous ne permettrez pas ! Dieu de Clotilde, si tu me donnes la victoire, avait dit le petit roi franc... »

Le coup de feu claqua juste devant la porte, provoquant la fuite éperdue de la volaille. Abel surgit, finissant de recharger son arme.

— Je tire, monsieur Amélien ?

Amélien émergeait lentement d'un cauchemar épuisant.

— Attends, donne le Livre.

Il posa la main de l'homme dessus et ordonna :

— Répète : je jure sur ce Livre et à mon maître Lucifer de ne plus jamais toucher à un conscrit.

Bavant, postillonnant, le fusil sur la poitrine, l'homme enfin jura.

Quand ses visiteurs partirent, la haine qui se dégageait de lui était perceptible à la manière d'une chose dense.

— Je vous maudis, je vous maudis, je vous maudis teurtous.

Amélien ni Abel ne parlèrent au retour. Ils n'auraient été nullement étonnés qu'il leur arrivât malheur.

Quand ils furent à Beaumoreau, ils trouvèrent Phœbé et Catherine dans la cour. Phœbé se précipita, joyeuse :

— Oncle, oncle, où étais-tu ?
— Ne me touche pas ! Ne me touche pas à présent, petite !

L'homme fut parjure. Le besoin de nuire sans doute avait été le plus fort. Un autre garçon de vingt ans mourut d'une gangrène. Abel, quand on l'apprit, interrogea Amélien du regard.

— Attends encore, dit celui-ci. Nous irons ensemble.

Mais trois jours plus tard, on trouva l'homme-aux-pouvoirs noyé dans sa mare. Ou plutôt étouffé, parce qu'il n'y avait guère d'eau. Il tenait, crispé contre lui, le livre maudit. Les rats l'avaient abîmé au point qu'on ne pouvait dire s'il y avait eu crime ou suicide.

A la nuit, des paysans vinrent mettre le feu à la masure — il n'y avait que les flammes pour l'assainir.

Amélien pensa que tout était bien. Mais un doute subsistait. Il appela Abel :

— Abel, tu n'y es pour rien ?

L'autre ne demanda point de quoi il s'agissait. Il leva des yeux à peine trop candides :

— Vous savez bien que vous me l'avez interdit !

Amélien pensa :

« Je me fais des idées. Peut-être, après tout, l'homme n'a-t-il pu supporter d'avoir renié le Livre ? »

Mais jamais il ne fut tout à fait sûr de rien.

13

LA FOIRE AUX PIRONS

C'est par une matinée bleue et or, parfumée d'herbes coupées, toute bruissante d'insectes exaltés, que le fiancé de Mademoiselle-la-grande arriva à Beaumoreau.

Le village alors vivait le temps heureux des fenaisons.

Le bruit des marteaux tintant sur les petites enclumes des faucheurs éveillait le jour. Les plus engourdis sautaient à bas du lit :

— Cré nom ! Untel est déjà levé !

C'était un déshonneur de partir le dernier. Chaque homme vérifiait d'un pouce prudent le fil de sa faux, enrobait d'herbes mouillées la pierre à aiguiser avant de la glisser dans la corne de bœuf pendue à sa ceinture, se redressait d'un coup de reins conquérant en prenant une grande goulée d'air frais :

— O faut y aller, les gars !

Ils traversaient le village par petits groupes, le patron ou le grand valet en tête, de leur pas régulier d'arpenteurs de guérets. Le dail(1), en croissant luisant au-dessus de leur tête, les parait de majesté et leur donnait des allures de seigneurs. Il les investissait d'un pouvoir réservé aux mâles. Aujourd'hui, il ne coucherait dans la joie que de longues tiges frémissantes, mais dans toutes les jacqueries, dans toutes les révoltes, c'était l'arme de courage et de désespoir du paysan, plus qu'un outil, un compagnon de toujours.

A dix heures, les troupeaux aux champs, la maison rangée, ses volets mi-clos pour la préserver de la grosse chaleur et de l'invasion des mouches, les femmes les rejoignaient. Elles portaient fourches et rateaux, et le petit pordenier à plusieurs compartiments étanches où elles avaient préparé le mijet des étés villageois — du pain taillé dans du vin frais. Avec le quignon frotté d'ail ou d'oignon, creusé pour loger les gratons ou le fromage, tous feraient un déjeuner de roi à l'ombre des palisses.

---

(1) Faux.

Pour les foins et les moissons, et pour cela seulement, elles avaient retiré leurs austères bures strictement closes. En simple jupon et corselette noire lacée sur la chemise de toile froncée au col, elles y gagnaient une émouvante et sensuelle beauté.

A midi, Julien sonnait l'angélus. Cette heure de la mi-journée serait le seul repère pour se fier au soleil.

Mais la cloche, en mineur, portait mal le son; et pendant les gros travaux, abandonnant la corde encore frémissante, le sacristain grimpait au clocher lancer aux quatre horizons le formidable meuglement du luma.

Le luma est une conque, gros coquillage tronqué rapporté de lointains rivages et qui servait aux guetteurs à prévenir d'un danger. Au Moyen Age, quand la clameur profonde déferlait sur la campagne, on savait l'ennemi tout proche. Le paysan rentrait ses bêtes; femmes et enfants, ramassant hardes et provisions, se précipitaient vers les caches ou les châteaux.

Maintenant, le luma ne servait plus qu'à rythmer les heures des travaux champêtres. Et quand, de l'Ouche à la Dame-aux-Chaumes-Prés-bas, de la Ferletterie à la Gasse-aux-Loucs, les travailleurs entendaient les mugissements de leur singulier muezzin, ils redressaient leurs reins brisés, essuyaient les fronts en sueur et se regardaient, gouailleurs :

— Té! Olé midi! Julien a 'core de la buffe, an'hui! Allez, reposons-nous un p'tit!

Ils prenaient place à l'ombre, s'installaient et plongeaient leurs cuillers d'étain dans le pordenier de mijet. S'arrêtaient un moment et, avec la fierté du travail bien fait, contemplaient l'étendue de terre jusqu'à l'horizon — la terre, leur terre!

Alors seulement, et comme religieusement, ils mastiquaient la nourriture, fruit de leurs peines.

Pendant les ouvrages d'été, les troupeaux étaient confiés aux enfants raisonnables, ceux d'une dizaine d'années, parfois moins. On s'arrangeait seulement pour que la garde ne se fasse pas en des lieux trop éloignés du champ où travaillaient les parents. Et on recommandait :

— Vous ferez do subiets, les drôles, et vous vous répondrez d'un endroit à l'autre.

Tailler des sifflets en juin demandait un peu de chance et beaucoup plus d'adresse qu'à la montée des sèves. Il fallait couper une tige de sureau ou de noisetier, y pratiquer une entaille tout près de l'extrémité coupée en biseau; après quoi, le fin du fin, l'art véritable, consistait à décoller l'écorce en une gaine parfaite capable de coulisser sur l'aubier. Le secret, c'était le doigté, sans doute, mais aussi l'incantation :

Tane, tane, bois d'Hosanne
Peur Monsieur et peur Madame...

Un couteau à la main et nommés régents d'un troupeau en compagnie du chien ami, tous les bergers se sentaient enfants-dieux capables de miracles. D'ailleurs, si le miracle avortait, restaient pour faire du bruit les tiges de pissenlit ou les feuilles d'arbres tenues entre les deux pouces d'une certaine façon... Sans compter que la voix donnée par le Bon Dieu, quand on a trouvé son écho, c'est rudement bien aussi.

Les tout-petits restaient à la charge d'une aïeule valide, ou simplement on les menait à Beaumoreau.

Dès le matin, la clochette tintait :

— Si vous plaît, demoiselles, pouvons-nous vous confier la quenaille ?

Mademoiselle-la-grande ou Phœbé se précipitait ; l'une prenait les nourrissons, l'autre les bambins joueurs. Les mères embrassaient leur trésor, essuyaient d'un coin de tablier relevé le filet de salive ou la dernière goutte de lait perlant au coin de la bouche, et partaient en recommandant :

— Soye surtout bien sage, mon bellot, mon canet, mon Jhésus, fais pas endêver nos Demoiselles !...

Elles se retournaient encore une ou deux fois jusqu'au portail, puis partaient soulagées. Elles iraient tellement plus vite à virer les foins, sans crainte des mille dangers guettant leurs innocents dans un mitan de pré, la serpente attirée par leur odeur de lait frais, les baies sauvages parfois mortelles, le gros soleil, les vents coulis... Tout enfin, puisque tout est péril pour une mère...

Une voiture de louage s'arrêta devant Beaumoreau. L'étranger qui en descendit hésita un moment devant le lourd portail entrouvert. Seuls, des coups de sifflet stridents troublaient la campagne engourdie de chaleur ; ils se répondaient d'un peu partout suivant d'indéchiffrables codes.

Axel de Laurémont traversa la cour d'un pas lent. Il ne savait même plus pourquoi il avait accepté de venir... Parce que la douairière, dont il était l'héritier, était têtue comme une mule, et qu'il ne savait pas lui résister... A présent, la chose lui paraissait insensée. A Saint-Domingue, c'est vrai, Amélie lui avait plu, l'avait ému comme nulle autre femme n'était plus capable d'émouvoir le blasé qu'il était. Il avait cru l'aimer. Bien sûr, il avait été aussi sensible à l'exotisme de l'île, à la plantation, à la vie facile des Blancs avant la révolte.

Mais diable, quel homme aurait pu supporter cette façon qu'elle avait eue de l'écarter après le drame ? Et ce regard lorsque l'enfant noir était mort ? Enfin, par l'intermédiaire de Victoire, elle avait fait amende honorable... Au fond, se disait-il, les femmes sont toutes les mêmes. Il suffisait de leur laisser le temps de juger les choses et les gens à leur véritable valeur...

Mal à l'aise, il ne s'imaginait pas Amélie dans ce pays plat et terne. D'ailleurs, il n'aimait pas ces chemins poudreux souillés de bouses de vaches et de crottes de chèvres... Il n'aimait pas cette lourde maison sans beauté, ces relents de fumier s'échappant des étables proches.

Il entendit des cris et des rires d'enfants :

Mon p'tit lieuvre, t'as manjhé mes choux
Mes chicourées et mon céleri-t-atou
Mon p'tit lieuvre, tu m'attraperas p'us
Un' autre annaie, y n'en pianterai p'us !

La finale se perdait dans le brouhaha et les bousculades. La porte n'était que poussée et il entra. Ne vit d'abord qu'une ronde; les petits se donnaient la main et tournaient à toute allure, têtes brunes et blondes, pour finalement s'effondrer pêle-mêle, ivres de joie.

— Demoiselle, demoiselle, disaient-ils, la tête nous vire et tout chavire !

Et alors, il la vit.

Si pareille à jadis, pareille à celle qui venait encore parfois le visiter en rêve, avec pourtant une vivacité dont il n'avait pas souvenir, une jeunesse aiguë... Mon Dieu, comment était-ce possible ?...

Il restait interdit.

Dans un envol de robes sur des mollets ronds et des raclements de sabots, les petits se relevaient, se précipitaient au cou de la meneuse de jeu :

— Demoiselle à min ! Demoiselle à min !...

Quand enfin elle se dégagea, rose, rieuse, les cheveux défaits, elle vit l'étranger. Il s'avança et ne sut que balbutier :

— Amélie...

Mademoiselle-petite rougit, sourit gentiment et parut s'excuser :

— Je suis Phœbé, dit-elle.

Mais déjà Victoire descendait l'escalier.

Pour bien montrer qu'il venait faire sa cour, Axel de Laurémont ne logeait pas à Beaumoreau. L'époque recouvrait de pudibonderie des mœurs fort licencieuses. Un jeune homme de la bonne société ne pouvait dormir sous le même toit que la jeune fille qu'il fréquentait, c'était ainsi.

L'auberge des Beaudouin étant par trop rustique, Madame Victoire avait fait retenir une chambre à la *Boule d'Or* de Melle, jugée plus raffinée. Chaque soir, à la tombée du jour, Théodule y conduisait donc Axel et allait l'y reprendre au matin.

Quand le cocher rentrait, il trouvait la maison endormie ; seule Fidéline, face à l'oiseau parleur, veillait dans la cuisine. Elle consultait les cartes à la lueur fumeuse d'une chandelle de suif :

— C'est mauvais, Théodule, soupirait-elle. Cet homme n'appo'te que du malheu'...

De sa voix de basse, Théodule constatait, fataliste :

— Tout est mauvais ici...

Donatienne avait fait de Fidéline une femme au-dessus de ses sœurs de race. Le grand Noir l'admirait trop pour la contredire jamais. Mais l'aventure aboutissant au fin fond du Poitou le dépassait. Mille fois déjà, il avait refait le passé — si Monsieur de Laurémont n'avait pas tiré, Monsieur Forgier ne serait pas mort, les émeutiers seraient repartis comme les autres fois. La rhumerie aurait brûlé, mais on l'aurait reconstruite. La vie continuerait comme avant...

— C'est le mauvais œil, concluait Fidéline en décrochant la chandelle.

En revanche, Victoire et Mathurine, de façon différente, mais avec une pareille intensité, vivaient un grand amour.

— Un garçon parfait... et splendide ! affirmait la première, radieuse de voir aboutir ses manigances.

Elle était excitée, avait l'œil et le mot à tout, épuisait son monde.

— Un homme si distingué ! s'extasiait Mathurine, à l'affût derrière l'œil-de-bœuf, tripotant ses médailles à travers son corsage, sentant obscurément que le diable n'était pas loin.

Le regard encore vague, revenant à ses vaisselles, elle interpellait avec hargne son Jean qui fleurait la bouse :

— Prends donc garde, mon pauvre guère-adroit ! Y m'demande comment tu t'y prends pour être toujours crotté de même !

En vérité, Axel était parfait. D'une amabilité immuable et toujours attentionné avec ces dames. Il s'inclinait respectueusement devant la baronne et, baisant sa main papillon, la laissait pâmée d'émoi. Seule Amélie l'intimidait. Il est vrai que sa grâce mélancolique en imposait à tous. Il n'y avait pas entre les fiancés de démonstrations excessives — à peine, quand il se permettait de poser un châle sur ses épaules, le remerciait-elle d'un sourire lointain. C'était une passion de bon aloi.

Tante Victoire avait exigé que sa nièce abandonnât enfin les petites robes de cotonnade grise qu'elle affectionnait et lui avait fait sortir les toilettes achetées pendant le séjour à Paris :

— Tu ne mérites pas ce garçon, ma chère ! On dirait une statue de bois. Mais montre-toi donc amoureuse, si tu veux le retenir ! Ah ! si j'avais eu pareil homme à mes pieds !...

A l'idée du roman d'amour qu'elle s'inventait aussitôt, Victoire, l'œil rond, s'oubliait jusqu'à trousser ses jupes à la recherche de la poche miracle. Elle se tournait à demi et, portant à ses lèvres la topette de cognac, s'en octroyait discrètement une ration de soudard. Elle s'excusait, balayant de la main les reproches possibles :

— Un cordial... J'avais besoin d'un cordial... Que disais-je donc ? Ah, oui !... Tu ne mérites pas ton bonheur, ma petite, à faire ainsi triste figure. La vertu n'est pas tout. Que disais-je ?

Amélie regardait paisiblement sa tante. On pouvait croire qu'elle n'avait rien entendu.

Marie-Aimée observait sa sœur. Elle était déçue. Elle ne comprenait pas pourquoi Amélie s'était sentie obligée de se rendre aux adjurations de Victoire. Peut-être aimait-elle encore l'homme qui l'avait éblouie autrefois ? Mais alors pourquoi extériorisait-elle si peu ses sentiments ? Axel était beau et charmeur. Il fallait de la perspicacité pour déceler dans ce profil romain une certaine mollesse, un rien de veulerie... Parfois, le regardant, Amélie semblait éprouver une sorte de tendresse triste, une désespérance de ne pouvoir faire davantage. Etait-ce cela l'amour ? Si Marie-Aimée devait aimer un jour, cela ressemblerait au soleil. Brusquement, elle se reprit, parce que devant l'image d'Axel s'interposait celle d'un paysan aux yeux moqueurs et au rire éclatant.

Amélien paraissait étranger à ce qui se passait à Beaumoreau. Il venait de recevoir une nouvelle caisse de livres et passait à lire le plus clair de son temps. Quant à Phœbé, elle débordait à son habitude d'occupations et de tendresse pour tous. Elle passait vivement, remorquant dans ses jupes quelque enfant barbouillé, quêtant une caresse d'Amélie, agaçant Victoire d'un baiser rapide sur sa couperose ou frottant son front au noir visage de Fidéline, s'envolant au bras de Catherine. Les deux jeunes filles étaient déjà loin qu'on entendait encore leurs rires. Axel les suivait un moment des yeux, puis fermait ses paupières sur son bonheur d'autrefois.

Madame Victoire, donc, avait repris les choses en main, et le fiancé, médusé, croyant entendre sa propre tante, ne songeait pas à discuter. Amélie et lui, avait-elle tranché, n'étaient plus si jeunes qu'on pût attendre indéfiniment de fixer la date du mariage... Ils se connaissaient depuis trop longtemps pour avoir encore besoin d'apprendre quelque chose l'un de l'autre. Axel allait passer toute sa permission ici et, à la prochaine, allez, hop, mes tourtereaux ! — la main de la baronne simulait une envolée dans l'espace. Ensuite, resterait à s'occuper des cadettes.

Marie-Aimée lançait à la vieille dame un regard sombre :

— Je vous en prie, ma tante, pour moi, ne vous donnez pas cette peine.

— Si, mais si, mon enfant, je l'ai promis à Donatienne... Et ce ne sera pas facile, ne t'en déplaise, ma chère !

Troublée à l'idée des difficultés que lui réservait l'avenir, Victoire tâtonnait, amorçait une relevée de jupons, mais la vue d'Axel la ramenait à la dignité; elle avalait deux ou trois fois sa salive et enchaînait :

— Amélien aura bien, j'imagine, quelque médecin célibataire dans ses relations. Il y en a de très bien. Qui d'autre voudrait accepter une fille qui court seule les chemins avec une sacoche de potions et rentre chez n'importe qui... Moi, à ton âge...

Bouche pincée, elle s'attendrissait un instant sur son passé, tout de blancheur et d'innocence, puis :

— Pour Phœbé, nous attendrons. La petite est assez jolie et aimable pour que nous puissions viser haut...

— Oh! tante, s'il vous plaît, tout de suite! interrompait la petite en pouffant. Tante, je voudrais un prince. Il sera grand et blond...

Moqueuse, elle disparaissait. On imaginait son ombre courant dans les bosquets du jardin.

La chaleur engourdissait la nature et les gens. Les lentes charrettes bleues chargées de foin passaient sur le chemin, majestueusement. L'homme allait devant, son aiguillon reposant sur le joug; les bœufs chassaient les mouches de leur queue en demi-cercle sur l'échine ou du frémissement des oreilles.

Devant le portail ouvert de Beaumoreau, les jeunes, pêle-mêle sur la charrette, s'agenouillaient dans le foin pour essayer de voir « le fiancé » — c'est que tout le village vivait les amours de Mademoiselle Amélie. Si quelqu'un de la grande maison se trouvait alors dehors, il levait la main en geste d'amitié.

Cet été parfumé était comme un temps de répit, comme une miséricorde dans le bousculement des jours et des épreuves. Paix des soirantes en demi-teinte sous la hêtraie... Ce ne serait pourtant que bien plus tard qu'on aurait conscience d'avoir eu là un peu de bonheur. Mais les temps passés ne reviennent pas, et n'en resterait, dans le secret des cœurs, qu'une douleur soudaine, aiguë comme une lame.

Mathurine, fraîche et pimpante, poussa la porte du hall où s'entassaient déjà des bagages. Elle tenait à la main le panier en lattes de châtaignier qui servait à porter les denrées au marché. Sur un linge bien blanc reposaient « un chapon tout troussé et un feurmajhe bien fait ». A la manière des bergers apportant à l'enfant de la crèche les prémices de leurs produits, elle offrait au fiancé de Mademoiselle-la-grande les richesses du domaine.

Les loyers se payaient en nature. Tant de boisseaux de blé, d'avoine et de seigle, un cochon et deux oies grasses, un agneau, un chevreau, tant de chapons, de poulardes et poulets, tant de beurre, de noix et de châtaignes, tant de fromages de chèvre, de la laine en toison et du chanvre en poupées, c'est-à-dire en étoupe. Même en temps de disette, les maîtres étaient servis en priorité.

Avant l'arrivée des Demoiselles, bien sûr, on vendait les produits et le tabellion encaissait l'argent, mais, depuis leur venue, on avait renoué avec les bonnes traditions du terroir :

— C'est pour le dernier souper de Monsieur Axel chez nous autres ! Alors, quand vous reviendrez, ça sera pour préparer le grand jour ? C'est dommage que vous partiez, vous ne profiterez point de notre grande foire aux pirons...

Axel, amusé, toujours sensible à l'admiration qu'il savait éveiller chez la gent féminine, fût-ce une Victoire ou une Mathurine, demanda en souriant ce qu'étaient les pirons.

La métayère expliqua complaisamment qu' « o l'était do petites oyes pas 'core plumassées ». Une oie grasse, aux foires de décembre, valait plus d'un écu. Tout le monde ne pouvait faire la folie de s'offrir les deux ou trois volailles nécessaires à la préparation des confits, foies et grillons qui faisaient les réserves des bonnes maisons. En achetant à présent les oisons déjà venus, on ne courait pas le risque des couvaisons ratées. Les enfants les mèneraient à la pâture jusqu'au moment du gavage; c'était sérieuse économie.

Axel écoutait gentiment. Il s'excusa, la fête se ferait sans lui.

Cette grande foire annuelle, dite « aux pirons », était aussi un des plus gros marchés aux bestiaux de toute l'année. Elle s'intercalait avec bonheur entre les plus épuisants travaux : les foins à peine rentrés, les bras encore moulus et le cuir tanné par le soleil, il allait falloir battre à nouveau les faux, pour les moissons cette fois.

A vrai dire, la foire, il fallait compter trois journées pour bien en profiter.

La veille, déjà, la préparation déclenchait un branle-bas de combat dans les cours et les écuries. Le balai de genêt à la main, maîtres et valets s'affairaient. Il fallait préparer des places pour accueillir les attelages de la parenté et du voisinage; chevaux, mulets et bourricots seraient attachés un peu partout, carrioles et mues(1) dételées seraient garées dans les moindres espaces, brancards dressés vers le ciel comme des bras.

L'effervescence gagnait l'intérieur des bonnes maisons où le pain de cire d'abeilles passait et

---

(1) Bétaillères à claire-voie, à deux roues.

repassait sur le merisier des cabinets jusqu'à les changer en miroirs, puis les ménagères se mettaient en cuisine. La volaille n'avait qu'à bien se tenir.

Julien, le fossoyeur-sacristain-garde champêtre, ratissait les deux champs de foire. Puis il filait chez Lucas qui activait la forge. Les deux hommes, en tablier de cuir, seraient occupés tout le jour à ferrer les chevaux des hameaux d'alentour. Lucas, dans des gerbes d'étincelles, faisait tinter le marteau sur le fer; et Julien tenait contre sa cuisse, de ses deux mains serrées, la jambe repliée du cheval. Les hommes se rassemblaient là, devant l'entrée de la forge, dans l'odeur de corne brûlée :

— Fera-t-o beau ? L'orage montera-t-il ? Y devrait y avoir du bestiau en quantité !

Le matin du grand jour, l'émulation jouant à qui mènerait les plus belles bêtes, on se levait avant l'aube pour laver, brosser, étriller les bovins et les mulets. La toilette des chevaux relevait presque du talent d'Emile : on tressait crinières et queues en petites nattes serrées, comme chevelure de fillette. Les gorets, eux, aspergés de lait frais, se léchaient mutuellement jusqu'à en avoir la couenne rose et luisante comme les cochonnets de sucre que vendaient les colporteurs pour la Noël.

Les oisons, rois de la foire, n'avaient droit ce jour-là qu'à un mainzi presque sec, avec très peu d'orties et beaucoup de son, pour garder bien brillant leur soyeux duvet jaune. Ils bavardaient, les innocents, à pias-pias-pias très doux. Encore gauches sur leurs pattes lourdaudes, ils levaient, jusqu'à la verticale, tout au bout de leur cou déjà long, une tête étonnée, piquée de deux points de jais ronds et fixes qui ne cillaient jamais. L'oie et le porc, que le temps ridiculise si vite, sont des créatures adorables en leur début de vie.

Le lendemain de la foire non plus, on ne travaillerait pas aux champs. Les jambes cotonneuses, la bouche empâtée par la bonne chère, on remettrait de l'ordre, on compterait l'argent des ventes, on admirerait ses achats. Puis la vie reprendrait...

Madame Victoire se sentait dolente du départ d'Axel. Pour secouer sa mélancolie et freiner le besoin de cordial, Marie-Aimée lui proposa de l'accompagner à la foire pour choisir des cotonnades. Mathurine n'avait que louanges pour les choix et les prix d'un marchand choletais.

Il pouvait être dix heures. Le commerce battait son plein. Dans la bousculade, Victoire renaissait. Elle avait entrepris le fripier sur le prix d'une fine toile bleue.

Les Beaudouin avaient sorti leurs bancs et installé de longues planches sur des tréteaux dans leur courette extérieure, face aux vieilles halles. Un marchand d'anguillettes avait installé son brasero puant juste contre le mur de l'auberge. Son commerce s'alliait parfaitement avec celui de Beaudouinette; les deux faisaient merveille. Il activait les charbons ardents du va-et-vient d'un large éventail en joncs du marais. Les petits corps reptiliens se tordaient un moment sur le gril, laissant pleurer sur les braises des larmes de graisse grésillantes et nauséabondes, puis la mort les figeait en languettes de cuir desséché.

On faisait queue pour les porter toutes chaudes, sur un papier huileux, à la table de l'auberge, où, avec la chopine de vin frais, Emile servait une écuellée de vinaigrette. Chaque dégustateur y trempait alors l'anguillette avant de la coucher sur une tranche de pain bis. Le déjeuner de l'aube était déjà loin. Cré dieux, que ces grousses pibales brûlantes feraient donc du bien au corps pour attendre midi.

A cette heure-là, la Beaudouinette, les joues flamboyantes et les mèches échappées du coiffis, debout devant son potager, fière comme notre Empereur, servirait à la portion, d'une louche généreuse, les assiettées de soupe grasse, de daube et de tribalée(1), sans lesquelles il n'y aurait pas chez nous de foires dignes de ce nom.

Les femmes aux pirons, assises sur les pierres bordant les vieilles halles, les paniers contenant les volatiles coincés entre leurs sabots, marchandaient ferme en liards, en livres et en écus. On ne criait pas, on discutait avec une courtoisie de bon aloi :

— Six pirons pour un écu! Do vrais do Poitou, tout en viande et graisse!... Avec un col bien long pour faire le cou farci, et des foies déjà clairs et gros en quèques jhours de gougeage! Faut des oyes de chez nous pour vous faire ça, belles dames!...

Des gitanes effrontées balayaient à coups de reins souples la poussière du sol de leurs jupes froncées, offrant à la fois des prédictions d'avenir et des coupons de dentelle déjà sale pour agrémenter les bonnets des femmes.

Nicolas Giroux, installé chez Beaudouin, enregistrait des commandes de trousseaux. Soudain, il releva la tête. Debout devant le déballage des tissus, la grande fille paraissait sous le soleil toute nimbée d'or mat. Elle souriait, indulgente, à la baronne qui farfouillait d'une main active dans les pièces d'étoffe.

Elle dut sentir elle aussi la présence de l'autre, puisqu'elle leva les yeux vers lui. Une onde chaude

---

(1) Friture de cochon frais.

colora son visage; les larges prunelles se dilatèrent pour une imploration muette, une frayeur peut-être de cette étrange connivence qui les attirait ainsi l'un vers l'autre.

Un rire passa dans le regard clair du tisserand; il leva une épaule fataliste. Il devait dire : « Ce n'est pas ma faute, demoiselle... J'ai fait tout ce que j'ai pu pour vous oublier... Je ne vais même plus chez le barbier à l'heure de la messe pour ne pas vous voir. Je sais trop bien, allez, que vous n'êtes pas de la graine à faire pousser du bonheur de manant. Je vous trouve si belle, je vous regarde, c'est tout. Peut-être y avait-il quelque chose de marqué dans les astres pour nous deux... Le destin se sera trompé... »

Alors un mugissement terrifiant monta par deux fois du foirail aux bœufs, tout en haut du village. Comme une onde, une terreur passa sur la foule. Quelqu'un cria :

— Les mouches arrivont, garez-vous, teurtous, les bêtes allont sauter! Sauve qui peut!

Une sauterie de bêtes était chose imprévisible et mystérieuse. Cela se passait le plus souvent en temps de grosse chaleur. Des nuages de mouches semblaient soudain monter du sol. D'un coup et toutes ensemble, les bêtes tournaient la tête vers le soleil, les bœufs d'abord, avec un temps d'avance sur les chevaux et les mulets. Puis la grande folie commençait. Les bêtes grattaient furieusement le sol de leurs sabots, poussaient le cri des sauteries, meuglements ou hennissements sauvages qui caillaient le sang des humains, une plainte d'épouvante et de colère qui venait du fond des âges.

Alors il n'y avait plus rien pour les retenir, chaînes, cordes de chanvre ou longes de cuir vert. Les doux compagnons de travail ne connaissaient plus rien et fonçaient droit devant, l'œil injecté de sang, le mufle baveux, renversant, piétinant, dévastant...

On n'avait pas d'explication. Sauf, prétendaient certains, que c'étaient les bohémiens qui répandaient une poudre secrète sur le foirail — il en fallait si peu qu'une pincée était capable d'affoler deux cents bêtes. Cette poudre-là, personne de nous n'en a jamais vu, mais elle serait faite pour l'essentiel de foie et de génitoires de loup séchés et pilés. Quant à savoir de quelles formules assaisonner sa fabrication, il aurait fallu la connaissance des secrets pour le dire. Toujours est-il que si les humains ne sentaient rien, les bêtes ne s'y trompaient jamais.

D'autres disaient seulement, évitant de nommer les choses occultes : « La mouche est devenue mauvaise ! » Allez donc punir les mouches, surtout celles qui naissent de la semence desséchée de loup ! Autant vouloir punir le feu, l'inondation, le gel !

N'empêche qu'il y avait parfois mort d'homme. Et à tout le moins des blessés, des étals dévastés, des bêtes abîmées, des marchands ruinés. Sans compter qu'il se trouvait toujours quelques maquignons, se relevant tout meurtris, à chercher vainement leur ceinture de cuir ou leur sacoche contenant leurs pièces d'or et d'argent... Volées par qui ? Comment ? On ne prenait jamais personne...

— Sauve qui peut !

La foule se précipita vers les recoins, s'engouffra dans les abris — on vit même des hommes attraper les branches basses des arbres et rester là, à gigoter comme des pendus qui ne veulent pas mourir. Dans un piétinement qui faisait trembler la terre, l'immense troupeau fou chargeait déjà.

Le camelot de Cholet, qui avait l'amour de son commerce, eut la présence d'esprit de jeter dans les bras de la baronne une brassée de tissus, en prit autant pour lui-même et, enlaçant Madame Victoire, la renversa avec lui dans la cour de l'auberge.

Marie-Aimée vit devant elle une petite vieille figée de terreur, voulut la secourir, mais n'en eut pas le temps : un grand taureau blanc balaya la pauvre femme. Elle sentit sur elle l'odeur forte des bêtes et leur souffle rauque, puis se trouva projetée contre l'étal effondré de la marchande de fouaces.

Nicolas avait bondi au-devant d'une génisse rousse, la saisissait aux cornes, la détournait comme un lutteur, agrippait enfin Marie-Aimée. Tous deux furent projetés en avant. Ils passèrent par-dessus le mur de soutènement de la forge et atterrirent en contrebas, dans les pieds d'oseille de Marie-Maréchaude.

Le temps de reprendre leurs esprits et de comprendre qu'ils n'avaient rien de cassé, ils se virent comme ils étaient : sales, déchirés, saignants. Mais vraiment, cela ne comptait pas. L'important, c'était eux, eux seuls.

Puis, d'une estafilade que Nicolas portait au visage, du cuir chevelu jusqu'à l'oreille, le sang commença à couler. Marie-Aimée regarda autour d'elle. Il n'y avait qu'un honnête potager planté de choux, de raves et d'herbes à tisane... Elle défit vivement son mouchoir de cou de fine mousseline et entreprit d'étancher le sang, avec une douceur, une légèreté insoutenables pour le blessé... Qu'elle lui fasse donc mal... Il ferma les yeux. Vous voulez jouer au fier-à-bras, leur montrer votre force, et elles ne vous voient même pas... Mais que vous deveniez faible comme un oiseau perdu, que vous pensiez toucher le fond de la honte à être ainsi démuni devant elles, et vous les sentez alors fondantes de tendresse et prêtes à offrir leur cœur au creux de leurs deux mains...

Il gardait les paupières closes pour ne pas rompre le charme, ne sachant plus distinguer le rêve de la réalité. Mais alors il sentit des effleurements sur son front, sur ses joues. « Ma parole, elle m'embrasse! » Il ne pouvait y croire. Il ouvrit les yeux. Eh là! Eh là! Même s'il était arrivé au Paradis, fallait se rendre compte...

Marie-Aimée pleurait, à grosses larmes tranquilles qui se mêlaient au sang dont elle était barbouillée et roulaient sur ses joues.

Colas savait, charmeur, parler aux villageoises qu'il lutinait au creux des palisses ou des fenils. Il ne trouvait guère de rebelles... Mais à une fille pareille, que dire? Grand-père en carmagnole, tu ne m'as point appris les mots pour les ci-devant. Peut-être ne peut-on que les regarder à la manière de ces saintes si belles que les curés enferment dans des niches de verre? Elles doivent être si fragiles!

Et puis, soudain, il prit le petit visage entre ses deux grandes mains de travailleur, et les cals effleuraient la peau fine, essuyaient les larmes en une caresse lente, et les mots venaient, ceux qu'on n'a pas besoin d'apprendre, toujours nouveaux, toujours les mêmes, tendres et mélancoliques comme ceux qui bercent les enfantelets :

— Ma Demoiselle à moi... Mon rêve de toujours... Ma douce... Mon amour... Ma grande fille si fière...

Elle mit sa tête contre la grosse bure paysanne, là, au joint du cou et de l'épaule, et s'y blottit :

— Colas, Colas... C'est folie de s'aimer...

Il sourit :

— Bien sûr, demoiselle... Je sais que c'est folie.

Je sais, allez, mais je ne demande rien... que ce moment qui passe... Nous en aurons le souvenir en nous... Et nous attendrons les autres cadeaux que la vie nous fera... Au détour d'un sentier, au milieu d'une fête.

Elle secoua la tête :

— Non, Colas, non! Ce serait pire... Je n'ai même plus confiance en moi...

De cet aveu presque à voix basse, le tisserand fut peut-être plus ébloui que des baisers. Sa poitrine n'était plus assez large pour contenir son cœur. Il gémit :

— Demoiselle, mon bel amour...

Des cris parvenaient d'en haut, des galopades, des appels de ralliement. On se hélait de famille à famille, on se lamentait. Des bourricots qui avaient échappé à la grande débandade, parce que sur l'autre foirail, se mettaient à présent à braire tous à la fois.

— Allons, donnez-moi la main, demoiselle, et regardons-nous une dernière fois. Il va nous falloir revenir sur la terre.

Ils se souriaient à présent.

Si les bêtes, cet été-là, n'avaient pas sauté, qui sait si le pire de ce qui arriva par la suite n'aurait pu être évité? Mais alors, que serait-il advenu? Peut-être des choses encore plus terribles? Qui dira? Qui connaîtra jamais les secrets cheminements du destin?

En attendant, il y avait une trentaine de blessés à soigner. Marie-Aimée se dépensa sans compter, mais elle demanda à oncle Amélien de passer lui-même chez le tisserand. Il s'était blessé, dit-elle, en détournant d'elle le troupeau. Amélien parut étonné, mais, selon son habitude, ne questionna point.

14

UN SI BEAU JOUR

On ne tenait plus de réunions de veillées comme en hiver, mais, certains soirs très doux où l'ouvrage laissait du temps, ou bien simplement quand les corps demandaient grâce, un peu avant le dernier repas à la chandelle, on s'asseyait sur la pierre chaude des seuils, en attendant que la soupe soit cuite. On parlait peu. On était las. Le ciel s'allumait lentement, une étoile après l'autre, et on échangeait à mi-voix les menus faits du jour dans les parfums du chèvrefeuille sauvage et du blé mûr.

Quand la dernière charretée de gerbes fut rentrée et mise en meule dans la cour du dernier retardataire, on se regarda, rassuré. On ne manquerait pas cet hiver. D'autant que la pomme de terre, elle aussi, promettait. Depuis longtemps déjà, les curieux avaient gratté la terre autour des fanes :

— Oh! Fi de loup! C'est qu'elle est belle, not' trouff'!

Les grosses larves pâles étaient gonflées de suc et ne manquaient plus que d'un peu de soleil pour leur mûrissement.

Dieu soit loué! Et l'idée vint que peut-être — hé! hé! — ce pauvre vieux moinillon avait un puissant crédit auprès du Seigneur... A moins encore que tout le mérite n'en revînt aux organisatrices de la procession des Rousons? « Ça se pourrait bien! » pensaient-elles sans trop d'humilité.

Comment disait-il, déjà, cet évangile? « Une

femme forte, qui la trouvera ?... Elle est plus précieuse que les perles des extrémités du monde... Elle a ceint ses reins de force et affermi son bras... Trompeuse est la grâce et vaine est la beauté... » Cette religion-là coule comme du lait et du miel pour les Marie-j'ordonne de toujours.

En tout cas, dans le doute de savoir exactement, et dans l'euphorie des engrangements, on choyait le curé. Les dévotes se montraient généreuses. Chaque jour éclosait une gâterie sur son seuil, à l'abri d'un torchon bien propre — un pot de grillons, une assiettée de confits, les meilleurs morceaux d'un ragoût de poule, deux ou trois boudins, du lait, un fromage de chèvre...

Le saint homme, qu'un courant d'air pouvait emporter et qui n'était ni gourmand ni gourmet, s'attendrissait sur ces générosités. Il gardait le lait et les fromages, distribuait les viandes aux pauvres de passage, sans cesser de s'étonner que Dieu ait donné un cœur aux mécréants dont il avait la charge.

Ainsi passait le bel été de 1805.

En vérité, maintenant, on attendait le mariage. Ayant vécu les amours d'Amélie avec beaucoup plus d'intensité que l'intéressée, le village tout entier entendait bien participer à la cérémonie.

La date en avait été fixée en septembre par Victoire, suivant quelque horoscope connu d'elle seule. Aussitôt, Fidéline avait demandé à la métayère de lui fournir une pigeonne blanche. Elle aussi devait consulter le destin. Un soir, Théodule et elle s'étaient enfermés dans la cuisine, refusant fermement la présence d'une Mathurine déchirée entre le désir de voir les rites « sauvages » et la crainte de trouver ses médailles inefficaces pour une chose occulte de cette importance.

Nul ne sut ce que Théodule et Fidéline avaient lu

dans les entrailles de la pigeonne. Ils incinérèrent l'oiseau dans la grande cheminée et, au matin, ne restait dans l'âtre qu'un amas charbonneux qu'Anna éparpilla avec les cendres au pied de l'amandier.

Amélie avait regardé tendrement Fidéline, dont le visage était tragique :

— Déline, Dieu n'aime pas qu'on Lui force la main. C'est un péché, tu sais, de vouloir connaître l'avenir. Vis le présent et accepte ce qu'Il nous envoie...

Pendant tout ce jour-là, elle avait été encore plus silencieuse que de coutume et, le soir, face au jardin roussi par l'été, appuyant sa tête contre le chambranle de la porte, elle était restée longtemps immobile, longtemps, et personne n'avait osé la déranger.

Dès le 15 août, l'effervescence gagna de proche en proche comme un feu de broussailles. Seule la fiancée, immuablement calme et souriante, continuait à vivre comme si tout ce tintamarre ne la concernait pas.

Aucune lingère au monde n'avait jusqu'à ce jour fait une telle débauche d'amidon en si peu de temps que la Léonie-Mille-Goules... Il s'agissait, pour chaque paysanne, jeune ou vieille, de se commander à l'avance une coiffe propre, toute prête pour le grand jour. Léonie, allant de maison en maison, se faisait aider de sa grande bringue de fille. La pauvre Justine n'était guère adroite et sa mère, malgré les épingles qu'elle serrait entre ses lèvres, l'abrutissait de recommandations, d'ordres et de contrordres.

— Fais bien cuire l'empois. Essuie le petit fer. Attise les braises. Gare à la valenciennes do bavolet !

Justine reniflait et, bouche ouverte, lanternait sur l'ouvrage, songeant aux splendeurs des noces... Oh la la! qu'elle aimerait donc ça, être une mariée!

Piquant enfin la dernière épingle dans la mousseline glacée de son chef-d'œuvre, Léonie libérait le trop-plein de paroles qui risquait de l'étouffer :

— Y me suis laissé dire — et par quelqu'un qui touche de près à Beaumoreau — qu'on sera teurtous invités à la fête. Paraît même que ça serait un monsieur-monseigneur qui ferait la messe... Et le Jean tuera deux génisses rien que pour le repas de nous z'aut'... Ça sera les Beaudouin qui cuisineront. On mangera dans le pré...

Elle faisait virevolter sa marotte de bois pour bien revoir la symétrie des plissés, puis déposait la coiffe précieusement en équilibre sur le goulot d'une bouteille vide que la fermière rangerait tout en haut du cabinet, ramassait ses sous, enfouissait sa marotte dans un sac de toile, avec son amidon, ses épingles et ses ciseaux :

— Allez, Justine, faut nous en retourner, avour, ma fille, l'ouvrage nous manque point.

Madeleine-Beurdasse, elle, donnait dans le sentiment et les frivolités :

— Paraîtrait que Monsieur Axel envoie de Paris des choses dont on n'a point idée par ici. Même un collier de perles et des bijoux assortis pour mettre dans la chevelure. Nous autres, bonnes gens, on ne saurait même pas que ça existe, des beautés pareilles!

Les yeux au loin, elle rêvait, mordillant l'ongle de son pouce. C'était une glorieuse. L'orgueil lui était venu avec l'argent facile gagné par le moulin :

— Vous vous rendez compte, des bijoux pour

les cheveux ! Que n'invente-t-on point... ? Faut-il qu'il l'aime, tout de même !

Une chose était sûre : elle allait bien regarder comment tout se passait dans les mariages de la haute et rien ne l'empêcherait de faire de même quand elle marierait son garçon ! « Du moment qu'on peut payer comme eux z'aut' ! »

Mathurine atteignait le sommet de la suffisance. Elle se sentait les responsabilités d'un chef de protocole pour l'investiture d'une héritière du trône. Amélie ne lui avait-elle pas abandonné tous pouvoirs ?

— Nous ne connaissons pas les coutumes d'ici, avait-elle dit. Ce sera à vous, Mathurine, de commander ce qui doit être fait pour que tous ceux du village participent aux réjouissances et que nul ne soit lésé.

Pauvre Mademoiselle-la-grande, que n'avait-elle pas déclenché là ! La métayère, émue à suffoquer par le témoignage d'une telle confiance, parvint tout juste à articuler :

— Demoiselle, je vous remercie. Beaumoreau tiendra son rang, je vous en fais serment !

Elle en perdit le sommeil et, pour la première fois depuis son mariage, laissa du travail à la traîne.

Il fallait tout prévoir, à commencer par le repas des paysans et les bêtes à tuer. Beaudouinette cuisinerait, mais avec ce qui lui serait fourni — qu'elle n'aille pas croire, cette autoritaire, qu'elle déciderait tout comme à son habitude...

Les « familles » mangeraient dans la maison; ça regarderait Anna et Fidéline, et il y aurait des serveurs en livrée tout comme au temps des défunts rois, mais ce serait bien le diable si Mathurine ne trouverait pas le moyen d'aller mettre son grain de sel là aussi...

Voyons, prévoir encore le pain bénit pour l'église, les tourteaux du cortège qu'on offrirait tout le long du chemin. Des liards en réserve pour les fillettes sages qui tendraient un ruban sur le passage de la mariée et que cette dernière devrait couper pour avoir le droit de continuer sa route... Le coup à boire pour les gars qui feraient péter la poudre. Et il y en aurait, les fusils seraient chauds. C'était façon de rendre hommage à la mariée et de chasser le mauvais sort.

Fallait aussi secouer Jean. Il en aurait des fournées à faire, le malheureux! Et les écuries? Où allait-on loger tous ces équipages? Pas question d'entasser partout, entre des bat-flanc de fortune, des chevaux de race comme on le faisait pour les bourricots des jours de foire!

La toilette de Catherine... Fallait surtout que Catherine soit à son avantage. Qui sait si, dans ces serviteurs de bonnes maisons, il n'y aurait pas un garçon des villes capable de lui faire oublier son tisserand?

Demander aussi à Madeleine-Beurdasse de réunir des enfants à la voix claire pour leur faire répéter la chanson de la mariée.

Ah! C'était une fameuse responsabilité qui lui incombait là! Encore heureux que la nature l'avait dotée d'une tête solide.

Vint le moment de penser aux toilettes de ces demoiselles. Autant parler de révolution. Et encore celle qui venait d'envoyer tant de pauvres gens à la guillotine avait-elle provoqué moins de remous au village.

A force de se regarder dans les vitres pour essayer d'arranger leurs droguets aux modes parisiennes, des filles en perdirent le boire et le manger. De braves épouses, raisonnables à l'accoutumée, s'oublièrent certains soirs en d'interminables discussions, jusqu'à omettre de tremper la soupe familiale. Les hommes, émoustillés par de suggestives descriptions, en parlaient chez Beaudouin, en parlaient chez Emile, en parlaient chez Lucas. Ils échangeaient les nouvelles que leurs épouses leur rapportaient, le soir, à l'étable, à l'heure de la traite.

Calant la sellette à trois pieds dans la litière et s'asseyant sous le ventre chaud de la vache, la fermière ponctuait son récit de grandes giclées de lait au fond des seaux.

— Sais-tu qu'il est arrivé deux couturières de Paris... Pchtt! Pchtt! Pchtt! La patronne, je n'ai rien à en dire, sauf que c'est habillé, faut voir... Pchtt! Pchtt! Pchtt! Mais la cousette, comme on l'appelle, j' te jure que ça doit être quelque chose de propre... Pchtt! Pchtt!... Une drôlesse qui se démonte les fesses à chaque pas qu'elle fait et pointe des tétons à se les coincer dans les portes! Pchtt! Pchtt! Pchtt!

L'époux, qui épandait la paille fraîche sous les bêtes, s'arrêtait pour mieux imaginer, piquait sa fourche debout dans la litière et s'y appuyait des deux mains, prenant le faux air placide des ruminants :

— Eh bé! Eh bé! ma foi, faudrait essayer de voir ça!

Tout ce qui venait de la capitale était instructif et méritait considération.

Il envoyait un jet de salive vers le sol et reprenait sa fourche avec un nouveau zèle. La trayeuse appuyait un front plein de mirages contre le flanc doux de la vache... La gloire de Beaumoreau, il y en avait pour tous.

Ce n'était pas encore la mode des robes blanches pour les mariées. Le tissu choisi par la baronne était crème. « Coquille d'œuf », dira la

Parisienne à la bouche pincée. Sur un fond mat, dansaient des fleurs et des feuillages en arabesques de fil soyeux, d'un ton légèrement plus appuyé. Dans la lumière, la qualité en était telle qu'on aurait dit de l'or. Pour la fille aînée de Donatienne, Madame Victoire n'avait rien trouvé de trop beau.

Avec la robe étaient donc arrivées de Paris les deux plus étonnantes créatures que Tillou ait jamais accueillies.

Quand elles eurent déversé dans les bras tendus un monceau de sacs, mallettes, cartons et colis de toutes sortes, elles sautèrent légèrement devant le perron en relevant leurs jupes sur de coquins escarpins. Madame Ermance, la patronne, était sans âge. Menue, frétillante, on aurait pu la croire une jeunesse, n'eût été la peau du visage et des mains, tant soit peu fripée. Le toupet de tignasse rousse et frisée dépassant du chapeau n'en disait pas davantage parce qu'on s'apercevait vite qu'il était postiche. Elle était extrêmement élégante et vêtue, malgré la chaleur, d'une redingote puce au col relevé, qu'elle appelait « ma witchoura ». De même, le chapeau cabriolet qui lui cachait le profil et s'attachait par deux brides nouées en coque sous le menton était « son paméla ».

M'zelle Louise, que l'on disait Loulou, pouvait avoir seize ans, dix-huit ans peut-être. Mais sa jeunesse n'était pas celle de Phœbé ou de Catherine. L'œil vif et hardi, le cheveu sombre, les pommettes fardées, elle ne cachait pas son écœurement d'avoir été entraînée dans ce trou à croquants. Elle était vêtue à la dernière mode d'un spencer court et d'une jupe avec juste ce qu'il fallait d'ampleur pour suggérer des formes insolentes. Le tissu bon marché devenait sur elle du dernier chic. Elle était sûre d'elle, comme une fille qui a misé son va-tout sur sa seule apparence.

On céda la lingerie à ces dames de Paris. Fidéline les servait et Catherine fut appelée en renfort pour tenir à leur disposition tout ce dont elles avaient besoin : grands ciseaux, aiguilles, épingles, aimant, craies, bobines de fil. La petite paysanne ouvrait des yeux immenses et, quand on ne la regardait pas, s'essayait à faire bouffer son caraco et à marcher comme M'zelle Loulou. Les sabots ne s'y prêtaient guère.

La cousette fut extrêmement déçue par l'apparence de la fiancée, la simplicité monacale de sa mise. Madame Ermance, elle, ne s'y trompa point. Elle sut immédiatement comment elle couperait la robe de mariée pour transformer cette nonne en princesse. La « chanoinesse » avait de la classe.

Il fallait encore habiller Victoire, Marie-Aimée, Phœbé. Madame Ermance les réunit dans la lingerie. Ses patrons déployés sur la grande table, elle expliqua gravement :

— A Paris, nous portons cette année la taille sous la gorge et des manches ballonnées serrées le long du bras par de fines attaches à la mameluk... Les robes gagnent de l'ampleur à partir de la ceinture et s'arrêtent juste à la pointe du pied à l'avant, alors qu'à l'arrière la traîne peut être importante jusqu'à s'évaser en manteau de cour. La silhouette doit être fuselée et les formes révélées comme par des étoffes mouillées...

Ces dames de Paris créaient fébrilement. Elles avaient pris goût au café de Fidéline et œuvraient dans une surexcitation permanente de longues traînées de fils multicolores échappés des aiguilles piquées dans le corsage.

Amélie ne cachait nullement son détachement de ces futilités. Elle acceptait toutes les suggestions avec sa gentillesse habituelle, et une absence un peu triste. Marie-Aimée avait exigé du « très simple ». Toute somptuosité l'aurait éloignée davantage de ce garçon aux yeux clairs dont le souvenir la hantait.

Et le miracle fut Phœbé. Les artistes furent récompensées de leur labeur. Une princesse de légende émergea de la gaze légère à peine teintée de rose. Elle en jaillissait grandie, affinée, tendre et claire comme une fleur fragile. Au dernier essayage, Madame Ermance ne put contenir son enthousiasme et convoqua toute la maisonnée pour un défilé à la lingerie à seule fin d'admirer la transformation de Mademoiselle-petite.

Phœbé tournait et retournait devant la psyché, fascinée par cette étrangère qui la regardait. La baronne bafouillait, émue :

— Mon Dieu, Petite, mais tu es belle... Que disais-je ? Mais c'est vrai que tu le mérites, ton prince blond !

Fidéline pleurait des larmes de bonheur et les aînées souriaient. Axel, debout dans le chambranle de la porte, regardait avec l'avidité d'un mendiant devant un festin, la mâchoire serrée sur un intolérable regret.

A force d'ajouter de menus instants fébriles aux longues heures de travail, d'espoir, d'angoisse et de projets, à force de faire, défaire et refaire le quotidien, on se trouva un matin à la veille du grand jour.

La touffeur des orageuses journées d'août était revenue. On regardait les horizons blancs sans y trouver le moindre espoir de rafraîchissement. « N'y a pu d' saisons ! » se plaignait le grand Jean, dégoulinant de sueur, en défournant sa dernière cuisson de pain.

Madame Ermance et M'zelle Loulou commençaient à emballer leur matériel. Il n'y aurait plus qu'à habiller ces dames demain pour la cérémonie, participer aux agapes comme toutes les bonnes couturières étaient invitées à le faire, et puis, hop ! bon vent et vive la capitale !

A midi, le village tomba en léthargie. L'ombre rayée des volets mi-clos sur les murs chaulés entretenait une relative fraîcheur de cloître espagnol. Les enfants parlaient bas et les femmes engourdies sommeillaient à demi, assises contre l'horloge sur des chaises basses — chaque maison avait sa chaise-à-mailloter, offerte par les maris attentionnés à la naissance du premier enfant pour que les jeunes mères apprennent à langer sur les genoux. Les hommes ronflaient dans le foin ou la paille, le corps abandonné, le chapeau sur le visage. C'était la méridienne, l'heure de grâce des journées chaudes.

Par trois fois, Julien fit corner le luma. Les trois terribles mugissements, aussitôt suivis du tintement triste de la cloche sonnant le tocsin, ne pouvaient tromper personne, pas même les plus ensommeillés qui se relevaient ahuris... C'était quoi ? La guerre ? Le feu ? L'invasion barbaresque comme aux temps anciens ? La fin du monde ?

Le temps de rameuter les siens autour de soi et déjà le cri montait des chemins poussiéreux :

— A l'aide, teurtous ! A l'aide, les gars ! N'y a un chin gâté qui s'en vient de Luché ! Au chin gâté ! Au chin malade ! Au chin fou !

Gâtineau-le-dératé, un simplet qui pouvait courir des heures d'affilée sans s'essouffler, était déjà loin.

« Beaucoup de bruit pour un chien enragé », pensa M'zelle Loulou. Elle ignorait, cette innocente perdue dans ses soieries et ses dentelles, la peur que pouvait lever un « chin gâté » dans les campagnes. Pour ceux qui se faisaient mordre, c'était la mort, atroce, pire que la peste ou le choléra.

Comme toujours après le tocsin, les femmes et les enfants se verrouillèrent, on enferma les animaux, les hommes attrapèrent les armes — fusil, fourche ou grand dail.

Abel interrogea Amélien du regard et, sur un signe d'approbation, s'en fut chercher le fusil du défunt baron. Il rejoignit le grand Jean dans la cour. Axel de Laurémont, qui n'avait pas ses armes, resta avec les femmes. De toute façon, il n'allait pas se mêler à ces paysans équipés comme pour une jacquerie.

Le chien gris, un berger, venait d'une ferme isolée, « la Brûlerie ». Depuis quelques jours, triste et hérissé, il refusait travail et nourriture. Un des garçons de la maison, un adolescent de quinze ans qui l'avait élevé et partageait ses jeux, lui voyant la gueule pleine de bave, crut qu'un os de volaille s'était fiché dans sa gorge et voulut regarder. Mais le chien, soudain furieux, l'avait vilainement mordu à la figure et aux avant-bras. Le père avait immédiatement donné l'alarme.

La rage paralysante était moindre mal, la bête ne pouvant plus se mouvoir était facilement abattue ou mourait d'inanition sans faire en général de victime. Mais la rage folle poussait la bête malade à partir loin, toujours plus loin, mordant furieusement tout et tous, la mort aux crocs.

Cette fois, la chasse ne fut pas très longue. On trouva le chien gris dans un creux de carrière. Babines retroussées, la gueule pleine de mousse sanglante, il était prêt à bondir. On laissa s'approcher Abel et son fusil merveilleux. La décharge toucha au cœur. Le petit homme sévère en fut soulagé; il appréhendait la mise à mort paysanne, qui libère en atrocités toutes les peurs refoulées. On brûla le corps à l'endroit précis où le sang et la salive avaient coulé.

Jean et Abel revinrent à Beaumoreau. Tout le monde les rejoignit à la cuisine et Fidéline monta de la cave un pichet de vin frais. Les deux hommes racontèrent, et racontèrent encore. Il fallait rassurer les femmes, exorciser la peur de la mort.

Axel de Laurémont, étonné de découvrir le fusil du baron aux mains d'un simple cocher, demanda à voir l'arme. Monsieur Abel fit glisser la bretelle de son épaule, vérifia que la culasse était vide et tendit le fusil. Axel le prit, le soupesa, caressa de ses doigts l'argent niellé et, tout naturellement, épaula et visa un point quelconque dans la cour.

— Non! Non!...

C'était un cri terrible. Les lèvres tremblantes, une indicible horreur aux yeux, livide, Amélie n'arrivait pas à se dominer. Qu'avait-elle donc vu? Qu'avait-elle imaginé?

Axel aussi était pâle. Il frissonna, et reposa le fusil sur la table, murmurant du bout des lèvres que c'était une arme splendide.

Amélie, mains nouées, faisait effort pour reprendre son calme :

— Pardonnez-moi, dit-elle, je ne sais ce qui m'a prise... Cette chaleur orageuse sur les nerfs... Je suis ridicule.

Tout comme si Mademoiselle-la-grande eût habitué son entourage à « avoir ses nerfs »...

Axel se retira tôt, prétextant devoir accueillir à Melle quelques-uns des invités Laurémont. Il s'inclina devant ces dames avec sa galanterie habituelle, mais son beau visage gardait un pli amer. Devant Phœbé, il marqua une hésitation, puis se retourna brusquement. Elle le suivit des yeux jusqu'à ce qu'il eût disparu.

Enfin, vint le grand jour.

Cette fois, la métayère de Beaumoreau pouvait être fière d'appartenir à la maison!

Depuis le matin, les équipages arrivaient et déposaient les voyageurs aux portes du salon.

Ils étaient là, les « messieurs de », en habit somptueux ouvert sur la culotte courte et claire; les émigrés de retour d'exil rachetaient leur tenue démodée par un grand air de dignité triste; les douairières empanachées, frémissantes de toutes leurs plumes d'autruche, cliquetantes de toutes leurs dorures; les cousines de La Rochelle, endiamantées et jetant mille feux. Il y avait même de jeunes officiers de la Garde, tout chamarrés, papillonnant autour des filles aux yeux baissés.

Tout ce beau monde débordait un peu de la maison vers les bancs disposés sous la hêtraie et dans le parc. Et, massés tout au bout, à la limite de la prairie, les vrais amis des Demoiselles. Ceux de chez nous, endimanchés pour faire honneur...

Marie-Aimée et Catherine y cherchèrent vainement la silhouette du tisserand, qui avait choisi ce jour-là pour aller faire une livraison lointaine.

Amélie parut enfin. Il y eut un murmure admiratif. Madame Ermance avait vu juste; la mariée, dans sa dignité, portait sa toilette lumineuse avec l'aisance d'une reine.

Elle sourit à droite, sourit à gauche, tendit son front de part et d'autre et s'avança vers les jardins. Nul ne s'y trompa. C'était pour ceux du village qu'elle s'approchait ainsi avant la cérémonie.

Le souffle coupé, les braves paysans la regardaient s'approcher. Enfin, fusèrent des ah! et des oh! d'admiration.

— Oh! min, mon Dieu, qu'elle est donc belle!

Victoire bourdonnait comme une mouche dans

un piège. Sa toilette ne se prêtait nullement au camouflage de la poche miracle, restée dans sa chambre. Mais à peine si elle avait le temps d'y penser. Il fallait qu'elle ait l'œil à tout.

— Mais enfin, demanda-t-elle, où est passé Axel ?... Ce cher garçon va nous mettre en retard !

La douairière de Laurémont, personnellement mise en cause, se cacha derrière son face-à-main :

— Axel nous suivait...

Mais on entendait le bruit d'une voiture. Ce fut le valet de chambre du fiancé qui en descendit, portant une gerbe de fleurs précieuses. Quelle serre avait-il ainsi dévalisée ?

La baronne pensa que décidément ce garçon savait vivre. Amélie, souriante, prit la gerbe, la passa à Anna et fit sauter les cachets de cire de la lettre qui l'accompagnait.

Elle était debout sur les trois marches séparant la terrasse de la hêtraie, en pleine lumière; le soleil ruisselait sur la silhouette radieuse. Tous la contemplaient, subjugués.

Elle lut lentement. On eut l'impression qu'elle se redressait pour se tenir plus droite. Rêveuse, elle fixa un point droit devant elle. La tête inclinée sous son diadème de perles, elle parut écouter quelque écho lointain, puis elle releva un visage paisible. De sa voix qui ne tremblait pas, ayant simplement l'air de demander qu'on l'excusât pour une impardonnable distraction, elle dit alors :

— Mes amis... mes amis, je suis désolée de vous décevoir, mais je crois... oui, je crois vraiment que monsieur de Laurémont ne viendra pas.

Il y eut un temps de silence atterré, puis un murmure d'incrédulité qui devint enfin brouhaha.

La baronne s'empara de la lettre, et lut d'une

voix extraordinairement aiguë : « Pardonnez-moi, Amélie... Je ne suis pas digne. » Elle toisa la douairière. Celle-ci, d'un naturel sanguin et d'une famille où l'apoplexie était de bon ton, se pâmait, tête ballottante. Ses alliés se précipitèrent pour l'assister. On chercha des sels, on délaça les toilettes...

Victoire n'était pas femme à se trouver mal, mais elle s'était assise sur la première marche du perron comme une soubrette et, les yeux exorbités, la bouche ouverte comme une carpe hors de l'eau, se comprimait le cœur à deux mains. Et Anna, une fois n'est pas coutume, accourait avec la topette de cognac.

Il y eut des crises de nerfs, des évanouissements, des gémissements, des rires d'hystérie et même quelques sourires furtifs, parce que les envieux sont partout. Quand le tumulte s'estompa, on entendit à nouveau la voix de Mademoiselle-la-grande, voix douce, sans la moindre fêlure, qui s'adressait aux gens du village :

— Je vous en prie, mes amis, il faudra porter les fleurs, toutes les fleurs à l'église, à l'autel de la Vierge... Madame Beaudouin servira le banquet et je souhaite que vos réjouissances se déroulent normalement.

Elle sourit avec un rien de mélancolie.

— Il n'y a tout de même pas eu mort d'homme !

Mais justement, les invités de choix, eux, étaient comme en deuil. Les hommes, gênés, s'inclinaient rapidement devant cette mariée qui n'en était pas une, les dames s'agitaient, sortaient de leur réticule des brimborions de dentelle et s'essuyaient les joues, délayant poudre et fards :

— Ma chère enfant, quel affront !
— Ne vous doutiez-vous de rien, ma chérie ?
— C'est une consolation de se dire que vous

venez d'échapper à un grand malheur. Cet Axel a le cerveau dérangé !

« Ma chère petite » par-ci, « mon enfant » par-là : un peu de fiel teintait la commisération.

Mais Amélie était loin, déjà à nouveau réfugiée dans cette paix grave où était sa vraie place.

Enfin, elle put s'échapper et monta à sa chambre. Quand elle en redescendit, elle avait revêtu la petite robe d'indienne grise qu'elle portait en arrivant chez nous.

On ne pouvait renvoyer ainsi les invités lointains. Des laquais en habit servirent un en-cas dans l'argenterie plate des jours de gloire. On papota tout bas comme au chevet d'un grand malade. Puis on prit congé.

Sur le soir, quand tous furent partis, Amélie étendit la toilette merveilleuse sur le bois ciré de la grande table et, d'un ciseau sûr, y tailla la chape d'église que, pendant plus de cent ans, porteraient les prêtres d'ici quand ils nous béniraient.

15

LE CHEMIN DE LA BRÛLERIE

L'aube se leva sur un jardin saccagé. Vers la minuit, l'orage avait éclaté, bref et terrible. La pluie avait crépité un moment, puis, vite calmée, s'était mise à ruisseler en larmes silencieuses et tièdes jusqu'au matin, comme pour laver jusqu'au souvenir du mariage de Mademoiselle-la-grande.

Marie-Aimée hésita devant la porte d'Amélien.

Sur le seuil usé, une clarté filtrait. Elle heurta doucement :

— Puis-je entrer, oncle ?
— Bien sûr, ma petite fille.

Assis devant sa table, il écrivait. Depuis quand était-il levé ? S'était-il seulement couché ? Il expliqua :

— Tu vois, je mets de l'ordre dans mes notes. J'aurais aimé rester encore longtemps ici, il y a tant à faire... Mais Victoire n'y tient plus. La défection d'Axel lui est une injure personnelle. Elle était vraiment malade hier soir. Nous partirons dès qu'elle se sentira mieux.

Marie-Aimée était consternée :
— Vous reviendrez ?
— Le plus tôt possible, je te le promets... Je commençais à m'habituer... Comment va Amélie ?
— Je crois qu'elle est soulagée, répondit Marie-Aimée. Il semble que les petites Forgier ne soient pas faites pour le mariage ! Du moins les aînées... Tante se rattrapera avec Phœbé !... Oncle, je venais vous parler de ce garçon mordu avant-hier. Je vais y aller ce matin. Que peut-on contre la rage ?

Le visage d'Amélien se creusa :
— Rien, dit-il, rien... Nous sommes impuissants. J'ai envoyé Abel demander si on accepterait mes soins, quoiqu'ils ne puissent être qu'inutiles, hélas ! Peut-être, immédiatement après la morsure, aurait-on pu exciser la plaie, la brûler, la nettoyer à l'alcool camphré ? Beaucoup de tortures pour un résultat aléatoire, et il était déjà trop tard... La mère a refusé. Elle a prétendu avoir sous la main tout ce qu'il lui fallait.

— Mais que pouvait-elle donc avoir, la malheureuse ?

— Oh ! les remèdes empiriques de nos guérisseurs, probablement, c'est-à-dire de l'iris bleu qu'on appelle passe-rage, de la cardamine des prés, de la fiente de poule blanche. Cela réussit parfois, mais seulement à condition que le chien n'ait pas été vraiment atteint de rage... J'ai lu un très vieil ouvrage préconisant la poudre de coquilles d'huîtres calcinées. Il fallait en prendre six fois, quatre jours de suite, sans aucun liquide ni ingrédient qui puisse aider à l'absorption. Si je te dis qu'il était précisé que seules les coquilles d'huîtres mâles étaient efficaces, tu comprendras la difficulté de la préparation...

Marie-Aimée restait crispée.

— Mais alors, pour l'enfant, oncle ?

— Recommande qu'on le tienne isolé des autres. Qu'on se méfie de ses réactions aux premières crises furieuses. Je vais te donner des potions calmantes, des graines d'opium. Laisse-moi inspecter tes mains, si tu as la moindre écorchure, ne le touche pas. Il y a presque une lieue d'ici à la Brûlerie, prends donc la voiture.

— Merci, oncle, je préfère marcher.

C'était un de ces matins d'après la pluie. L'air était léger, le soleil clair, on avait envie de bonheur pour tous. Quelle misère de savoir qu'au bout du chemin un enfant était en proie à la mort.

Passant la porte de la Brûlerie, Marie-Aimée trouva toute une assemblée autour de la grande maie servant de table. Sans doute la parenté était-elle venue apporter son réconfort. Une très vieille femme se leva :

— Merci d'être venue, demoiselle. Entrez donc... Clarisse, ma bru, est auprès de lui, venez.

La chambre était dans la pénombre. Seul brûlait le chaleuil, la petite lampe à huile des veillées d'hiver.

L'adolescent reposait, les mains jointes sur un

Christ grossier taillé au couteau dans une branche de fruitier. Un rameau de buis trempait dans une écuellée d'eau bénite.

Brusquement, Marie-Aimée, s'emparant du chaleuil, l'approcha du lit. L'enfant était mort. Cela avait été un bel adolescent grand et fort. Une déchirure de chairs mâchurées partait de la paupière droite, marquait vilainement la haute pommette et descendait jusqu'à la lèvre... Mais il y avait autre chose, qui assaillait brutalement la jeune fille. L'enfant était violacé; sa chair paraissait déjà se décomposer :

— Qu'avez-vous fait ? demanda-t-elle. Mais que lui avez-vous donc fait ?

Elle n'avait même pas eu conscience de parler à haute voix.

La mère sortit de l'ombre, lourde dans ses amples jupes à plis, sans qu'on sût si cette lourdeur venait d'une maternité future ou de l'empreinte des maternités passées. Elle avait, comme le petit, des pommettes saillantes, et ses beaux yeux sombres étaient plein de feux :

— Oui, demoiselle, il est mort. Et c'est moi... Mais vous, qu'auriez-vous fait, si vous aviez eu un garçon de quinze ans comme lui ? Mon meilleur... Mon premier... Et cinq autres à tourner autour, à dormir ensemble... Vous auriez attendu un miracle ?

Elle raconta, la femme, avec les pauvres mots de tous les jours, comment elle avait d'abord fait rougir le tisonnier pour brûler la plaie, et comment elle n'avait pas su, pas pu, pas osé... Et que de toute façon le poison était déjà entré dans le corps du garçon. Elle lui avait demandé d'attendre un peu, disant qu'elle connaissait le remède. Elle était descendue aux prés bas, où les veilleuses violettes commençaient à fleurir, elle en avait déterré des oignons. Pour faire bonne mesure, elle avait ajouté des gantiers pourpres de Notre-Dame. Il avait bu la tisane en faisant la grimace comme quand il était tout petit : « C'est mauvais, mais si tu dis que ça guérit... » Et il avait demandé pourquoi on n'en avait pas donné à Tant-Beau, le chien gris. Et puis il avait essayé de vomir, et puis il s'était endormi, et elle, sa mère, n'avait même pas vu quand le souffle lui avait manqué. Au moins, il n'avait pas souffert...

Marie-Aimée était horrifiée. La femme alors se fit violente :

— Vous savez ce qu'on leur fait à ceux qui sont mordus ? Vous auriez voulu, vous, que votre enfant meure étouffé entre deux couettes ? Avec des hommes dessus transformés en bourreaux ? Vous en avez déjà vu des corps tout recroquevillés, pleins de bave sanglante ? Moi, j'ai pas voulu ça pour lui...

À l'instant, Marie-Aimée aurait donné sa vie pour la vie du garçon. Elle recula jusqu'à la porte.

La mère s'était approchée du lit. De sa main crevassée, elle effleura le visage noirci :

— Dors, va, mon petit boun ami, mon drôle jholi. Dors, tu n'auras plus jhamais de mau...

Il avait suffi d'une nuit de bourrasque sur les feuilles roussies par le gros soleil de ces derniers jours pour les détacher des haies et en faire une litière d'or. L'automne s'installait en beauté. « Dieu qu'on dit de bonté, pensait Marie-Aimée, pourquoi, mais pourquoi permettez-vous cela ? Comment est-ce possible ? De quel péché inexpiable exigez-vous rançon ? » C'était l'éternelle révolte contre la souffrance des innocents, la question à jamais sans réponse.

Tout contribuait à son désespoir, et même le

bruissement léger de son pas dans le tapis de pourpre et d'ocre, et même, au loin, le trot sourd d'un cheval. Elle aurait voulu... Elle ne savait quoi... Prier ? Crier ? Elle serait à jamais sans consolation...

Le cavalier qui approchait portait le feutre à large bord et le lourd manteau agrafé d'argent des paysans aisés, cette pèlerine si ample qu'elle protégeait à la fois l'homme et sa monture. Quand il fut à la hauteur de Marie-Aimée, il arrêta si brusquement son rouan que celui-ci fit un écart.

— Demoiselle ! s'exclama une voix joyeuse. Par exemple ! Que faites-vous en ces chemins perdus ?

Nicolas Giroux sautait à terre. Elle eut un élan de tout son être pour se jeter contre lui, se reprit à temps, mais son visage restait illuminé :

— Colas, oh ! Colas, si vous saviez...

C'était un cri de délivrance et il en fut bouleversé. Il cacha son émotion sous la raillerie :

— Si je savais quoi ? Je vous croyais encore aux refrains de noce... Ou tout ensommeillée d'avoir trop dansé avec les beaux messieux...

Il fredonna :

— « T'as perdu tes gants, P'tit Jhean, tu n'auras p'us de mitaines ! »... Vous vous souvenez ?

— Vous ne vous laissez pas facilement oublier ! dit-elle. Il n'y a pas eu noce, hier, mais ce n'est pas ce que je voulais dire. Le chien enragé...

Le tisserand ne comprenait rien. Il plia son manteau et l'étendit sur le muret de pierres sèches qui, bordant le chemin, s'adossait à une haie :

— Asseyons-nous, dit-il, et racontez.

Comme tout était simple. Marie-Aimée parla, parla, raconta les fiançailles une première fois rompues là-bas, dans l'île, les retrouvailles arrangées par Victoire, le tocsin, le fusil, le geste irréfléchi d'Axel réveillant tous les souvenirs. Au matin, cette humiliation devant tous les invités. Et à présent cette chose affreuse, la mort de cet enfant.

— Comment, demanda-t-elle, une mère peut-elle ? De quelle sorte de courage s'agit-il ?

Très naturellement, il lui entoura les épaules de son bras et la serra contre lui. Cela n'avait rien d'équivoque. C'était un rassurement, une façon de la protéger par sa force à lui, de se lier l'un à l'autre :

— Demoiselle, ne vous tourmentez pas inutilement, allez... Nous sommes trop rudes pour vous, ne nous jugez pas. La Clarisse, je la connais, c'est une vaillante. De mon point de vue, elle a fait ce qu'elle devait et, pour le garçon, à présent, c'en est fini de souffrir. C'est bien ainsi, croyez-moi.

Il se baissa, cueillit une longue tige de graminée et, de nouveau souriant, lui en caressa la joue, comme il aurait fait pour taquiner un enfant et le distraire de son chagrin :

— Mais alors, demanda-t-il, ce bel officier n'aurait été qu'un goujat ?

— Je ne pense pas. Je ne l'aimais guère, mais pour la première fois il m'est presque devenu sympathique. Timoré, féru de convenances, hanté par le qu'en-dira-t-on, soumis comme il l'est à sa douairière de tante, il lui aura fallu presque de l'héroïsme pour se dérober ! Amélie en paraît délivrée... Alors, bon vent !

Ils se turent, Nicolas Giroux et Marie-Aimée Forgier, parce que d'être ensemble leur suffisait et qu'il n'y avait pas de mots pour dire ce qu'ils vivaient. Sans doute était-ce l'un de ces moments de grâce comme nous en connaissons un ou deux dans notre vie et qui réveillent en nous le souvenir confus de ce que furent les jours au paradis terrestre.

Il y eut le cri aigre d'un geai qui s'épouillait dans un merisier. Une merlette vint effrontément sautiller près d'eux. Il y eut... Rien, en somme. Lui et elle seulement... L'un près de l'autre et qui ne se regardaient même pas.

Quand enfin le soleil atteignit le zénith, Colas Giroux se leva et alla fouiller dans ses fontes. Sur une serviette blanche, il déballa un pain rond, un poulet rôti et d'admirables brugnons de vigne. Il expliqua qu'il arrivait des Charentes, où il avait tissé une pièce de lin comme il n'en avait jamais vu par ici. C'était chez un vieux grognon qui venait d'épouser une jeunesse et ne trouvait rien de trop beau pour elle.

— Elle était jolie, votre hôtesse? demanda Marie-Aimée.

Il la regarda, incrédule, peut-être flatté... Serait-elle par hasard sur certains points pareille aux autres femmes? Il prit son temps :

— Pour ça, oui... Enfin, pour ceux qui les aiment brunes et hardies. Et j'ai même grand-peur qu'elle ne soit guère farouche. Enfin, là, je n'ai pas de certitude. Je suis parti trop tôt.

Vite, il ajouta, blagueur :

— L'idée, faut croire, qu'une amitié plus précieuse m'attendait sur le chemin de la Brûlerie...

Quand on en fut aux brugnons, il choisit pour elle le plus ferme, le plus rouge; on sentait, sous la peau douce et tiède, la chair nourrie de soleil et de rosée. Elle y mordit; un peu de jus doré perla à la commissure des lèvres... Il dut serrer les poings pour se maîtriser : « Ah! fant de loup, je vais en perdre la tête! »

Mais il lui prit doucement le fruit des mains et,

à son tour, mordit à l'endroit précis où elle avait mordu :

— Pour connaître vos pensées, demoiselle...
— Mes pensées ? Je ne puis guère les dire. Est-ce que je les connais seulement ?

Ses pensées ! Elles étaient que, de toutes ses forces, de tout son cœur, de toute sa chair, elle appelait cet homme différent d'elle par le rang, l'éducation, la religion...

« Un paysan ? dirait tante Victoire. Nenni, nenni, ma fille, tu ne vas tout de même pas laper ta soupe à l'écuelle dans une masure ! » Evidemment, il ne s'agissait pas de cela, mais la baronne voulait dire que chacun doit rester dans son monde. Et Amélien le sage demanderait : « La grande flambée passée, comment vous comporteriez-vous ? Pense à l'usure des jours... »

Nicolas regardait une feuille rousse irisée de mauve que soulevait le vent. « Va falloir, mon gars, t'arranger pour vivre avec cette faim en toi parce que les autres filles à présent ne compteront plus guère. Les beaux messieurs ont de la chance qui élèvent les femmes jusqu'à eux. Un prince peut épouser une bergère sans déchoir; en ces derniers temps si troublés, quand les nobles déguisés en valets trouvaient cachette chez leurs métayers pour préparer les combats clandestins, les filles de la maison furent nombreuses à ne pas se montrer rebelles. En a-t-on négocié de ces mariages hâtifs avec d'honnêtes laboureurs tout prêts à assumer la faute ! Et il y en a pas mal de ces petits paysans mitigés de sang bleu, comme aînés sans problème des nichées de par là... Ouais, mais qu'une châtelaine accepte d'un manant quelques instants d'oubli, hé là, c'est une gueuse... Et lui, le malheureux, est à jamais chassé hors des honnêtes gens. Quand on mélange les louis d'or et les œufs de cane, le tri se voit toujours. S'expatrier vers les terres lointaines, comme son ancêtre à elle? Il n'y a plus d'îles à conquérir et un tisserand n'est pas un flibustier. Alors, voilà, va falloir s'arranger de ça, ma belle fille, se revoir en passant, se regarder de loin. Ma sainte, ma chérie, ma belle-aimée-à-moi...

Il leva les yeux vers elle :

— Deux liards pour un sourire, demoiselle!

Elle restait grave :

— Je me demandais, Colas, si nous ne nous étions pas connus dans une autre vie? Comment, sans cela, expliquer cette force qui nous lie, cette entente? Peut-être étions-nous jumeaux?

— Voyez-vous, demoiselle, je ne connais pas ces choses, mais que la vie d'à présent nous accorde beaucoup de moments comme ceux-là, et moi, je m'en arrange, tout en préférant ne pas être votre frère...

Il y avait tant de détresse dans la façon qu'elle eut de le regarder soudain qu'il se permit pour l'égayer un tout petit baiser léger, léger, juste au coin doux de l'œil pour ne pas tirer à conséquence. « Ah! bon sang, se railla-t-il encore, tu es mal parti, tisserand, pour l'amourette légère... Si François Mauret et Louis Baron voyaient leur franc compère, j'aurais l'air faraud... Un bécot et une reculade par crainte de prendre feu! »

Puis il fallut partir. Ils regardèrent encore cet endroit pour bien en garder l'image dans leur cœur. Ils allèrent lentement, le rouan paisible derrière eux.

En passant devant la carrière, il enleva son grand chapeau pour saluer la terre où se défit l'ancien. Expliqua :

— C'est l'usage chez nous : on salue le grand-oncle retourné en poussière par là-dessous, il y a bien du temps.

— De quoi est-il mort ? s'enquit Marie-Aimée, pensant à une lèpre, une peste l'éloignant à cause de la contagion.

— Du mal des Giroux et de leur goût pour les grandes dames... Mais n'ayez crainte, celle-là, c'était une garce !

A la croisée des chemins, il s'arrêta :

— Il faut à présent nous dire adieu. Inutile qu'une Mille-Goules nous aperçoive de compagnie. Pour moi, ce serait tout honneur, mais je n'aimerais pas que quelque malveillant vous salisse.

Qu'il prît soin de sa réputation fut à Marie-Aimée doux comme une caresse.

Elle eut un sourire qui se voulait brave et leva la main en adieu. Il la regarda, puis, sautant sur le rouan, s'éloigna à son tour.

Devant la maison, Abel nettoyait la berline et, dans le hall, Anna entassait déjà des bagages.

Amélien, Victoire, Abel et Anna partirent trois jours plus tard. La baronne, le teint brouillé, l'œil terne, était de méchante humeur, déjà pressée d'arriver à Paris. Amélien promit de revenir au plus tôt.

Quand la voiture passa le portail, on comprit que c'était tout un pan de vie qui basculait.

16

UN COUP DE LUNE

Victoire, en précipitant son départ, semblait désavouer sa nièce et laissait tout le monde perplexe. Et il arriva que la compassion du premier moment se changea en scandale.

A nous autres, il est souvent reproché d'avoir l'esprit léger et tant soit peu versatile. Est-ce notre faute si nous naissons sur une frontière, à jamais écartelés entre le mysticisme celte et la joie de vivre des pays d'Oc? Enfants gâtés d'un terroir facile, nous touchons à tout sans grands risques, notre sol est fertile et notre climat heureux... Sans compter ce vent du large qui se souvient du temps d'avant des enlisements, quand le flot mordait les côtes toutes proches. Ce vent qui, à certaines lunes, courbe nos palisses, corne sur nos tuiles, fait chanter le feu au plus serein des veillées et souffle à pleines bourrasques des rêves d'évasion. C'est en l'écoutant que nous ressentons vraiment notre mal d'ailleurs... Cela dure quelques jours ou quelques heures et puis nous redevenons sages et casaniers.

En cet automne de 1805, nos pères ainsi renièrent ce Beaumoreau qu'ils avaient adoré.

La cuisine de la grande maison n'abritait plus que deux Noirs prostrés et un oiseau triste. Phœbé en poussait la porte dix fois par jour, sous différents prétextes. D'une main vive, elle caressait à rebrousse-poil la tignasse laineuse du grand nègre, frottait une joue fraîche contre le visage de Fidéline et questionnait le perroquet :

— Tu vas bien, Coco ?

Non, Coco n'allait pas bien et ne le cachait nullement. Il répondait d'un seul mot, toujours le même, bref et malsonnant. La petite riait :

— Oh ! Théodule, que ton oiseau est donc grossier !

La cloche restait muette. Nul ne réclamait plus de soins, n'amenait plus d'enfants à garder. Il n'y avait pas eu un reproche, un mot d'explication, rien. Mais la brise, dans le frémissement des herbes sèches, semblait répéter ce qui se murmurait partout : « Saurons-nous jamais le fin mot de cette histoire ? Ça paraît louche ! Qui nous dira ? Qui nous contera ? »

Mathurine agença, dans la haie du clos où l'on parquait les truies et qui jouxtait le chemin descendant à la rivière, une trouée à hauteur de buste, une musse qui s'ouvrait et se fermait à la façon d'une grille de confessionnal et où les confidences avaient un rassurant goût de secret :

— Mais enfin, toi, Mathurine, demandaient les femmes l'une après l'autre, tu dois tout de même te douter de quèque chose ?

Mais Mathurine, comme les autres, demeurait sur sa faim.

La lettre d'Axel était restée deux jours sur le plateau d'argent réservé au courrier dans la bibliothèque. La métayère s'en était approchée, le cœur battant, silencieuse sur ses chausses de laine. Elle pouvait témoigner :

— Voui, je l'ai vue de mes yeux, thielle lettre, et je l'ai même lue puisque mon pauvre défunt oncle curé avait voulu m'apprendre la lecture... Et c'est vrai qu'il y avait « Je ne suis pas digne », mais quant à dire de quoi, ça, on n'saura jamais, m'en doute...

Ah! Que c'était donc pénible! On épiloguait, on échafaudait, et si, et si...

La grande maison était comme une île, ou comme une prison.

Heureusement, les récoltes pressaient. On remit donc les parlotes et les éclaircissements à plus tard, au temps des veillées. Après tout, il allait être temps de s'occuper des pommes de terre, et ceux de Beaumoreau n'y étaient pas pour rien. Sans compter que les Demoiselles avaient du bon, qui gardaient les enfants et pourraient soulager les premières influenzas. Timidement, on recommença à tirer la clochette. Les Demoiselles étaient là, comme si rien ne s'était passé.

Chacun eut enfin, au frais des celliers, sa première récolte de trouff'. Les ménagères ne se lassaient pas d'aller les contempler, blondes et lisses, sur leur jonchée de paille. Les pommes-fruits, entassées au coin des hangars à baller, attendaient le broyeur et attiraient les dernières guêpes. Les tonneliers amateurs mettaient tremper les futailles et tapaient joyeusement les cercles desserrés en supputant le poids des grappes. Il faudrait encore gauler les noix, ramasser les châtaignes, faire les tueries de cochon, gaver les oies. Les premières veillées seraient pour éplouner(1) le maïs et énoujher(2) les noix...

En attendant, les laboureurs attelaient les bœufs aux charrues, et de la plaine montaient des voix graves : « Allez, va, mon Cadet, va... Vire, mon Compagnon, vire, oooh! oooh! tout doux!... »

L'azur des soirs se fit plus dur, tourna au violet. Les couchers de soleil se teintèrent de sang au-dessus de Lusseray. L'aurore devint d'ouate blanche certains matins frisquets. L'air sentait les

---

(1) Effeuiller les épis de maïs.
(2) Casser en parlant des noix.

fumées d'écobuage et les fruits surissants. La douceur de vivre prit la mélancolie aiguë des choses qui finissent.

Il fallut bien s'installer dans l'hiver.

Un soir de mauvais temps, deux ou trois miséreux se faufilèrent dans la grange. Puis d'autres vinrent, et d'autres encore. Fidéline ne fournissait plus à tenir la maison et à cuire les chaudronnées de soupe. Le grand Jean vint offrir sa sœur Louise pour remplacer Anna. C'était une veuve encore jeune et sans enfants. Elle avait de larges yeux expressifs et un air de grande bonté. Elle était aussi silencieuse que Mathurine était bavarde. Elle s'intégra entièrement à la maison et son dévouement fut sans limites.

Dès la Saint-Nicolas, on aperçut des loups. Pas les fauves habituels des hivers rigoureux, qui trottinaient vers nous des forêts morvandiaudes, le poil roussâtre, l'échine arquée, craintifs de l'homme. Ceux-là étaient de grosses bêtes grises hautement charpentées qui venaient d'au delà les frontières, des steppes de l'Est où le canon tonnait et d'où les mouvements de troupes les avaient sans doute dérangés. Ils passèrent les plateaux limousins et s'égaillèrent dans nos bois. Les Bassaires, qui bûchaillaient aux Bergeronneaux de Sompt, ne durent leur salut qu'à une fuite éperdue.

Puis Marie-do-serdines, revenant à l'aube avec sa brouettée de marée soi-disant fraîche, se vit soudain suivie par un gros chien. Elle s'arrêta pour couper une trique au long de la palisse. Le chien se figea aussitôt sur son séant en poussant un hurlement d'appel. Il en sortit un deuxième, puis un troisième; ils se mirent à suivre la vieille.

— Mon doux Jhésus, olé do loucs!

Elle commença des prières à mi-voix, puis,

embouchant la corne de vache qui lui servait à appeler les clients, elle souffla à s'en faire éclater les poumons. Les loups s'arrêtèrent, étonnés, puis disparurent comme ils étaient apparus, tranquillement. Pas encore affamés, faut croire.

Marie-do-serdines s'en fut trouver le maire et lui intima l'ordre de lui réquisitionner une arme. Au premier hiver où la pomme de terre était au rendez-vous de la morue sur les tables paysannes, son commerce devenait d'importance communale. C'est ainsi qu'elle fit désormais ses tournées avec, posée en travers de sa brouette, une pétoire datant au moins des guerres de Religion. Elle en ignorait le maniement, mais elle en paraissait malgré tout rassurée.

Une nuit, le meunier et son fils furent éveillés par les cris d'agonie de leur grosse chienne et un tintamarre au fond de l'écurie. La porte, mal close, était ouverte. Une jeune poulinière pleine était éventrée. Victor voulut se lancer à la poursuite des fauves qui s'enfuyaient, traînant le fœtus en une boue sanglante. Soudain, les loups firent face. Victor n'était pas tellement brave. Il jeta sa fourche et se sauva. Le bruit courut aussitôt que ces bêtes-là étaient pour le moins croisées de garous.

On regretta le temps où le monde était chrétien et où on avait sous la main meneux et filles-louves. En principe, ces gens-là n'allaient guère avec la religion, mais qui détruit une chose en détériore souvent une autre, et la Révolution avait changé les mœurs en abolissant les croyances. Voilà. C'était bien fait pour nous.

Un bon meneux pouvait, d'une simple musiquette à mi-voix, bouche close, vous débarrasser en une nuit de hardes entières en vous les menant chez les voisins.

Quant aux filles-louves, elles étaient marquées de naissance. Tout au long des jours, on ne les distinguait pas, mais, les nuits d'hiver, aux premiers hurlements d'appel, elles rejoignaient leurs frères. Au matin, pauvrettes, elles ne se souvenaient de rien, et n'eussent été les morsures et les blessures laissées par les rudes caresses de leurs amis, nul n'aurait pu se douter. Bien sûr, les épouseurs en étaient rafraîchis. N'empêche que ces filles-là protégeaient leur village de vilaines attaques.

Meneux et filles-louves n'étaient pas des humains de tout repos et il valait mieux ne pas trop les fréquenter, mais en une année comme celle-ci, ils étaient précieux. Peut-être, dans les monts auvergnats ou dans le secret des forêts solognotes, en existait-il encore; chez nous, avec notre fol orgueil d'être toujours en tête du progrès, ils n'étaient plus que souvenirs.

Puisqu'on ne pouvait plus compter que sur soi-même, on fit venir Lucas pour consolider les portes et installer de vieilles lames de faux en sonnailles d'alarme. Le système avait fait ses preuves en années terribles. Mais les grands loups gris n'en eurent point frayeur. Au matin, on trouvait les lames jonchant les seuils et les ferrures de Lucas zébrées de coups de griffes.

Alors revint la peur, presque aussi terrible que celle de l'année d'avant, pendant l'épidémie. Et quand on trouva les membres déchiquetés d'une vieille colporteuse à l'entrée du village, l'horreur fut complète. Sans doute, la malheureuse était morte de froid et de faim, c'était chose commune, mais ce qui l'était moins, c'est qu'il manquait lors de l'ensevelissement une bonne partie du cadavre.

Les bien-pensants s'émurent. A la sortie du cimetière, ils se massèrent devant la porte comme une famille en attente de condoléances, et Marie-Maréchaude, la théologienne de la paroisse, posa la question embarrassante au curé :

— Et avour, monsieur le curé, pouvez-vous nous dire comment, à la résurrection générale, une chrétienne catholique romaine, et baptisée comme thielle malheureuse, pourra récupérer tous ses abattis et ses chairs qu'ont été digérés par les loucs ? Hein ?...

Le pauvre pasteur ne se sentait plus de force à discuter. Il leva, en geste d'ignorance, un goupillon ruisselant, et, le dos rond, s'éloigna. Il ne trouvait plus guère de provisions devant sa porte, et on pouvait prévoir qu'il aurait gagné avant longtemps cet état de pur esprit auquel il aspirait.

Déçues, les ouailles se concertèrent. Aux grands maux, n'y avait que les grands remèdes. Marie-doserdines osa dire ce que toutes pensaient au-dedans d'elles-mêmes :

— Bon... eh bé, avour, mes paur's mondes, o ne reste p'us aux femmes qu'à s' décoiffer !!! Oh la la ! min, faut-y, mon Dieu !

A la façon d'un chœur antique pleurant ses morts, toutes gémirent : « Oh la la ! mon Dieu, qué malheur ! »

Rien n'était capable d'effrayer les loups comme une chevelure féminine déployée devant eux. Ça, c'était sûr. Seulement, se découvrir la tête devant quelqu'un d'autre que son propre mari était d'une grande indécence. La paysanne poitevine ne devait montrer au-dessus du front que deux bandeaux sages, lissés à l'eau chaque matin, séparés par une raie médiane — la grève —, retenus par un bandeau de velours noir sur lequel s'ajustait la coiffe immaculée. Trois doigts au plus pour juger de la teinte et de la qualité des crins. La vraie découverte était réservée pour le soir des épousailles et resterait secrète.

Quelques vieilles irréductibles crièrent à l'abomination :

— O vaut 'core mieux les loucs !

Lucas, qui était possessif, renchérit avec conviction :

— Nos femmes ne sont pas des catins.

Mais nous ne sommes point gens de race sublime, et toutes pensaient alors que la vie est notre bien le plus précieux. D'ailleurs, en ce temps-là, déjà, nombre de bergères n'appréhendaient point tellement certains péchés.

Tout juste quelques maris jaloux gagnèrent-ils le droit de brader les filles pour préserver les épouses. Il fut décidé que seules les pucelles iraient aux champs tant que les loups hanteraient nos régions. Et pendant tout ce temps, elles pourraient agiter leurs toisons au grand jour sans être taxées d'indécence.

Tout d'abord, elles furent intimidées autant que si on les avait obligées à marcher toutes nues. Et les hommes, gênés, les regardaient par en dessous, avec tout de même un éclat bien brillant dans ce qui se voyait de l'œil sous la paupière mi-close. Quand, en vraies filles d'Eve, elles s'aperçurent de l'émoi qu'elles provoquaient ainsi, elles inventèrent des loups à tous les coins de champs. On vit les effrontées sortir et rentrer les troupeaux, crinière au vent comme de jeunes cavales, et si les aînées, avec un peu d'envie, suggéraient qu'il n'était peut-être pas besoin d'apporter tant de précipitation à se défaire ainsi tant que les fauves ne se montraient pas, les jeunes émancipées rétorquaient :

— Eh ! c'est vite dit d'attendre, pour celles qui couvont le feu !... C'est point vous qui risquez...

Y n'avons pas envie, nous autres, de finir sous la dent des loucs dans la fleur de notre âge!

La première fois où Catherine, ayant soi-disant « entendu ramijher dans thiès palisses(1) », déroula sa chevelure pour rentrer son troupeau, ceux qui la virent en eurent le souffle coupé : des épaules aux jarrets ruisselaient des copeaux d'or roux, un éblouissement. Voyant bien qu'elle troublait les hommes, elle en devint hardie comme une fille perdue. Elle les aguichait tous, mais un seul l'intéressait.

Pauvre Catherine, aux rondeurs de petite caille, aux chairs laiteuses, qui, cette saison-là, fut convoitée par tous les mâles et se riait de tous, qui se croyait très forte et qui, pour forcer le destin, un soir de bal chez Beaudouin, osa supplier le tisserand qui la tenait serrée contre lui :

— Fais-moi tienne, Colas.

Et c'était bien vrai qu'il la désirait. D'un désir sauvage qui n'avait rien à voir avec la tendresse éperdue qu'il gardait au cœur pour une autre. La petite éveillait en lui tous les démons du sang Giroux. Il avait résisté bien au delà de sa réputation de joyeux conquérant, à la fois parce qu'il sentait que celle-ci, sous des dehors volages, valait mieux que ce qu'il avait à lui offrir, et surtout par crainte d'amoindrir sa passion pour l'autre. Mais, bon Dieu, il ne pouvait vivre chaste le reste de ses jours parce qu'un rêve insensé lui occupait la tête! Si celle-là s'offrait, pourquoi pas, après tout?

Il lui dit seulement, un peu railleur :

— Souviens-toi bien, fillette, que je ne t'ai rien demandé... et rien promis non plus!

Comme si les filles énamourées comprenaient les mots à ce moment-là! Il attendit pourtant

---

(1) Remuer dans ces haies.

encore un peu. Ce n'est qu'aux premiers signes du printemps qu'il s'avoua vaincu.

Colas, gars sans soucis, avait toujours trouvé aux jeux de l'amour une joie partagée et des sens apaisés. Il sut désormais la détresse infinie du désir sans passion. Il apprit qu'il était possible d'embrasser une fille en cherchant sur elle le goût d'une autre sans jamais le trouver; de la prendre, paupières closes, pour mieux garder au cœur un souvenir secret; d'émerger du plaisir sur une rive déserte puisque l'aimée n'y était pas.

Catherine se rajustait, tirait les brins de paille emmêlés dans sa chevelure, secouait la longue coulée de métal en fusion et interrogeait :

— Tu m'aimes, dis ?

Il serrait les mâchoires pour n'être pas grossier. Non, il ne l'aimait pas, ne l'aimerait jamais. Maladroite, la petite insistait :

— Quand viendras-tu parler à la mère ?

Le garçon en devenait insolent :

— A ta mère ? Pour lui conter la chose ? Attendons un peu que le courage me vienne. D'affronter la Mathurine à présent, je ne m'en sens guère...

Tout de même, quand Catherine écrasait une larme au bord de ses cils roux, il prenait pitié, devenait gentil, lui levait le menton en souriant :

— Tu as été heureuse au moins ?

Et sans écouter la réponse, pressé, s'en allait. Il reviendrait, bien sûr, parce que la chair est exigeante et que l'homme est ainsi fait. Mais il savait à présent qu'après l'amour, il aurait toujours la même détresse du cœur.

Il s'en voulait. Il en voulait à Catherine. Il en voulait au monde entier. Mais non, pas au monde entier. Il lui suffisait d'évoquer Marie-Aimée, et une émotion presque physique le submergeait. Le jour de la sauterie des bêtes... Quand elle lui soignait le front... La rondeur de sa joue en profil perdu... Ses larges prunelles pailletées d'or... La tiédeur de cette épaule où, le temps d'un espoir, il avait posé sa tête... Et cette odeur, mélange de tilleul et d'oranger... Il gémissait : « Demoiselle... demoiselle... », serrait sa navette à la broyer, puis, rageur, cognait du poing sur le métier. « Doit être la négresse qui m'a envoûté... Pas possible autrement... Me reste plus qu'à me faire moine... Ou à foutre le camp... »

Et c'est en ces jours-là que le vent de chez nous soufflait le mal d'ailleurs. Il faut l'avoir senti pour comprendre.

Fin janvier, le fils Dumeau, qui avait été blessé à Austerlitz, eut une permission. Il s'était engagé sous la Législative, jeune paysan en sabots, petite tête brûlée qui donnait bien des inquiétudes à sa mère et trouvait la terre trop basse pour s'y pencher toute une vie.

Il était brave et l'avait prouvé. Il avait vu le feu à Valmy, s'était battu à Arcole, Lodi, Castiglione, Saint-Jean-d'Acre, gravissant un échelon après chaque bataille. A Marengo, il était passé dans la garde, ce corps formé des meilleurs éléments des autres corps... Il revenait capitaine à trente-cinq ans, dans un uniforme chamarré, et décoré de cette récente croix d'honneur. Ah! s'il n'avait été presque illettré, il serait déjà colonel, mais il était moins faraud devant les livres que face à l'ennemi.

On prétendait qu'il avait ramené assez d'or dans ses cantines pour s'acheter un domaine. Pas fier, il avait le geste large pour régaler chez Beaudouin. Un peu hâbleur, bien sûr, mais la réussite l'en excusait. Il parlait de l'Empereur comme de

Dieu le Père, des prises de guerre, des femmes des vaincus et des batailles éclatantes :

— Vous n'allez pas vivre en croquants toute votre vie ! Laissez partir au moins vos jeunes, qu'ils connaissent ça !

L'alcool aidant, il commençait à croire ce qu'il disait, faisait miroiter la Patrie, l'Honneur, la Gloire, la Fortune, au choix. Alors, un à un, les croquants, le regard en dessous, se levaient, touchaient d'un doigt timide le large feutre paysan :

— Faites excuse, si vous plaît, mon capitaine, mais v'la l'heure du pansage. Hé, hé, les bêtes, ça n'attend pas et les malaisées 'core bin moins... Allez, merci beaucoup et à la prochaine !

Sur la placette, ils s'arrêtaient pour arroser irrévérencieusement l'Arbre de la liberté planté par Carmagnole et qui s'étiolait, brûlé d'urine. Chacun retrouvait sa faconde et riait. Les bêtes pouvaient attendre et les malaisées itou. Le Victor du moulin, qui avait des talents de comédien, imitait Césaire Dumeau :

— Faites-vous soldats, mes amis. A l'armée, vous recevrez des ordres de l'orée du jour jusqu'à soleil couché et vous vous ferez trouer la piau pour avoir une beurloque !

Puis, humble, les épaules voûtées, faisant le paysan :

— Oh ! merci bien, mon capitaine, seulement les mondes de chez nous n'aimont guère obéir aux ordres... Et les pauv' manants, y n'avont que leur piau, alors y z'y tenont fort !... Bin l' bonjour à l'Emp'reur, mon capitaine !

Tous s'esclaffaient. Allons, on aurait de quoi rire, aux veillées.

Parfois, Colas apportait sa mogue de vin chaud encore fumante face au capitaine. Le père Dumeau avait été un des rares au village à partager les idées égalitaires du vieux tisserand. Leurs garçons, quoique d'âges différents, avaient été élevés dans le même esprit.

Césaire Dumeau était resté lui-même assez paysan pour savoir ce que disaient les autres dans son dos, mais il s'en moquait :

— Bande de couillons, va !

Dans quelques semaines, l'épaule enfin consolidée, il retrouverait le vertige des ailleurs et des charges folles.

— Allez, raconte, Césaire.

Et Césaire disait les marches éreintantes, la sueur et le gel dans les uniformes en guenilles, les repas infects, mais aussi le goût de la victoire — et surtout l'Empereur :

— Vois-tu, Giroux, le jour où j'ai reçu de ses mains le fusil d'argent, cette récompense qu'il ne donne qu'aux braves, tant soldats qu'officiers mêlés à sa table aux Tuileries, restera à jamais le plus beau jour de ma vie...

Colas tournait lentement la mogue froide et, les yeux au loin, rêvait.

— Viens donc avec moi, Giroux. Je me charge de ta carrière. Bien sûr, les grades viennent moins vite qu'en 91, mais le vieux Carmagnole t'a instruit. Tu seras vite officier, j'en réponds. Un mot, et je m'occupe de toi, Giroux.

Colas voguait au loin. Officier ? Ne serait-ce pas trahir le grand-père ? Mais les bleus avaient servi la Révolution et un empereur n'est pas un roi... Est-ce qu'un capitaine pourrait approcher une fille noble sans trop rougir ?

— Tu sais, Césaire, tu me tentes. Mais la grand-mère n'a plus qu'un souffle de vie. Mon départ la tuerait.

— Dommage, mon garçon, dommage. On t'attendra.

Que les jeunes, exubérants de projets et d'espoir, peuvent donc être cruels avec les vieillards. Ceux-ci ne vivent qu'autant qu'ils le désirent, cramponnés à l'idée qu'ils peuvent servir encore, que d'autres ont besoin d'eux. Dès qu'ils ne se sentent plus indispensables, ils lâchent le support et la mort en profite.

Peut-être Nanette Giroux, à quatre-vingt-sept ans, sentit-elle qu'elle commençait à peser sur ce fieu qu'elle aimait tant ? Un jour, elle se mit en tête de tout ranger, tout nettoyer, avec une fébrilité semblable à celle qui l'avait prise un peu avant de mettre son petit au monde... Pas Nicolas, mais son père — à présent, elle les voyait si pareils qu'elle les confondait un peu. Il était mort au loin, dans ce pays de Dauphiné qu'elle imaginait mal et où se préparait, disait-on, la Révolution... Elle appréhendait pour lui les piques et les fusils, c'est la variole qui l'avait pris...

Elle rangeait, nettoyait, pliait, retirait du rouet le fuseau déjà rempli, négligeant pour la première fois d'y remettre le poupon d'étoupe.

Au matin, elle ne s'éveilla pas. Elle s'était endormie, la joue posée contre sa main ouverte, et ce fut ainsi que Colas la trouva, si calme, si reposée, qu'on sentait bien qu'après un si épuisant voyage, elle avait enfin atteint le but.

Les Giroux qui mouraient chez eux — ils étaient peu nombreux — ne s'enterraient pas en terre bénite, mais au fond de leur verger. Les premiers calvinistes de la famille avaient inauguré l'endroit et les sans-Dieu avaient pris la relève. Nul catholique ne devait donc assister à la cérémonie sous peine de péché mortel. Pour bien montrer le dédain dans lequel on tenait les morts sans prières, on ne disait d'ailleurs pas « enterrer », mais « enrocher », comme pour les bêtes.

Seuls quelques hommes aux idées avancées eurent le courage d'accompagner Nanette Giroux, qui avait été bonne et secourable à tous. Le verger lui-même ne lui offrait que la désolation de ses branches nues et de sa végétation encore engourdie. Colas en eut mal et se força à penser : « Bientôt, grand-mère, bientôt, quand je ne serai plus là, les pommiers te feront fête et nulle vivante n'aura plus beau drap que la jonchée blanche qu'ils t'offriront. »

Mais il était dit que Nanette Giroux ne partirait pas dans un si complet dénuement. Maintenant, Marie-Aimée, bravant l'interdit religieux, s'approchait de la tombe ouverte. Se penchant, elle dénoua le bouquet rond qu'elle tenait à la main. Les violettes s'éparpillèrent sur le bois du cercueil. « Grand-mère, pensa Colas, ô grand-mère, regarde; peux-tu voir celle-ci, qui prie Dieu et pourtant est venue jusqu'à nous ? Une femme, une seule aura osé nous apporter son amitié ! Ma grande fille, que tu es belle, que tu es bonne. Et cette joie dans ma peine, pardonne-la, grand-mère. »

Il s'approcha :

— Merci, demoiselle, et pour elle, et pour moi.

Puis, très vite, presque bas à cause des hommes qui pouvaient entendre, il ajouta :

— Demoiselle, je ne peux plus me supporter ici. Je vais partir avec Césaire Dumeau. Il dit que je peux devenir officier. Alors, peut-être, dites, serai-je plus près de vous ?

Les yeux si clairs interrogeaient désespérément.

La jeune fille secouait la tête de droite à gauche, de gauche à droite, en une interminable dénégation dont elle ne paraissait pas même se rendre compte. Accrochée au regard du garçon, elle suppliait sans paroles : « Pas à cause de moi... Je vous en prie, dites-moi que ce n'est pas à cause de moi ? Je n'ai pas voulu cela. »

Et, malgré le chagrin, les mille petites lueurs tendrement ironiques naissaient à nouveau dans les prunelles claires : « Mais si, pour vous. Pour vous seulement. Pour être digne de ma petite ci-devant. »

Les hommes commençaient à les regarder. Il était habituel, après l'inhumation, d'entrer boire un verre dans la maison en deuil. C'était une façon de participer à la peine de la famille. Giroux était seul, raison de plus.

Marie-Aimée se ressaisit. Très vite, elle s'esquiva.

Ivresse douce-amère des renoncements. Sur l'aire à battre, Colas brûla tous ces riens de la vie quotidienne qui auraient pu devenir des souvenirs de famille. Les laisser aux rats ? Aux curieux ou aux étrangers qui entreraient peut-être ? Il rangea les métiers démontés sous leur toile, hésita devant le rouet de merisier blond, le caressa du doigt, haussa les épaules, le rangea à son tour. Nanette était partie, les choses n'avaient plus d'âme. Sans doute, quand il serait au loin, regretterait-il, embellirait-il, mais à présent il renonçait sans douleur.

On frappa. Catherine se tenait sur le seuil. Elle contemplait ce garçon au visage grave et comme amaigri qu'elle reconnaissait mal, et cette grande pièce dénudée où elle avait tant rêvé de pénétrer en reine.

— Colas, ils disent tous que tu vas signer un engagement et partir à la guerre. C'est donc vrai ? J'ai trouvé le courage de parler à la mère. Elle t'invite à souper demain soir.

La petite implorait. Il hésita, puis pensa que la

Mathurine n'irait point le rechercher aux armées. Il sourit. Mais souper, tout de même, c'était trop s'engager. Non, il passerait à la veillée pour les adieux.

— Tu me tourneras des crêpes, fillette...

Catherine attendait, intimidée. Comme il ne bougeait pas, elle s'approcha de lui. Mais partout planait encore l'ombre de la grand-mère et Colas dit durement :

— Non, pas ici, tout de même !

Et, pour s'excuser, regarda tout autour, vit le rouet en attente. Après tout, Catherine lui avait fait royale offrande, et ce n'était pas sa faute à elle s'il n'avait pas su l'apprécier :

— Tiens, dit-il, je te confie le rouet de Nanette. Tu fileras ton trousseau en m'attendant pour le tisser...

C'était presque une promesse. Emerveillée, Catherine enfin s'en alla :

— Demain, à la soirante.

Le lendemain, le tisserand ferma sa porte, mit la clef sur la pierre passante, au-dessus de l'écoulement du bac. La vieille Mélanie la trouverait là et la garderait chez elle pour aérer aux beaux jours. Il mesura l'avoine pour le cheval Hercule, le caressa, le baisa à l'endroit sensible de la peau, entre les deux naseaux. Demain, au jour levant, ils feraient jusqu'à Niort leur dernier voyage ensemble. Louis Baron le récupérerait à l'auberge de l'*Oie rouge*. Au meilleur ami, le cadeau le plus cher. Ensuite, le capitaine s'occuperait de tout. Voilà. Tout était bien.

Le garçon fit un détour pour ne pas passer devant la métairie où, déjà, Catherine devait battre sa pâte. Il y entrerait tout à l'heure, mais il voulait auparavant essayer d'apercevoir l'Autre une dernière fois.

C'était l'heure, entre chien et loup, où l'ombre est indécise. Une vache meuglait dans les lointains, mais les bruits des travaux familiers s'étaient tus. L'air devenait humide. Il pleuvrait demain. Tant mieux, la nature au moins verserait des larmes pour ses adieux.

Il posa le pied dans une anfractuosité du mur d'enceinte de Beaumoreau, l'escalada sans effort, retomba en souplesse au bas bout de la hêtraie.

Alors, il la vit.

Elle était debout, en robe de nuit claire, sur le seuil de sa chambre — là même où, à l'aube de son premier jour à Beaumoreau, elle avait conclu un pacte avec la terre de chez nous. Et voilà que ce soir, la terre lui offrait le plus beau de ses fils. Les choses étaient dans l'ordre.

Elle fut à peine surprise de le voir surgir. Tout juste pensa-t-elle qu'elle allait se perdre, et qu'elle l'acceptait.

Et ils étaient déjà perdus. Rejoints, liés avant même de se toucher.

— Je t'attendais, Colas, et depuis si longtemps !

Le monde s'abolit. Et aussi cette entente subtile et tendre qui les avait jusqu'ici miraculeusement préservés d'eux-mêmes. Ils étaient à présent au cœur d'un brasier où plus rien ne comptait que la recherche éperdue l'un de l'autre, en un univers de feu qui les emportait au delà du bonheur...

Le jour se leva, pareil à tous les jours. L'aube en était froide et le brouillard se condensait en fines gouttelettes.

Ils avaient peu parlé, et pourtant tout avait été dit. Une nuit. Une vie. Une éternité.

— Reviens vite, Colas.

La voix de Marie-Aimée n'était qu'un chuchotement. Il lui sourit, boucla sur un doigt cette mèche sombre qui toujours déroulait un anneau sur

ce front qu'il aimait, la serra plus fort contre lui :
— Les Giroux sont de race maudite, dit-il. Ceux qui partent reviennent rarement.

A travers la vitre, il regarda les arbres émerger de la nuit, fantômes grisâtres. Il pensait : « Un bonheur comme celui-ci n'arrive qu'une fois. En vouloir le rappel serait tenter les dieux... Et puis le temps, l'habitude usent l'amour, dit-on. Moi, je ne le veux pas... » Il demanda :
— Me vois-tu en gros homme gris lapant ma soupe à l'ail au coin du feu ?

Elle dit :
— Adieu, Colas.

Lui la regarda désespérément :
— A toujours, demoiselle.

Phrasie-la-Nine, l'une des Bassaires, pigouillait de son tisonnier les creux de muraille pour en déloger les escargots réfugiés là pendant l'hiver. L'envie d'en manger lui était venue pendant la nuit et elle était sortie dès potron-minet. Les lumas étaient encore vitrés et se trouvaient donc au meilleur de leur goût.
— Avec un p'tit d'ail, un p'tit de persil, un rin d' farine et une goulée d' vin, hum, sera-t-o bon !

Phrasie buta presque contre une forme encapuchonnée, blottie à l'abri d'un muret. Habituée à défendre ses rapines, elle cacha prestement le sac aux lumas et leva son tisonnier. Mais ce n'était que Catherine, la figure gonflée de larmes, des mèches mouillées échappées du bonnet et reniflant un gros rhume. Elle grelottait et sanglotait tout à la fois.

Hier soir, Mathurine et elle avaient tourné les crêpes en attendant le galant. Elles avaient espéré jusqu'à la limite du possible. A minuit passé, Mathurine, de méchante humeur, avait expédié toute la maisonnée au lit : « Me faire ça à moi, la nièce du curé, la métayère de Beaumoreau ! » Le sang lui montait à la gorge, la forçant à tousser pour ne pas s'étouffer.

Quand tout le monde avait été couché, Catherine était ressortie sans bruit. Elle avait couru la demi-lieue qui séparait du village la maison du tisserand. Après s'être meurtri les poings sur la porte close, il lui avait bien fallu admettre qu'il n'était pas là. A présent, elle attendait derrière Beaumoreau que sa mère soit à l'étable pour rentrer sans être remarquée.

Phrasie comprit qu'un homme était cause des malheurs de la fille. Solidaire, elle cracha :

— Teurtous do salauds !

Soudain, quelque chose l'alerta :

— Eh bin, ça alors, d'où qu'y sort, çui-là ?

Colas sautait du mur, empruntant à rebours le chemin qu'il avait pris la veille. Le garçon passa près d'elles sans les voir. Mais voyait-il quelque chose, cet illuminé qui ne paraissait plus être d'ici-bas ?

Catherine en resta bouche bée. Phrasie se signa :

— Le tisserand a pris un coup d' lune ! Un coup de lune, o pardonne pas ! Oh ! ma fille, thio-là ne sera plus pour toi.

17

PHŒBÉ

Marie-Aimée regardait le sentier entre les arbres par où le tisserand venait de disparaître.

Encore un tout petit moment et puis il faudrait vivre comme d'habitude. Elle négligea sa prière habituelle, mais supplia : « Faites, Seigneur, que je ne pense pas, que je ne pense à rien... »

Et toute cette longue journée s'étira dans un engourdissement où rien ne l'atteignait, que l'insupportable absence de l'être aimé.

Plus tard, des années plus tard quand le temps eut fait son œuvre d'apaisement et qu'elle put regarder en arrière sans révolte, elle mesura sa détresse d'alors, comme s'il lui avait fallu traverser, pas à pas, jour à jour, une étendue aride et sans limites, d'une infinie désolation.

Ce fut seulement au soir, retrouvant dans sa chambre la présence de Colas, que la souffrance la ploya en larmes sur le lit dévasté qu'elle n'avait pas même osé toucher. « Colas, Colas, je ne peux plus vivre sans toi, reviens. J'ai besoin de te voir, de te toucher. J'ai besoin de ta force, de ton corps. Nous partirons n'importe où... »

Nous partirons... Le grand rêve d'évasion de tous les amoureux contrariés... Recommencer une vie neuve. Mais Colas avait dit ne pouvoir accepter pour un si grand amour ni l'usure du temps ni la grisaille de la vie quotidienne... Eperdue, Marie-Aimée frappa à la porte de l'aînée.

A force de dépouiller sa chambre de tous ses meubles et colifichets, Amélie en avait fait une retraite monacale. Un lit étroit, tendu d'une couverture de lirette, un bahut et une table de bois blanc, deux chaises au dossier raide. Sur l'un des murs chaulés, un Christ, qui mettait une présence matérielle dans la nudité de la pièce. L'artiste inconnu qui l'avait sculpté avait su rendre bouleversante l'expression d'angoisse du visage tombé sur l'épaule, la nuque cassée par une lassitude infinie. Suivant les reflets de la lumière sur le bois, l'expression changeait, et la souffrance, certains soirs ensoleillés, se faisait tendresse et pitié.

Et là seulement, face au doux crucifié, Marie-Aimée eut enfin la conscience de son péché :

— A toi, Amélie, cela doit faire horreur, le péché de la chair ? Eh bien, j'ai péché... Fauté, dirait Mathurine. Et à la manière de n'importe quelle fille chaude renversée au coin d'un champ. Moi, Marie-Aimée Forgier, la Demoiselle... Et je vais te choquer : je ne regrette rien. Rien, entends-tu ? Et je recommencerais de grand cœur pour le voir encore une fois. Le retrouver une seule fois, ô Dieu...

La révolte sombrait dans la détresse. L'aînée, très pâle, passa une main égarée sur son front :

— Mais, ma petite fille, c'est impossible... Voyons, qui ? Mais qui ?

Marie-Aimée eut un rire qui faisait mal :

— Qui ? Quel est le suborneur, veux-tu dire ? Eh bien, un paysan, ma douce ! Je m'intègre, tu vois. Et quel paysan ? Le petit-fils de Carmagnole-la-Révolution qui eût envoyé les nôtres à l'échafaud s'il en avait eu le pouvoir.

La voix se cassa, devint tremblante, l'ironie avait fait long feu :

— Colas, dit-elle. Comment as-tu pu ne jamais remarquer Colas, si beau, si jeune, rieur toujours ? La première fois que nos yeux se sont rencontrés, nous avons su... Mais nous avons lutté honnêtement, je te le jure. Oh ! pas hier soir. Je n'aurais pu... Parce que, Amélie, écoute bien, à cause de moi, pour me mériter, pour me gagner, il s'est engagé. Il est parti à la guerre. La guerre, te souviens-tu ? La boue, le sang, les plaies, les agonies atroces. L'horreur que nous avons fuie et que, dans notre innocence, nous voulions expier. A ce garçon qui allait au carnage aussi sûrement que si je l'y avais conduit par la main, comment n'aurais-je pas offert — tu entends, Amélie ? — ce que les gens ingrats appellent la vertu ? Il n'a rien demandé, mais il le désirait tellement. Comment aurais-je pu ? Mon corps inemployé et qui ne sera plus dans quelques années que celui d'une vieille femme...

Presque bas, avec tendresse et une sorte de joie quand même, elle murmura :

— Il a été si heureux, si heureux... Oh ! Colas ! Et tu voudrais que je regrette ? Au Jugement dernier, je m'en glorifierai !

Amélie ferma les yeux, pencha la tête du même mouvement épuisé que le Christ de souffrance au-dessus d'elle :

— Pardonnez-moi, mon Dieu... Tout est de ma faute. Je suis seule responsable. Comment ai-je pu avoir le fol orgueil de t'entraîner dans cette fringale de sacrifices pour lesquels tu n'étais pas faite. Ma chérie, mon Aimée, j'ai voulu te préserver du fleuve torrentueux des passions humaines. Cet abîme que je n'ai fait que pressentir, là-bas, dans les Iles, et une seule saison. L'effroi m'a protégée... Non, je ne suis pas honnête, ce n'est pas l'effroi, mais déjà j'avais deviné que celui qui demandait n'était pas digne de l'amour... Ce qui m'a préservée aussi, cela a bien été l'horreur de la souffrance qu'entraînent les passions charnelles, la souffrance des innocents... Les esclaves torturées comme Fidéline, les Noires de Père, pauvres bêtes à plaisir rejetées le désir éteint, et l'enfant Jérémie...

Soudain elle ouvrit les yeux. Hésita, puis enfin demanda :

— As-tu pensé à la suite possible ?

Le visage de Marie-Aimée s'éclaira :

— Oui. Et j'ai souhaité de tout mon cœur un enfant de Colas. Qu'importe le scandale !

Amélie frissonna, releva le châle glissé de ses épaules, sembla se recueillir. Puis, avec son calme habituel, entama une conversation comme si de rien n'était :

— Abel devait nous apporter de Paris, ces temps-ci, des médicaments et des denrées de première nécessité. Amélien m'a écrit que le gouvernement a du moins fait de belles choses en améliorant nos moyens de communications. Les routes deviennent sûres et carrossables. Une nouvelle diligence part de Niort pour Paris deux fois la semaine. Je propose que Louise et toi la preniez. Abel vous ramènerait avec notre ravitaillement. A Paris, tu pourras te documenter sur les progrès médicaux. Peut-être obtenir des nouvelles de... Voir avec Amélien s'il est encore possible d'acheter un remplaçant. Je ne sais...

Marie-Aimée, les yeux au loin, songeait. Bien sûr, il fallait faire semblant d'y croire, semblant seulement pour avoir moins mal un moment. Comment disait Colas ? Qu'il avait eu sa part de bonheur en une seule fois. Oh ! Colas, Colas...

Amélie, à gestes lents, fit allonger sa sœur sur le dur lit de nonne. Elle prépara une boisson à la fleur d'oranger, y ajouta une poudre calmante, puis, assise à son chevet, lissa tendrement les cheveux sombres, s'efforçant de faire rentrer dans l'ordre la boucle rebelle dont Colas avait joué en ses dernières caresses.

Epuisée, Marie-Aimée sombra enfin dans le sommeil. Mademoiselle-la-grande prit alors son rosaire de bois noir et, très droite sur sa chaise inconfortable, commença sa nuit de prière.

Phœbé ne voulut pas accompagner à Paris sa

sœur et Louise. Elle ressentait vivement que la détresse s'était mise dans la maison, et ne voulait pas quitter Théodule et Fidéline, même pour quelques jours. Elle nouait ses bras autour du cou de Fidéline :

— Patiente un peu, ma Déline, dès que Victoire m'aura amené ici mon prince blond, je l'épouserai et nous retournerons aux Iles.

A force d'en parler, à force d'en rire, sans doute y croyait-elle. Les deux Noirs, du moment qu'elle le disait, l'admettaient facilement. Pourquoi pas, pour leur Phœbé, un avenir royal ? Une fille de chez eux était bien à présent impératrice !

— Mon petit soleil, ma zolie colombe, mon amou' ché'i, nous pa'ti'ons bientôt.

En attendant, Théodule emmena Louise et Marie-Aimée prendre à Niort la diligence de Paris.

Phœbé l'insouciante avait maintenant dix-sept ans et des langueurs soudaines parfois cassaient un de ses élans, un de ses rires. La maison lui paraissait vide et elle regrettait l'agitation d'« avant le mariage », les arrivées, les départs, les portes battantes, les saluts...

Pourquoi Axel n'était-il pas venu ce matin-là ? Amélie était merveilleuse, bien sûr, mais il fallait avouer qu'elle ne semblait pas très éprise, et Axel était toujours comme un petit garçon fautif devant elle. Pourtant, il pouvait être si gentil... Et il était si beau... S'il n'avait été le fiancé de sa sœur, Phœbé aurait bien cru possible de l'aimer d'amour. Ainsi, le dernier soir, après la mort du chien enragé, quand il les avait quittées, pourquoi, mon Dieu, pourquoi l'avait-il regardée de cette façon qu'elle ne pouvait oublier ? C'était, oui, c'était cela, un message pour elle seule, un regret désolé. Elle avait eu envie de se jeter à son cou, de l'embrasser ainsi qu'un frère très cher. Mais cela ne se fait pas. D'autant qu'était passé dans le regard d'Axel quelque chose d'indéfinissable et qu'elle en avait rougi. Pourquoi s'était-elle sentie coupable ? Et pourquoi était-il parti comme on se sauve ?

Quant à Amélie, peut-être allait-elle maintenant entrer en religion ? Elle paraissait se refermer, était moins accessible, retirée des familiarités du jour le jour.

Marie-Aimée était devenue un corps sans âme. Elle vous regardait sans vous voir. Elle, si active, toujours disponible à tous, restait inoccupée, les yeux au loin comme à la poursuite de quelque rêve exténuant.

Et Catherine, parlons-en ! Celle-là se montrait franchement décevante. Du jour où on lui avait permis d'agiter sa crinière à tous vents, elle avait commencé à prendre de grands airs ! Son humeur était devenue inégale; un moment rayonnante, passant son temps à se mirer dans les vitres comme si elle ne se reconnaissait pas, elle boudait maintenant, cachant des yeux rouges et des envies de pleurer. La seule fois où Phœbé avait réussi à l'approcher pour la consoler, elle s'était reculée avec horreur : « Ne me touche pas ! avait-elle dit. Ne me touche plus jamais ! » En partant, elle avait maugréé que « prendre le bien d'autrui était une vilenie ».

Phœbé ne comprenait pas ce qui s'était passé. Elle était blessée dans son amitié. Que tout devenait donc triste dans cette maison presque vide.

La cloche tinta. Sans doute était-il écrit quelque part que Phœbé, qui n'allait jamais ouvrir d'habitude, irait cette fois. Et même, pour devancer Fidéline, elle y courut.

Jeanne-la-Nine, l'aînée des Bassaires, montrait

son visage chafouin à demi caché par un fichu sale :

— O faudrait qu' la Demoiselle venne tout de suite, le drôle Léonard est en train de passer !

— Marie-Aimée est à Paris, répondit Phœbé.

Une chape de plomb parut tomber sur les épaules dénivelées de la Nine, qui se tassa encore. Avec l'humilité de ceux qui connaissent par avance la vanité de la lutte, elle dit seulement :

— Eh bin, eh bin, tant pis... Le drôle Léonard va s'étouffer...

Cette résignation bouleversa Phœbé. Il s'agissait de la vie d'un enfant. Et pourquoi n'irait-elle pas ? Bien sûr, elle ne savait pas donner les soins, mais elle avait appris beaucoup à voir Amélien enseigner ses sœurs.

Elle prit à peine le temps de jeter des linges propres dans la sacoche de cuir, effleura d'un baiser espiègle la joue de Fidéline :

— Je vais voir aux Bassaires.

Déjà, elle était dans l'allée, la naine claudiquant sur ses talons.

Personne n'aurait pu prétendre que l'enfant de Phrasie fût une réussite. Pauvre petit baveux à cinq ans, il se traînait encore et ne parlait pas. Assise au coin de l'âtre, Phrasie le tenait sur ses genoux en geignant. Le petit poussait par moments un jappement rauque qui semblait lui déchirer la poitrine; ses mains maigres et sales se recroquevillaient sur sa gorge comme pour arracher le mal.

Phœbé eut peur. Mais la nièce d'Amélien était de bonne race. Son diagnostic fut net comme celui d'un médecin chevronné :

— Le croup ! dit-elle.

Elle essayait de se rappeler les leçons de l'oncle. Elle savait qu'on pouvait ouvrir la gorge pour faciliter la respiration, mais que la plaie s'infectait souvent. De toute façon, il aurait fallu un chirurgien. Ce qu'elle pouvait faire, c'était déjà nettoyer le malade : après, on verrait bien. Elle demanda de l'eau chaude, comme l'aurait fait Marie-Aimée.

Phrasie montra un chaudron pendu à la crémaillère. Des quantités de soupes maigres avaient dû mitonner là-dedans, chacune laissant sa trace. Un liquide peu ragoûtant y fumait. La Jeanne vit le petit nez froncé :

— Olé pas sale, allez, dit-elle, ol'y passe que do manjher !

Phœbé prit l'innocent, si léger, le pauvret. Il était souillé de déjections, d'urine, de vomissures. Elle défit les chiffons sales. Un haut-le-cœur la plia sur les cendres du foyer. Et Phœbé, la radieuse, l'éblouissante, hoqueta, vomit, secouée de dégoût, de misère, de malheur. Le front mouillé de sueur fade, la bouche amère, elle se reprit enfin, domina son envie de partir en courant. Mâchoires crispées, elle enroula le malade dans des torchons propres et le ligota dans son châle de laine.

Bon, c'était déjà mieux. A nous, à présent, petit. « S'il vous plaît, mon Dieu, aidez-moi ! Pourquoi ce misérable est-il venu au monde ? Vous l'avez voulu laid, bancal, idiot, et maintenant il va mourir dans la souffrance. Ce n'est... Mon Dieu, ce n'est pas juste ! Pourquoi cet innocent ? » Soudain, Phœbé eut honte de sa beauté, de ce don qu'elle avait d'attirer la tendresse. Qu'avait-elle fait pour cela ? De tout son cœur, elle supplia : « Dieu, ne vous acharnez pas sur ce pauvret... » Une petite fossette se creusait dans sa joue, elle prenait l'air charmeur qui toujours lui faisait gagner ce qu'elle demandait. Le corps de l'enfant se raidissait, se tordait, la bouche s'ouvrait, béante, le visage noircissait. « Ma vie pour son souffle, pensa Phœbé. J'accepte. »

Et, paupières closes, elle appliqua ses lèvres sur la bouche fiévreuse. Un dégoût, une sorte de spasme la révulsa, mais, lentement, avec application, de tout son souffle sain, elle aspira, aspira, cracha dans les cendres un mélange empoisonné de salive, de morve et de glaires gris. Recommença encore, encore. Maintenant, l'air passait dans la gorge du petit. Elle le serra contre elle.

Les deux naines, les yeux exorbités, la regardaient avec effroi.

La porte s'ouvrit. C'était Amélie. Amélie qui, avec des gestes sûrs et calmes, préparait déjà des compresses chaudes, cherchait une cuillère d'étain, sortait un flacon d'eau de Courcelle, un autre de ce fameux liquide pour badigeons dont Amélien avait dit : « J'y ai mis, je crois, tout ce que les Saintes-Filles de Saint-Genard, qui ont emporté leurs recettes dans la tombe, y mettaient. Prières en moins, cependant... Alors, je n'en garantis pas l'effet. » Mais les prières, oncle, soyez sans crainte, une autre les a faites pour vous.

— Tiens l'enfant sur tes genoux, Phœbé, serre-le de ton bras gauche et, de ton bras droit, bloque sa tête contre toi. Là, très bien, très serré...

Mademoiselle-la-grande, sans trembler, cautérisait la gorge avec un bâtonnet emmailloté de charpie. L'enfant hurlait, l'air passait.

— Va vite te laver, Phœbé. Prends du chlore. Lave tes mains, ta figure, change-toi. Et que Dieu nous aide ! Je n'aurais jamais dû te laisser toucher cet enfant.

Phœbé voulut demander s'il n'aurait pas fallu aussi se gargariser... Mais à quoi bon ? Le souffle, n'est-ce pas, ne se lave pas.

Le drôle Léonard guérit. Ce fut Phœbé qui mourut, le douzième jour après sa visite aux Bassaires.

Un peu de langueur, un rien de mélancolie avaient précédé la fièvre. A peine le temps pour Amélie et Fidéline de se concerter avec inquiétude, et la diphtérie paralysante avait déjà gagné les muscles, changeant l'elfe dansant en gisante de pierre.

La voiture ramenant Marie-Aimée et Amélien croisa, à l'entrée de la cour, le prêtre qui portait les saintes huiles. Il était précédé de deux enfants de chœur; l'un tenait la petite flamme enclose dans la lanterne dorée oscillant au rythme de la marche, l'autre agitait sa clochette pour que chacun sache qu'un chrétien allait repartir vers le Père.

Pax huic domui
Et omnibus habitantibus in ea.

Il semblait pourtant impossible que la paix revînt un jour dans cette demeure. De même qu'on se demandait, en voyant le prêtre oindre tour à tour les yeux, le nez, la bouche, les oreilles, les mains et les pieds, quelles fautes cette mourante-là pouvait bien avoir à expier.

Marie-Aimée et Amélien se penchèrent :
— Phœbé, petite fille ?

Une étincelle de vie passa dans les yeux sombres, puis les paupières s'abaissèrent comme sous l'effet d'une lassitude terrible. Une goutte d'eau perla, roula sur la joue émaciée, se perdit dans les plis de l'oreiller.

A l'aube naissante, le souffle s'arrêta.

Ils comprirent alors que Phœbé n'avait été

qu'un dépôt temporaire, un prêt merveilleux dont il allait falloir se déshabituer. Bien au delà des cris et des larmes, ils la contemplaient, anéantis.

Louise et Mathurine prirent les choses en main pour que la maison fût à la hauteur de sa renommée dans la douleur comme elle devait l'être en toute circonstance.

Il fallait arrêter les horloges, voiler les miroirs, fermer les volets, couvrir tous les récipients contenant de l'eau, et prévenir les abeilles en mettant un ruban de deuil à chaque bournais, ces ruches faites de troncs d'arbres évidés. Nul ne savait plus la signification de ces coutumes vieilles comme le temps, mais seulement que le repos de l'âme en dépendait.

Julien le sacristain sonna le glas et passa avertir qu'« on prierait le Bon Dieu » le soir même à la veillée — chez nous, c'est la dernière visite, l'ultime politesse à rendre à un défunt. Enfin, Julien devrait passer avant l'inhumation agiter sa clochette dans tous les sentiers et hameaux — on disait « tinter les échilles ».

Soudain, Louise demanda :
— Et qui portera ?

Le portage du mort se faisait sur les épaules de quatre hommes reliés deux à deux, comme deux attelages se suivant, par une longue nappe pliée en bande passant sous le cercueil puis sur le cou des porteurs, retenue par chacun d'eux de sa main libre. Sauf en cas de maladie contagieuse, où il y avait des défections, c'était un service et un honneur.

Mathurine réfléchissait. Le cimetière était à un bon bout de chemin; même avec la halte à l'église, il fallait compter deux équipes. Faudrait voir avec Monsieur Amélien.

Juste après la traite, le souper vite expédié, le

village vint défiler devant la petite morte, l'aspergea d'eau bénite avec une branchette de buis de la dernière Hosanne. Et ce fut là qu'on découvrit la ressemblance miraculeuse de Phœbé avec la jeune martyre peinte à l'église — comment ne l'avait-on pas vue plus tôt ?

Quand tous eurent regardé, gémi, compati, Marie-Maréchaude se sépara du groupe. Elle prit une chaise, l'inclina devant elle, les avant-bras appuyés sur le dossier, les genoux fléchis contre le siège, en l'attitude voulue de la prière pour les défunts et commença le rosaire; les femmes la suivaient, les hommes répondaient en un grondement qui paraissait sourdre des fondations.

Vers la fin des oraisons, une charrette cahota dans la cour, tirée par deux mulets fourbus. Quatre gaillards aux mines patibulaires profilèrent des ombres immenses dans la demi-clarté de l'entrée et demandèrent à Louise, accourue, le maître de céans. Amélien s'avança.

Celui qui parlait était manchot. La main droite lui manquait. Amélien reconnut le garçon ramassé mourant le soir du souper chez Beaudouin.

Ils arrivaient des caches inexpugnables du Marais, où la maréchaussée, qu'elle soit de roi ou d'empereur, n'avait garde de se fourvoyer. Comment et par qui ceux-là avaient-ils été prévenus et qui leur avait procuré un équipage ? Ils n'étaient pas bavards et n'encourageaient guère les questions. Ils dirent seulement qu'ils revendiquaient l'honneur, si on les en jugeait dignes, de porter Mademoiselle-petite à sa dernière demeure.

Amélien objecta :

— Vous n'êtes que quatre et tu es infirme.

— Quatre de chez nous en valent huit d'ailleurs... Et l'homme qui m'a soigné m'a bien rafistolé.

— Et si quelqu'un vous dénonce ? Vous avez déjà risqué votre liberté en venant ici.

Un dédain passa, fugitif, sur le visage farouche :

— Dieu garde ! Oser nous dénoncer quand y avons venu pour porter Mademoiselle-petite ? Les amis veillent, et même les fourches de ceux-là, fit-il en désignant les priants, s'envoleraient toutes seules !

Ils dégageaient une odeur forte d'humus, de tourbe mouillée et de sauvagine. Un rien d'inquiétant dans l'allure, un éveil dans la prunelle, un frémissement de fuite dans le jarret faisaient penser à des fauves mal apprivoisés.

Amélien, ému, accepta. Ils laissèrent charrette et mulets dans la grange et disparurent dans la nuit.

Sans que personne eût parlé, tous surent que les « coureux de chemin » étaient venus porter.

Jean fourneilla comme pour une noce. Chaque famille aisée se devait d'offrir l'aumône, en distribution de pain à tous les pauvres venus assister aux obsèques. Cela s'appelait « la donnée du pain ».

Abel était parti à La Rochelle prévenir la parenté.

Il n'y eut donc pas de prince blond pour la petite Phœbé, mais seulement quatre délinquants marqués du sceau d'infamie pour porter l'enfant douce, et une cour de miséreux pour accompagner la princesse perdue.

Ils vinrent, les errants, les gagne-petit, les marque-mal, les vagabonds de la misère, les évadés du bagne, les déserteurs, les proscrits, les déchets humains, les tordus, les bancals, les stropiats, les ulcéreux... Il en sortait de partout, des bois, des creux de carrière, des îlots marécageux, des souterrains maudits. Ils débordèrent la grange, débordèrent la cour, débordèrent le chemin. Il y eut cette chose incroyable que les pauvres osèrent enfin se glorifier de leur misère pour s'imposer aux bourgeois et à ceux du village.

Tout de suite après la proche famille, ils s'infiltrèrent dans le cortège, repoussant les douairières empanachées d'autruche noire, les cousines qui avaient remplacé leurs dorures par des pendeloques de jais. Les Nines endimanchées menaient leur cour des miracles.

Certains pensèrent qu'ils étaient venus profiter de la distribution de pain, et Mathurine suait déjà d'angoisse à l'idée qu'il n'y en aurait pas assez. Mais la cérémonie faite, l'incroyable cortège s'éclipsa sans accepter l'aumône de la donnée. Il fallait que tous et toutes sachent bien qu'on était venu pour faire cortège à celle qui, sans peur et sans dégoût, avait donné sa vie pour celle d'un enfant misérable.

Il n'y eut que deux ou trois vieilles, édentées et avides, retombées en enfance, qui, s'approchant des tables, emplirent sans vergogne leur devantiau de pain frais.

Il fallut bien apprendre à vivre sans Phœbé, sans son rire, ses baisers et ses espiègleries. Vingt fois par jour, on relevait la tête parce qu'on avait cru entendre une galopade dans l'escalier, un éclat de rire venant de la cuisine, ou cette chanson friponne qu'elle fredonnait si souvent ces derniers temps :

> *L'était une jeune fille*
> *Qui n'avait pas quinze ans,*

> *Elle s'était endormie*
> *Au pied du rosier blanc,*
> *Son voile qui volait, qui volait,*
> *Son voile qui volait au vent...*

Mais ce n'était qu'un chat qui dérangeait des boîtes, la charpente qui craquait, le vent dans la toiture ou des enfants passant sur le chemin.

Il fallut faire agir les relations de La Rochelle pour que Fidéline et Théodule trouvent un bateau pour Saint-Domingue. Les mers n'étaient guère sûres, la guerre était partout — mais il eût été inhumain de les garder à Tillou sans Phœbé. Ils s'en allèrent tristes et gris, ne sachant plus très bien où était leur patrie. L'oiseau dit en guise d'adieu son juron préféré, mais Phœbé n'était plus là pour en rire. Traîna quelques jours encore dans la cuisine un parfum d'épices, d'herbes, de musc léger; et puis les fricassées de Louise peu à peu le chassèrent.

La lettre fut apportée par Jean, de retour de Chef-Boutonne. L'écriture était appliquée, l'orthographe correcte, la teneur anodine, comme d'un qui, peu habitué à écrire, craint d'être lu par d'autres que le destinataire. Colas avait toujours pris trop soin de la réputation de Marie-Aimée pour risquer de la compromettre à présent qu'il n'était plus là pour la défendre.

« Ma demoiselle,
« Je me décide à vous écrire la présente pour vous donner des nouvelles de ma santé qui est bonne et vous dire qu'à partir d'à présent, j'ai été jugé apte à me battre. Les classes vont vite pour qui sait déjà manier un fusil. Le capitaine y est sans doute aussi pour quelque chose, il prétend

que je finirai dans l'uniforme d'un général de brigade. Cela m'étonnerait; je n'aime ni cette vie ni ce métier. Je n'aime qu'à me souvenir. Pour le reste, le destin décidera. Les tilleuls doivent embaumer au chemin de la Brûlerie. Ceci étant dit, je ne regrette rien, sinon votre présence. Croyez en mes sentiments qui ne changeront jamais.

« Votre toujours Colas. »

Ce « toujours » évoquait si fort le dernier adieu du tisserand que Marie-Aimée, qui n'avait pas pleuré depuis la mort de Phœbé, mit sa tête sur ses bras repliés et sanglota éperdument.

Elle fut deux jours sans répondre, puis, le troisième jour, parce qu'il y avait du soleil, qu'un merle effronté était venu jusqu'à la fenêtre picorer quelque vermine, elle sentit le besoin de crier son amour sur le papier et de dire sa peine intolérable du départ de Phœbé. Il lui était bien indifférent à elle que sa lettre fût ouverte et lue par des curieux.

Elle préparait la plume, l'encre, le sablier, quand un brouhaha dans l'entrée la figea en attente. De toute évidence, Louise essayait de contenir un ouragan entre deux portes. Amélie et elle y furent en même temps. Catherine, la coiffe chavirée et les mèches éparses, la figure tuméfiée, sanglotait, effondrée dans un coin. Mathurine, en plein accès de folie furieuse, avait plaqué Louise contre le mur :

— Voui, faut que ça soye du sang de votre côté, au Jean et à toi, qui charroie des saletés, parce que, chez nous, il n'y a jamais eu de traînées, de coureuses, de salopes... Jamais, t'entends, la Louise... Chez nous, n'y a eu que des honnêtes filles ! Et toi, ma petite garce, tiens, prends 'core pour attendre !

Elle lâcha sa belle-sœur pour gifler Catherine d'un preste aller et retour. La fille se protégeait comme elle pouvait. Un de ses yeux déjà enflait.

Amélie la dégagea et essaya d'apaiser la furie.

— Reprenez-vous, Mathurine. Dites-nous de quoi il retourne.

Domptée, mais encore sur l'élan, la métayère annonça avoir donné le jour à une couche-toi là, une catin, une... Puis, devant les Demoiselles, elle se domina, cherchant des mots plus châtiés :

— Voui, bin v'là, quoi. Catherine a fait Pâques avant les Rameaux.

Et, comme ses interlocutrices ne semblaient pas comprendre, elle s'énerva à nouveau :

— Ah! et merde à la fin, elle est grosse, quoi! Y m' paraît même qu'elle est pas loin d'accoucher, la gueuse.

Amélie secoua la tête avec indulgence, affirma que, malheureusement, il y avait eu pire, et que, s'il manquait quelque chose pour établir la petite, sa sœur et elle y pourvoiraient.

Mathurine se reprit. Les Demoiselles étaient braves, elles avaient le bras long et pourraient sûrement intervenir. Elle réfléchissait : « Parce que, pour le retrouver, ce grand coureur, ça n'allait pas être facile! » De nouveau, la colère la submergea :

— Pensez que ce jean-foutre, il lui avait fait cadeau du rouet de la défunte tisserande... C'était pas une promesse, peut-être? Et que, la veille de son départ, je lui ai viré des crêpes jusqu'à des minuit passé pour faire les accordailles, eh bin, y n' s'est même pas dérangé... Et ça sort de quoi, pour venir mettre sa graine chez nous? Hein? De parpaillots, de révolutionnaires, de gibier de potence...

Marie-Aimée, livide, s'appuyait au mur pour ne pas tomber.

Catherine, à travers ses larmes, regardait la Demoiselle se défaire, et se répétait, incrédule : « Ça n'était pas Phœbé, ça n'était pas Phœbé ! » Cette amitié gâchée à tort, tous ces jours perdus... Elle tourna sa rancœur contre Marie-Aimée, cette vieille de bientôt trente ans qu'avait comme les autres le feu où je pense... « C'est vrai qu'elle est 'core belle, la mâtine. N'empêche que, belle ou pas, c'est à moi que Colas a fait un enfant... »

Marie-Aimée se ressaisissait. Mathurine exigea :

— Me faut l'adresse du Giroux ! Me la faut ! Même si je dois aller le quérir sur un champ de bataille, va falloir qu'y vienne réparer !

— Nous le trouverons, dit Amélie, redevenue soudain Mademoiselle-la-grande. Catherine restera ici jusqu'à ce que le calme vous revienne. Ensuite, nous aviserons.

Marie-Aimée retourna à sa page blanche et la considéra un moment, puis elle rangea l'écritoire. « Oh ! Colas, Colas, c'est impossible, dis ? Et cette petite peste, tu as vu comme elle me regardait... Et, à présent, j'en suis là, à une rivalité de femelles ! Comme si, entre toi et moi, cela ne devait pas être dépassé... Mais j'ai très mal, tu sais, Colas... »

Elle prit l'adresse et la porta à sa sœur :

— Tiens, je suppose que Nicolas doit savoir, surtout face à la mort, qu'il va avoir un enfant. Mais pour moi, vois-tu, cela ne change rien.

Partit donc une missive de Beaumoreau à l'adresse du soldat Giroux; seulement, elle fut écrite par Mathurine et avec grande application. Elle était courte et claire, sommant le suborneur de venir réparer l'outrage fait à sa fille et de prendre livraison de son enfant à la date que, lui du moins, devait bien connaître.

Il n'y eut jamais de réponse.

Catherine ne se montra guère efficace pour les travaux ménagers. Elle restait de longues heures assise à la place où Fidéline autrefois se tirait les cartes, les mains posées sur les genoux, le regard perdu, l'oreille aux aguets, tressaillant au moindre bruit de la maison. « Si vous vouliez, mon Dieu, s'il vous plaît, que Phœbé reparaisse... »

Mais ce n'était jamais elle. Catherine ne savait pas encore que, pour apprivoiser les morts, il faut une longue approche, une lente recherche où la chair a peu de participation. Quand la lame a suffisamment usé le fourreau, quelquefois alors... mais si furtivement.

Et Catherine désolée demandait pardon. Elle comprenait trop tard que le meilleur de sa vie avait été son amitié avec Phœbé. Le tisserand n'avait été qu'une curiosité de fille en folie... et il ne l'avait jamais aimée. Elle aurait voulu détacher d'elle cet enfant qui l'alourdissait, qui l'enlaidissait, qu'elle ne voulait plus.

Fin octobre, elle eut un garçon. Louise et Marie-Aimée aidèrent la parturiente. Il était roux et rose comme sa mère. On l'appela Louiset. Catherine reprit son travail à la ferme. On ajouta seulement un berceau dans la chambre de Mademoiselle-la-grande et, plusieurs fois par jour, la jeune mère s'installait au-dessous du grand Christ pour nourrir l'enfant.

Deux semaines plus tôt, le 14 octobre 1806, à Iéna, le soldat Nicolas Giroux s'était montré d'une si folle intrépidité qu'on l'avait surnommé Trompe-la-Mort. Ils étaient quelques-uns ainsi rebaptisés; on aurait dit qu'ils n'attachaient plus aucun prix à leur vie.

Au soir de Friedland, le brigadier Giroux, du 9e hussards de la brigade de cavalerie de Nansouty, fut porté disparu. Il avait été tout le jour au cœur de la mêlée, plus brave que les plus braves, héroïque, inconscient peut-être.

C'était le 13 juin 1807. Les dernières aubépines s'effeuillaient en jonchée sur le chemin de la Brûlerie.

ÉPILOGUE

1820. La France léchait ses plaies. Deux millions de jeunes hommes étaient morts pour que triomphe l'Empire. Napoléon était en son exil et les Orléans poussaient leur tige sur la souche ruinée des Bourbons.

Passent les jours, passe la vie.

Sous ses cheveux déjà blanchis, Mademoiselle-la-grande était devenue fragile, comme transparente. Elle se voûtait, une petite toux sèche la prenait de plus en plus souvent — cette même toux qui avait emporté Donatienne naguère à Saint-Domingue. Amélie n'en avait nulle crainte. Depuis longtemps la mort était pour elle le but, la vie n'étant qu'un chemin difficile où acquérir des mérites. Et quand elle serrait frileusement son grand châle noir sur ses épaules, c'était, eût-on dit, pour préserver cette paix de l'âme qu'elle avait trouvée.

Marie-Aimée n'avait guère changé. Peut-être son corps avait-il perdu un peu de sa vivacité, acquis une nouvelle gravité; à peine si commençait à s'ef-

facer cet arrondi de la joue qui attendrissait Nicolas et dont il aurait tant voulu garder l'empreinte au creux de ses mains...

Passent les jours, passe la vie.

Catherine commençait à ressembler à sa mère. Elle avait sur le tard épousé Victor le meunier, veuf en premières noces de la fille enchifrenée de Léonie Mille-Goules, morte en mettant un fils au monde. Ce fils vivait, malingre et difficile, et les deux commères avaient posé comme condition au mariage de Victor et de Catherine que jamais Louiset ne mettrait les pieds au moulin.

Le fils de Colas Giroux avait donc été élevé à Beaumoreau. Les Demoiselles lui avaient appris à peu près tout ce qu'elles savaient.

C'était maintenant un beau drôle de treize ans, roux comme sa mère. Il n'avait pas les traits de Nicolas, mais ceux qui l'avaient connu le trouvaient pourtant ressemblant.

— Aimerais-tu apprendre un métier? lui avait un jour demandé Marie-Aimée. Tisserand, par exemple?

Par les cousins de La Rochelle, elle avait fait acheter pour lui la maison des Giroux et le cimetière attenant.

Louiset l'avait regardée, étonné :

— Tisserand? Non, j'aimerais faire comme vous, donner des soins aux autres.

— Alors, Louiset, il te faut partir... Tu étudieras, tu deviendras médecin.

Le temps en était arrivé. Catherine vint embrasser son fils, lui faire les recommandations de circonstance. Puis il partit rejoindre Amélien à Paris.

Il n'y aurait plus maintenant de cavalcades dans les escaliers de Beaumoreau.

Passent les jours, passe la vie.

Que dire d'autre ? Que l'enfant Léonard, le fils des Nines, celui que Phœbé avait sauvé du croup, fut pendant septante ans l'innocent du village ? Il clopinait de sa masure à la placette, heureux apparemment, bien vu et bien nourri, parce qu'un miraculé peut toujours apporter du bonheur à la communauté.

Que la baronne ne s'est plus jamais mêlée de marier qui que ce fût ? Pas même Abel et Anna qui s'épousèrent sans faire d'histoires, chacun sachant bien ce que valait l'autre — le petit homme avait fait sa demande par écrit, avouant pour la première fois, au cours de sa jeunesse orageuse de cadet de famille, avoir tué en duel au pistolet un officier du roi; condamné aux galères, évadé, il avait été recueilli blessé par Amélien, auquel il restait à jamais fidèle. La sourde-muette avait brûlé la lettre, puis, comme si tout allait de soi, avait tiré sa chaise, au coin du feu, près de celle d'Abel.

Beaumoreau commença à se défaire. Qui dira jamais le moment exact où la première goutte d'eau s'est infiltrée dans la muraille qu'elle finira par ruiner ? Quel jour le premier fil blanc s'est mêlé à notre chevelure ? Pour quelle inquiétude le temps a-t-il posé la première ride sur notre visage ?

Passent les jours, passe la vie.

Je n'ai connu des Demoiselles que trois tombes pareilles, trois longues dalles moussues à droite de la croix hosannière. Puis on remania le cimetière et les pierres furent brisées, le terrain nivelé.

Partagée en plusieurs logements, affligée d'adjonctions de parpaings et de béton, amputée de murs nobles depuis longtemps écroulés, la grande maison ne parle plus des Demoiselles. Peut-être a-t-on posé ailleurs le seuil qui porte l'empreinte de leurs pas. Comme j'aimerais trouver une rampe d'escalier où passèrent leurs doigts, un banc où elles s'assirent, une ombre qui leur fut douce... Il m'arrive encore de chercher la pierre où les miséreux avaient laissé leur marque pour protéger Beaumoreau.

A l'église, les curés portèrent aux jours de fêtes carillonnées, pour donner la bénédiction du saint sacrement, la chape taillée par Amélie dans sa robe de mariage. Quand les fidèles relevaient la tête après l'Adoration, il arrivait que les vitraux mêlent leur lumière au chatoiement de la lourde soie brochée. Le prêtre paraissait ruisseler d'or. Les dévotes se regardaient extasiées et chuchotaient à la sortie :

— Avez-vous vu comme la chape brillait an'hui ? C'est la Demoiselle qui priait pour nous... Pour sûr que la récolte sera bonne...

Mais le temps peu à peu usa aussi la chape, qui laissa voir la trame par endroits. La servante du curé obtint de la changer. Elle la découpa en morceaux, qu'elle vendit comme reliques à ses amies. J'ai connu des maisons où, il y a cinquante ans, des lambeaux de soie effilochés dormaient dans le tiroir du mitan des cabinets de merisier. On en trouverait peut-être encore là où les brocanteurs n'ont pas tout acheté — mais quelqu'un saurait-il ce qu'ils représentent ?

Marraine ne m'a jamais dit comment était morte Marie-Aimée. Mais s'il est vrai qu'au dernier instant Dieu accorde à ses élus la grâce de revivre leur plus grand bonheur, alors Colas et elle se seront retrouvés, et cette fois pour toujours, un matin d'automne sur le chemin de la Brûlerie.

— *Il y a les choses qu'on sait et les choses qu'on ne sait pas*, répondait Marraine à mes questions.

Puis nous rangions, elle son tricot, moi mon canevas, elle capait (1) le feu et bassinait mon lit.

Je me glissais sous le gros édredon rouge. Elle éteignait la lampe Matador. Et longtemps j'écoutais la nuit.

---

(1) Couvrir le feu de cendres, pour garder les braises.

Le Guide de l'enfant de la conception à 6 ans...

LE GUIDE de l'enfant
de la conception à 6 ans

1982

- grossesse, accouchement
- alimentation, vie quotidienne
- toutes les adresses utiles
- 500 jouets
- 100 idées de jeux
- vos droits
- la garde
- la santé
- 2000 prénoms
- *sondage* les nouveaux parents

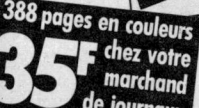

Format 200 x 280 mm

388 pages en couleurs
35F chez votre marchand de journaux

...parce qu'on veut tout savoir de ceux qu'on aime.

Editions J'ai Lu, 31, rue de Tournon, 75006 Paris

diffusion
France et étranger : Flammarion, Paris
Suisse : Office du Livre, Fribourg

diffusion exclusive
Canada : Flammarion Ltée, Montréal

Achevé d'imprimer sur les presses de l'imprimerie Brodard et Taupin
7, Bd Romain-Rolland, Montrouge. Usine de La Flèche,
le 15 février 1982
6548-5 Dépôt Légal février 1982. ISBN : 2 - 277 - 21282 - 2
Imprimé en France